Vom Tanz zum Ballett

Rudolf Liechtenhan

Vom Tanz zum Ballett

Geschichte und Grundbegriffe des Bühnentanzes

Belser Verlag
STUTTGART
ZÜRICH

Lisa und Francine-Dominique,
die meiner „Ballettomania“
so viel Verständnis entgegenbringen,
in Dankbarkeit.

Frontispiz: Allyson Chase und Moses Pendleton in „Parsifal“ (II. Akt, Tanz der Blumenmädchen) von Richard Wagner.
Grand Théâtre de Genève, Inszenierung Rolf Liebermann, 1982.

Die Übersetzung fremdsprachlicher Quellen besorgte, sofern nicht anders angegeben, der Autor. Namensschreibweisen basieren auf Horst Koegler: Friedrichs Ballettlexikon.

Die Deutsche Bibliothek - CIP-Einheitsaufnahme
Liechtenhan, Rudolf:
Vom Tanz zum Ballett: Geschichte und Grundbegriffe des Bühnentanzes/Rudolf Liechtenhan. - 2., verb. Aufl. -
Stuttgart; Zürich: Belser, 1993
ISBN 3-7630-2094-2

2., erweiterte Auflage 1993

Herstellung: Freiburger Graphische Betriebe
Printed in Germany
ISBN 3-7630-2094-2

Inhalt

Der Tanz

Das Ballett

Grundbegriffe

Der Tanz

Der Tanz der Steinzeitmenschen war eng verknüpft mit ihrer jägerischen Lebenshaltung. Die schwarze Felsmalerei der Tanzenden mit Pfeil und Bogen wurde in der Valltorta-Schlucht bei Cueva del Civil in Spanien gefunden.

Tanz bei den Naturvölkern

Der Tanz ist so alt wie die Welt. Und von Anfang an begleitete er den Menschen sprichwörtlich „von der Wiege bis zur Bahre“: Geburt, Pubertät, Vermählung, Alter, sogar der Tod wurden durch Tänze begangen. Tanzrituale halfen bei Krankheit, vor allem bei Seuchen, bei Gewitter oder Erdbeben. In Dürrezeiten waren sie verbunden mit der Bitte um Regen oder aber mit der Bitte um Jagd- und Kriegsglück, denn die Götter waren allgegenwärtig, bestimmten den Alltag, das gesamte Leben. Bereits sehr früh war der Tanz Ausdruck dramatischen Geschehens, so etwa wenn man die Götter um Jagdglück anflehte: Ein Tänzer stellte das Beutetier dar, die anderen mimten die Jäger, die die Beute erlegten und im Tanz einen glücklichen Ausgang der Jagd vorwegnahmen.

Das alles wissen wir seit der Entdeckung steinzeitlicher Höhlen im 19. Jahrhundert: man fand tanzende Gestalten in die Höhlenwände eingeritzt. Tanzbilder der seßhaft gewordenen Ackerbauern des Neolithikum (ca. 8000 bis 5000 v. Chr.) unterscheiden bereits deutlich Solo- und Gruppentänze. Beispiele dafür finden sich nicht nur in Frankreich – etwa in den berühmten Höhlen von Lascaux (Montignac) oder Les Trois Frères (Montesquieu-Avantès) – und Spanien (Altamira), sondern auch im Vorderen Orient, in der Türkei und in Afrika.

Man unterscheidet zwischen körperbewußten Tänzen und solchen wider den Körper, Krampftänze genannt, bei denen sich die Muskeln zusammenziehen und erschlaffen: die Herrschaft über die Glieder geht verloren, das Bewußtsein schwindet mehr oder weniger, der Tänzer gerät in Ekstase. Dagegen äußert sich in den körperbewußten Tänzen in verschiedenartigsten Bewegungen ein gesteigertes Lebensgefühl oder aber die Entladung von Emotionen, so etwa in Springtänzen, Beinwurftänzen, Hüpftänzen, Bauchtänzen, Sitz-, Hand- oder Wirbeltänzen. In diesem frühen körperbewußten Tanz sind bereits zahlreiche Elemente des späteren Volkstanzes enthalten: Rundtänze (Reigen), Kettentänze oder Tänze in Viererformation, so daß eine direkte Linie hinführt vom Tanz der Urvölker zu den heutigen Naturvölkern oder zum Volkstanz der Gegenwart, aber auch zum Gesellschafts- und Bühnentanz der letzten 400 Jahre.

Die Figur der tanzenden Frau hielt man für ein wirksames Symbol, das magische Zwecke zu erfüllen vermochte. Man nimmt an, daß es sich bei den erhobenen Armen um einen Trauergestus handelt. (Tonfigur, um 3700 v. Chr., Brooklyn Museum, New York)

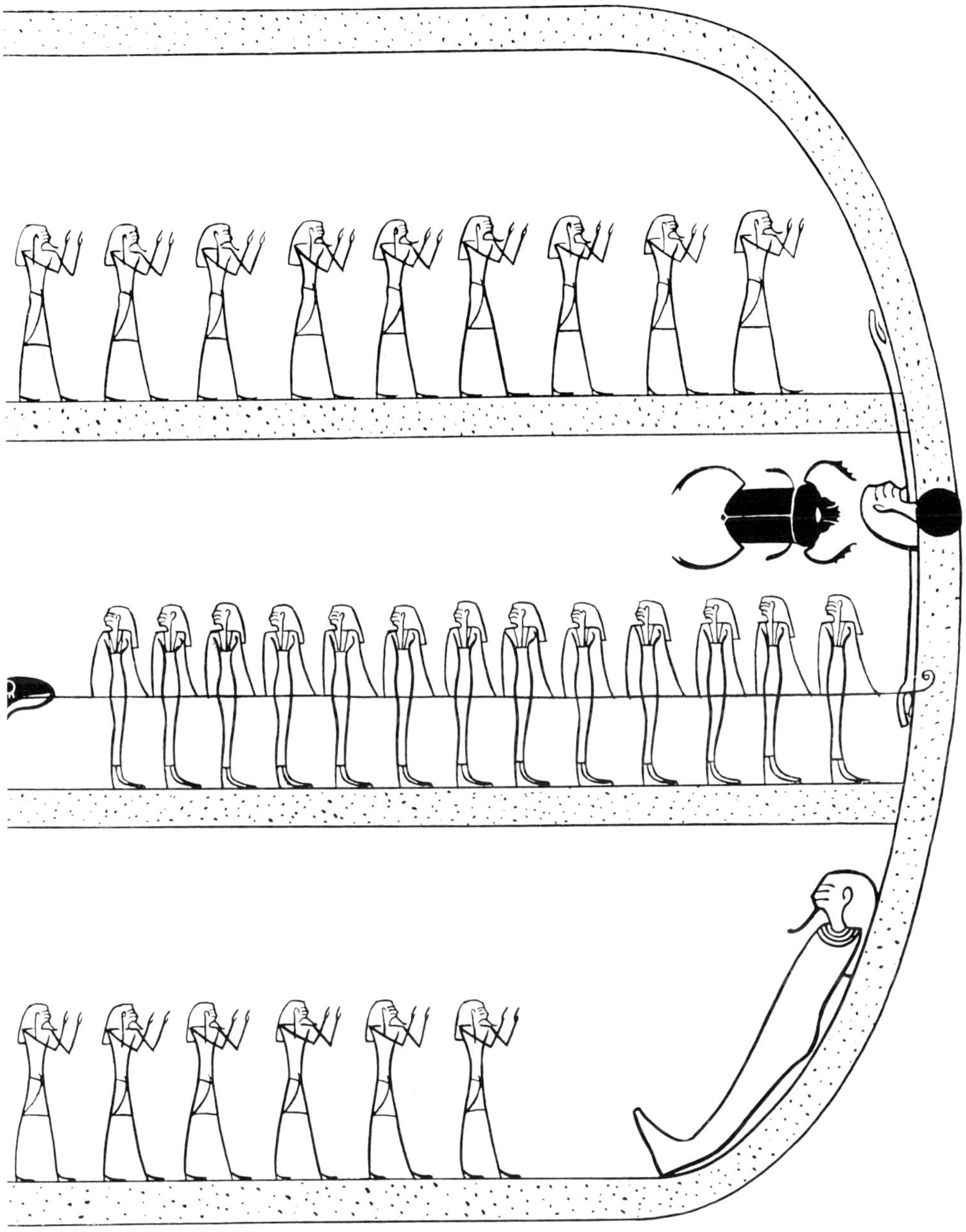

Die Tänze waren im alten Ägypten strengen Regeln unterworfen, religiöse und weltliche eng miteinander verknüpft. Zahlreiche Reliefs zeigen, daß es sich häufig um Schautänze handelte, in denen Akrobatik eine große Rolle spielte. Oft sind die Tänzerinnen in einem Gleichmaß abgebildet, das an Formationen moderner Revuegirls erinnert.
Wie damals getanzt wurde wissen wir nicht, denn aus einer Reihenfolge statischer Darstellungen läßt sich nur schwer ein Bewegungsablauf konstruieren.
(Schlußbild aus dem Amduat, dem ältesten Unterweltbuch, um 1500 v. Chr.)

Tanz bei den Kulturvölkern des Mittelmeerraums

Je weiter wir aus der Vorzeit in der Geschichte vorrücken, desto mehr geht der Tanz eine enge Verbindung mit Kult und Göttermythen ein. Vielfältige Bildzeugnisse etwa aus Ägypten und Griechenland belegen die Bedeutung des Tanzes im Dienste des Kults, aber auch der Geselligkeit.

Beide Tanzformen, sowohl Ritualtänze als auch weltliche Tänze, waren bei den *Ägyptern* eng miteinander verknüpft. Diesseits und Jenseits waren nicht zu trennen, in der Person des göttlichen Königs manifestierte sich der Staat als weitgehend religiöse Institution. In ihrem Totenkult waren die Ägypter durchdrungen von der Überzeugung eines Lebens nach dem Tode. So hat man Papyrusrollen entdeckt, in denen Tänze aus der Zeit um

1900 v. Chr. beschrieben werden – ein Totenbuch mit Tänzen, zu Ehren der Götter dargebracht. Die tanzenden Priesterinnen dienten jedoch zugleich dem weltlichen Vergnügen – ein elementarer Wandel begann sich abzuzeichnen: Der Tanz vereinigte nun aktive und passive Teilnehmer, Ausübende und Zuschauer. Die ursprünglich religiöse Ausrichtung bestand zwar weiterhin, jedoch zur Kunstfertigkeit umgestaltet und von Spezialisten, von Berufstänzern ausgeführt.

Der altägyptische Tanz war festen Regeln unterworfen. Das zeigen zum Beispiel Reliefs mit Tänzerinnen im Gleichschritt, die an Revuegirls unserer Zeit erinnern.

Mit der Zeit löste sich das Körpergefühl völlig vom religiösen Inhalt. Weiche anmutige Bewegungen standen im Dienste einer sinnlich-ästhetischen Wirkung: Der Grundstein des Gesellschaftstanzes, ja des Schautanzes war gelegt.

Es fehlt nicht an Versuchen, den altägyptischen Tanz auf der modernen Ballettbühne zu rekonstruieren. So hat z. B. Vaslaw Nijinsky 1912 in Paris in seinem „Après-midi d'un faune" (Nachmittag eines Fauns) versucht, der Musik Debussys durch eine Art von zweidimensionalem Tanz im Stil äyptischer Flachreliefs zu entsprechen.

Kulturell mehr oder weniger mit dem Mittelmeerraum verbunden ist der Nahe Osten, dem auch das semitische Volk der *Hebräer* (Israeliten) zugerechnet wird. Ihre Religion verbot die bildliche Darstellung; schriftliche Aussagen über den Tanz lassen sich aber bereits im Alten Testament

Die griechischen Tänze wurden vielfach von den Tanzenden selbst musikalisch begleitet. So hält auch der tanzende Zecher die Lyra in der Hand während er sich zu den Klängen einer Aulosbläserin wiegt.
(Schwarzfiguriger weißgrundierter Teller des Psiax, um 520/10 v. Chr., Sammlung Dr. R. Käppeli, Antikenmuseum Basel)

finden, so z. B. die Beschreibung von Davids Tanz um die Bundeslade. Ein anderes Beispiel finden wir im 2. Buch Moses, wo die Frauen beim Durchzug durch das Rote Meer einen von Tanz begleiteten Siegesgesang anstimmten. Weitere Bibelstellen beweisen, daß Tanz bei feierlichen Anlässen durchaus üblich war. Am berühmtesten ist aber wohl der ebenfalls im 2. Buch Moses beschriebene Tanz um das von Aaron gegossene Goldene Kalb.

Bei den *Griechen* der Antike stand der Tanz im Mittelpunkt des kulturellen Lebens: Davon berichten Schriftsteller, Dichter und Philosophen. Die griechische Kunst übermittelt uns in zahlreichen Vasenbildern, Statuen und Reliefs, welche Rolle der Tanz gespielt haben muß.

Für die Entwicklung der griechischen Kultur waren Einfluß und Vorbild Kretas bedeutsam. So sind auch die griechisch-kretischen Tanzbeziehungen vielfältig. Die Griechen danken den Kretern etwa die besondere Ausprägung des Reigens, der in vielen Ausformungen besonders der Verehrung der Götter diente (z. B. Mänadentanz). Umgekehrt wurden etwa um 1500 v. Chr. Jünglinge und Mädchen aus Athen zu minoischen Festspielen nach Kreta eingeladen, um den Sprung über den Stier vorzuführen. Die vielfach dem Staat überlassene Erziehung der Kinder machte den Tanzunterricht zum Mittelpunkt allen Bemühens um das Ideal, die völlige Harmonie von Körper und Seele zu erreichen. Der Tanz war dazu ausersehen, den Körper harmonisch ausbilden zu helfen und ästhetische Bewegungsabläufe zu erreichen. Auch war der Tanz mit der den kriegerischen Einsatz vorbereitenden Gymnastik eng verbunden. Kurz, Tanz und Tanzausbildung waren allgegenwärtig und bestimmend für die Lebensgestaltung der Griechen.

Der Unterricht im streng geregelten Tanz spielte bei den Griechen eine bedeutende Rolle in der Erziehung der Jugend. Er diente der Ausbildung der Körperbeherrschung, sei es im Dienste des Tanzens oder aber bei der Handhabung der Waffen. Der ästhetischen Wirkung eines tanzenden Mädchenchors kam der gleiche Stellenwert zu wie etwa der Musik oder der Poesie. (Darstellung aus Ägina auf einem Astragal des Sotades, einem Gefäß zur Aufbewahrung von Knöchelchen für ein Spiel, British Museum, London)

Beim Chortanzen erfolgte die Aufstellung in festgelegten Formationen: Im Viereck, im Kreis, als Serpentine oder in breit angelegten Rechtecken. Die einzelnen Tänzer bewegten sich frei oder aber verbanden sich durch Händehalten, um die Schultern fassen oder durch Umfassen der Hüften des Partners zu einer Gruppe. Die Tänze wurden vielfach durch Lieder, gesungen von den Tanzenden selbst, begleitet. Eine enge Verbindung bestand zwischen dem Tanz und dem altgriechischen Theater: die Sprachrhythmen der Sprechchöre fanden im Tanz ihren Niederschlag.

Unter den neun Musen hatte Terpsichore, die Muse des Tanzes, als Befürworterin der Tanzchöre eine große Bedeutung. Sie ist auch für uns die Muse des Tanzes geblieben. Polyhymnia galt als Betreuerin der pantomimischen Tänze, Erato als Muse der getanzten Liebeslieder. Apollo war der Beschützer der ruhigen, feierlichen und bewußt ausgeführten Tänze. Lediglich zu Ehren des Dionysos wurden ungestüme, unkontrollierte und ekstatische Tänze vorgetragen.

Bemerkenswert ist, daß es neben den zahlreichen Gruppentänzen bereits den Paartanz gab. Der männliche Part wurde häufig von einem Satyr ausgeführt, einem Tänzer in Maske also, halb Tier, halb Mensch.

Frühe und systematische Schulung vermittelte eine technische Vollkommenheit, die Sokrates veranlaßte, vor Übertreibungen sportlicher Übungen im Tanz zu warnen. Tatsächlich war die Technik virtuos, die

Paarweise tanzende Mänaden und Satyrn oder Silenen findet man in zahlreichen Darstellungen. Wild und ungestüm in der Ausführung beeindrucken sie dennoch durch die Anmut ihrer Haltung. (Tanzendes Paar: Satyr und Mänade aus Centuripe/Sizilien, um 150 v. Chr., Sammlung Dr. R. Käppeli, Antikenmuseum Basel)

Lebensfreude, ausgedrückt durch kunstfertige Tänze in phantasievollen Kostümen, prägte die frühe etruskische Kultur. Noch in unserem Jahrhundert hat man versucht, den hochentwickelten etruskischen Tanzstil nachzuempfinden. (Grabmalerei, 5.–1. Jh. v. Chr., Tarquinia, Italien)

Tanzfiguren müssen zum Teil ungewöhnlich kunstvoll gewesen sein, wie etwa im obengenannten Stierspringer-Tanz. Mit Ausnahme dieser Schautänze war der griechische Tanz jedoch eher volkstümlich, wurde als Chor- oder Paartanz in erster Linie zu kultischen Zwecken ausgeführt.

Auf dem Weg vom antiken Griechenland zum alten Rom treffen wir auf einen Volksstamm, der zwischen dem 8. und dem 1. vorchristlichen Jahrhundert auf dem Gebiet der heutigen Toskana eine eigene mächtige Kultur entwickelt hatte: die *Etrusker.* Als im 8. Jahrhundert v. Chr. Griechen in der Nachbarschaft Etruriens Kolonien errichteten, gelangte auch ihre Kunst zu den Etruskern. Zudem förderten rege Handelsbeziehungen den kulturellen Austausch. Hier wie dort gab es sakralen und profanen Tanz, doch war die Grenze fließend.

Während für die Griechen auch zahlreiche Textquellen existieren, sind wir bei den Etruskern allein auf bildliche Überlieferung angewiesen, wobei manches geheimnisvoll bleibt. Zahlreiche Grabmalereien zeigen, zu welcher Kunstfertigkeit es die Etrusker im Tanz gebracht haben.

Nachdem die Römer Flötenspieler aus Etrurien zu sich geholt hatten, beriefen sie auch die Tänzer. Als diese erstmals in Rom auftraten, dürften sie etwa den gleichen Eindruck vermittelt haben, wie Anfang des 20. Jahrhunderts das russische Ballett bei uns: Ihre Sprünge erschienen bestimmt nicht weniger schwindelerregend als die von Nijinsky in unserer Zeit.

„Nemo fere saltat sobrius – Kein Nüchterner tanzt“ meinte Cicero verächtlich und macht klar, welch untergeordnete Rolle der Tanz bei den *Römern* zunächst spielte, wie fremd er ihnen war. Zwar fanden griechische und etruskische Choreographien auch bei den Römern Eingang, etwa in den ekstatischen Tänzen zu Ehren des Gottes Bacchus. Jedoch wurde lediglich Übernommenes weiterentwickelt, neue Impulse blieben aus.

Etwa um Christi Geburt nahm der Tanz bei den Römern den größten Aufschwung, vor allem in Verbindung mit der Pantomime. Parallel zu den pantomimischen Tänzen entwickelte sich ein dramatischer Waffentanz. Er fehlte selten bei öffentlichen Festen, die ein nie gekanntes Ausmaß annahmen.

Die Kunst der Pantomime scheint in Rom bereits einen erstaunlichen Grad der Vollkommenheit erreicht zu haben. Der Schöpfer des dänischen Balletts, Auguste Bournonville (1805-1879), überlieferte die folgende hübsche Geschichte: Kaiser Caligula, selbst ein begeisterter Mime, der sich sogar in Frauenrollen zeigte, hatte aus irgendeinem Grund einen Mimen zum Tode verurteilt. Der Unglückliche schlug vor, um sein Leben

Dionysos, der Gott der Fruchtbarkeit und Ekstase, schenkte den Menschen „das Gefühl für Rhythmus und Harmonie“ (Platon). In rauschhaften Festen und kultischen Theateraufführungen, stets von ungezwungenem, lebendigem Tanz begleitet, wurde er in spätrömischer Zeit verehrt. (Silberplatte aus dem Mildenhall Treasure, 4. Jh. n. Chr., British Museum, London)

Wenn auch dem Tanz bei den Römern im Vergleich zur Pantomime der geringere Stellenwert zukam, so finden sich doch zahlreiche Darstellungen tänzerischer Posen. (Römischer Grabstein, Carl-Schweizer-Museum, Murrhardt)

zu retten, irgendwelche Figuren darzustellen und zwar ohne gesprochene Erklärung des Gemimten. Sollte ihm dies nicht gelingen, so sei er mit der Vollstreckung des Todesurteils einverstanden. So befahl ihm der Kaiser zuerst Mars, den Kriegsgott, und dann Venus, die Göttin der Liebe, zu mimen. Es gelang dem Unglücklichen tatsächlich, zuerst einen schreckenerregenden Kriegsgott zur Darstellung zu bringen, um unmittelbar nachher zur lieblichen Venus zu werden. Caligula war so begeistert, daß er den Mimen nacheinander sämtliche Götter des Olymps darstellen ließ. Er schenkte dem Mimen nicht nur das Leben, sondern bedachte ihn auch mit reichen Gaben, so daß er fortan in hohem Ansehen stand.

Für die Hebräer galt das Gebot: „Du sollst dir kein Bildnis machen.“ Somit sind auch über den Tanz keine Bildwerke überliefert. Der Tanz um das Goldene Kalb ist einer spätmittelalterlichen Darstellung aus der Narrenliteratur entnommen, die mit Verwendung von Sprichwörtern und Holzschnitten in ganz Europa großen Erfolg hatte. (Aus den Illustrationen zu Sebastian Brants „Narrenschiff“ von Eduard Geyler von Kaysersperg, Straßburg 1511)

Tanz in frühchristlicher Zeit

Der Übergang vom Heidentum zum Christentum in Rom vollzog sich schleppend. Die unerbittlich monotheistische christliche Religion brachte ihren Anhängern ein mühseliges Leben der Frömmigkeit und Vorschriften, dafür aber ein Sittengesetz, das das Leben selbst der Ärmsten mit einem gewissen Adel umgab. Die Urkirche konnte den Tanz nur bedingt akzeptieren als angemessene Art, religiöse Feiern abzuhalten. Vor dem Sinnesrausch des Tanzes warnte etwas später auch der hl. Augustinus: „Der Tanz ist ein Teufelskreis, in dessen Mitte der Teufel sitzt.“ Hier lag die Wurzel dafür, daß der Tanz als Überrest aus heidnischer Zeit zum Teil verboten wurde.

Wir wissen kaum etwas darüber, wie in dieser Periode des aufkommenden Christentums getanzt wurde. Da heidnische Kulttänze bekämpft wurden, war der frühchristliche Tanz wohl kaum vom griechisch-römischen Tanz beeinflußt, sondern griff eher die Tradition der Israeliten wieder auf.

Die Kirche hatte kaum Erfolg mit dem Verbot, Theater oder öffentliche Spiele zu besuchen. Vermerke der frühen Kirchenväter beklagen, daß Rückfälle in die Bräuche der heidnischen Vorfahren nicht selten waren. Die „Luperci“, die Priester des Hirtengottes Pan, tanzten an ihrem Festtag noch immer durch die Straßen. Bis ins 18. Jahrhundert wurde im südfranzösischen Roussillon in der Kirche getanzt; noch heute gibt es in Sevilla den religiösen Tanz auf den Straßen.

Der Einfluß der Kirche war allenthalben spürbar. Die Folge davon war, daß der Tanz immer stärker verweltlichte, und man an kirchlichen Feiertagen nunmehr profane Tänze aufführte.

Tanz im Mittelalter

Die große Zäsur in der Geschichte des Tanzes war durch das Christentum erfolgt, dessen tanzfeindliche Haltung sich im frühen Mittelalter noch verstärkte. Der Geist jener Zeit richtete sich ohnehin gegen individuelle Handlungen, und Tanzen galt buchstäblich als ein „aus-der-Reihe-tanzen" des Einzelnen. Die christliche Kirche hatte ihren Gottesdienst auf das Wort gegründet: der altrömische wie der gregorianische Choral sind reiner Gesang, ohne Beziehung zum Tanz. So sah im 12. Jahrhundert Bischof Odon von Paris sich genötigt, seinen Priestern den Tanz bei Prozessionen, in Kirchen und auf Friedhöfen zu verbieten.

Bedeutete das, daß Tanzen außerhalb des sakralen Bereichs erlaubt war? Fest steht jedenfalls, daß zur Begrüßung der zum Mittelmeerhafen Aigues-Mortes durchziehenden Kreuzritter unter großen Freuden Caroles getanzt wurden.

Die Carole, d. h. der Reigen, war ein beim Volk überaus beliebter Gemeinschaftstanz: der Kreis, die Kette, die Schlange, bei der man sich an den Händen hielt, wild und ungezügelt. Nicht weniger derb ging es beim bäuerlichen Paartanz zu: die Mädchen wurden durch die Luft geschleudert oder gar absichtlich umgeworfen. Lediglich der nun aufkommende höfische Paartanz wurde feierlich und gemessen geschritten.

Die ablehnende Haltung gegenüber dem Tanz wird in einer Reihe von Dokumenten deutlich. Deren ergötzlichstes ist bestimmt das aus dem Jahre 1569 stammende Buch „Tantzteuffel – Das ist wider den leichtfertigen, unverschempten Welttanz und sonderlich wider die Gottszucht und ehrvergessene Nachttäntze" des Pfarrherrn Florian Daul. In ihm wird der Tanz als wahres Instrument des Teufels dargestellt. Gegen die Nachttänze wettert der Verfasser auch deshalb, weil auf dem Nachhauseweg vom Tanzboden die Sünde zur vollen Entfaltung gelange.

Schon 1525 hatte ein gewisser Caspar Gruner einen „Ratschlag wider die gotlosen tentz" verfaßt, und in der 61. Predigt des Johann Geiler von Kaysersberg gegen „Tantz, Spring und Hupff Narren" (1574) heißt es: „Daß Spieler, Säuffer, Tänzer im Krätsche (Gasthaus) die gantze nacht ein unmenschlich geschrey halten, springen, pochen, poltern, lestern, tantzen als weren sie gar toll und unsinnig und als wolten sie oben zur decke hinaus und das underste zu oberst drehen." Dagegen kam aber bereits Martin Luther zu dem Urteil: „Kleine Kinder tanzen ohne Arg. Werde auch du zum Kinde und der Tanz wird nichts Übles sein. Wenn der Tanz Sünde wäre, müßte man ihn auch den Kindern verbieten."

Das Mittelalter war in Europa gekennzeichnet von Kriegen und Mißernten, von Pestepidemien und Armut. Der Tod war allgegenwärtig. In

Überall in Mitteleuropa finden sich mittelalterliche Totentanz-Darstellungen. Sie zeigen, daß an Sterbetagen oder an christlichen Festtagen Männer und Frauen auf den Friedhöfen Reigen tanzten, um Verbindung mit den Toten zu suchen oder an die Vergänglichkeit des Menschen zu erinnern: Jeder muß einmal sterben, und der Tod behandelt alle gleich - auch den Kaiser.
(Tod mit Kaiser von Matthäus Merian, Stich von Esaim von Hulsen, Stuttgart 1618)

manchen Gegenden raffte er den größten Teil der Bevölkerung hinweg. Im Elend dieser Zeit entstanden die Totentänze.

Totentänze sind dem modernen Menschen so fremd wie die enthusiastischen Bußbewegungen des Mittelalters. Tanz zwischen Toten und Lebenden stand als Sinnbild für Todesverkündigung. Machtlos folgt der Mensch dem Zugriff des Todes - eine phantastische Traumvision, die erst in der Renaissance überwunden wurde.

Weite Teile der mittelalterlichen Bevölkerung wurden zuweilen von einer epidemischen Tanzwut, dem sogenannten Veitstanz, befallen. Dieser zeigte sich in heftigen Zuckungen der Extremitäten und der Gesichtsmuskulatur. Die von Veitstanz Befallenen gerieten in eine bis zum völligen Erschöpfungszustand gehende Ekstase. Inwieweit hier eine Art von Hysterie im Spiel war, oder aber ob die Ursache in einem Virus zu suchen war, ist heute unergründlich. Es darf jedoch die Vermutung nicht von der Hand gewiesen werden, daß auch eine Vergiftung durch Mutterkornpilze mit im Spiel gewesen sein könnte.

Die Anhänger einer enthusiastischen Bußbewegung hatten im Mittelalter durch Selbstauspeitschung für ihre Missetaten zu büßen. Eine Version dieser Bußbewegung ist die berühmte Echternacher Springprozession. Sie wird auch heute noch jährlich am Pfingstdienstag durchgeführt. Die Büßenden gehen dabei je zwei Schritte vorwärts und wieder einen Schritt zurück.

Auch die Legende vom Rattenfänger von Hameln gehört in das Gebiet des Tanzes. Die Bewohner der Stadt hatten einem Rattenfänger für die Befreiung von der Rattenplage einen vereinbarten Lohn verweigert. Er rächte sich dadurch, daß er die Kinder tanzend zu einem Berg führte und sie, als sich dieser öffnete, dort einschloß. Nur ein Knabe konnte entkommen und der Stadt die Schreckensnachricht überbringen.

Volkstanz

Etwa um 1100 entstand ein unkultischer, sozial ausgerichteter Volks- und Gesellschaftstanz, der zwar auf Bauerntänzen fußte, umgeformt aber zum Vorbild vieler höfischer Tänze wurde. Der Begriff *Volkstanz* wurde erst im 18. Jahrhundert geprägt, um ihn von den Tänzen der höheren Gesellschaft abzugrenzen, was der Sache nach bereits seit dem 15. Jahrhundert gegeben war.

Der Volkstanz ist aus urtümlichen Tänzen eines Volkes gewachsen und wurde von Generation zu Generation mit Lied und Brauchtum in vorwiegend schriftloser Überlieferung vererbt. Die Tanzformen veränderten sich langsam und unmerklich. Heute rechnet man dem Volkstanz auch das zu, was von Volksgruppen historisierend gepflegt oder mit Kostümen auf der Bühne vorgeführt wird.

Volkstänze unterscheiden sich nach ethnisch-geographischen Gesichtspunkten. Der ausgeprägte Volkscharakter wird besonders deutlich in Geschicklichkeitstänzen, etwa dem Schwerttanz, Werbetänzen wie dem Schuhplattler oder Ländler sowie Geselligkeitstänzen, z. B. den englischen Country Dances. *Nationaltänze* heißen sie dann, wenn sie allen Angehörigen einer Volksgruppe vertraut sind wie der ungarische Csárdás oder der spanische Fandango und der Flamenco.

Landschaftsgebunden zählen besonders bei vielstämmigen Völkern auch *Heimattänze* zum Volkstanz. Im süddeutschen (bayerischen), dem österreichischen oder dem schweizerischen Alpengebiet finden sich manche Gemeinsamkeiten, so etwa beim Schuhplattler, einem derben pantomimischen Werbetanz aus Ostbayern und Tirol. Ursprünglich ein Paartanz wurde um 1900 daraus ein Gruppenplattler, der noch heute gepflegt wird.

Von den National- oder Heimattänzen der slawischen Länder sind außer der fast klassischen Polonaise wohl die Mazurka und der Krakowiak aus Polen am bekanntesten, nicht zu vergessen jedoch auch Polka und Csárdás, die im 19. Jahrhundert in die Ballsäle der Welt Einzug hielten.

Die folgenden Charakteristika sind den Volkstänzen fast aller Kulturkreise gemeinsam:

Der *Reigen* (Rundtanz) wird oft um ein Symbol herum getanzt. Das früheste Zeugnis ist der Tanz um das Goldene Kalb, bis heute lebendig geblieben ist der fröhliche Tanz um den Maibaum. Als makabres Beispiel ist der Tanz um die Guillotine während der Französischen Revolution in die Geschichte des Tanzes eingegangen. Meist sind die Tanzenden durch Körperkontakt verbunden: an den Händen halten, mit Ellbogen oder Armen einhaken, sich um die Schultern fassen oder einander hochhalten.

Beim *Kettentanz* – mit wiederum zahlreichen Möglichkeiten von Verbindungen oder Gruppierungen durch Männer und Frauen – folgen die Tanzenden einander in offener oder geschlossener Reihe.

Seit Urzeiten werden Rund- und Kettentänze mit Utensilien getanzt, so etwa die Waffentänze mit Schwertern, Speeren oder Lanzen. Andere Tänze verwenden Bänder, Stäbe, Körbe oder Kränze. Dabei unterscheidet man Formen, die getragen, gesprungen, gehüpft oder aus der Hockstellung ausgeführt werden.

Der außereuropäische Volkstanz steht den Urtänzen näher als der europäische, was für die Tänze der Naturvölker bis in unsere Zeit gilt.
Vor allem aus der afroamerikanischen Tradition sind mancherlei Elemente in die Formen des Balletts bis zum Modern Dance eingeflossen.
Die beiden exotischen Volkstanzszenen zeigen eine Gruppe von Tänzern, die einen Reigen ausführt sowie eine Gruppe von Tänzerinnen in Dreierformation. Diese sind deutlich von den Solisten der rechten Bildhälfte zu unterscheiden.
(Exotische Volkstanzszenen unbekannter Herkunft)

Geometrische Formationen - etwa Vierergruppen in Quadrat- und Rechteckform, seltener als Dreieckreihen - gehören neben der Kreisform zum Volkstanz vieler Länder, besonders ausgeprägt im englischen *Country Dance*, der jedoch, im Gegensatz zu kontinentalen Reigenformen mit Paartanzfiguren durchsetzt war.

Auf dem Kontinent entwickelten sich nach dem Vorbild des Country Dance die Gesellschaftstänze Quadrille, Cotillon, Anglaise, französischer Contredanse und deutscher Contratanz, der sich neben Allemande und Menuett erhielt, bis der Walzer alle verdrängte. Später lieferten die Volkstänze Griechenlands, Italiens und Spaniens dem Hof- und Gesellschaftstanz Stoff für ein großes Repertoire. Aus dieser reichen Tradition entwickelten sich in der Folgezeit fast alle Hoftänze, aus denen die stilisierten Bühnentänze entstanden: Bourrée, Courante, Gavotte, Menuett, Musette, Passepied oder Rigaudon (Rigodon) waren dem Ursprung nach französische Volkstänze. Fandango, Chaconne, Passacaglia und Sarabande weisen auf spanische Herkunft, während Tarantella, Piva und Saltarello ihre italienische Heimat nicht verleugnen können. Um 1550 trat die Allemande gleichzeitig in England, Frankreich und den Niederlanden auf. Die Gigue stammt von einem noch heute in Irland gebräuchlichen Tanz(lied) ab.

Die Beispiele ließen sich beliebig fortführen. Der interessierte Leser sei jedoch auf den Lexikon-Teil des Buches verwiesen, wo er die wichtigsten Volks-, Gesellschafts- und Hoftänze erläutert findet.

Die meisten Tänze der frühen Ballettbühne sind stilisierte und bühnengerecht choreographierte Volkstänze. Die Abbildung zeigt eine Tänzerin aus der südwestfranzösischen Provinz Béarn, die eine Béarnaise, den Tanz ihrer Heimat zeigt. Im Gegensatz etwa zur aus der Auvergne stammenden Bourrée wurde die Béarnaise nicht in den Theatertanz aufgenommen.

Hof- und Gesellschaftstanz der Renaissance

Unter Renaissance versteht man gewöhnlich die Wiedergeburt der Antike – tatsächlich war sie ein Umbruch im Denken und Handeln der Menschen, mit der ein für die Entwicklung des Tanzes entscheidender Impuls einherging: die Blüte des höfischen Tanzes. Bis etwa 1600 kennen wir die Verbindung des feierlichen Schreittanzes (Basse danse) mit dem lebendigen Springtanz (z.B. der Moriske). Die Basse danse – der erste Gesellschaftstanz, dessen Schrittfolge uns genau bekannt ist – ist als Hoftanz in Frankreich, Italien und den Niederlanden nachweisbar. Weit beliebter war jedoch der Moriskentanz – Bestandteil eines jeden der zahlreichen pompösen Feste. Kostümiert als Narr, versteckt hinter der Maske, wußte der Tänzer mit kraftvollen Sprüngen und kunstvollen Verrenkungen der Arme und Beine sein Publikum zu unterhalten.

An den Fürstenhöfen der Renaissance waren noch immer die mittelalterlichen Tanzformen populär, vor allem der bereits erwähnte Doppeltanz Basse danse, als Gruppentanz auch der Branle und als einziger Drehtanz die Volta. Branle (von französisch branler = sich von einer Seite auf die andere wiegen) war im 15./16. Jahrhundert ein Seitenschritt mit

Das Mittelalter hatte ausgeprägte Standesunterschiede, auch im Tanz, geschaffen. Schreittänze (Basses danses) waren der höheren Gesellschaft vorbehalten, während die gesprungenen Tänze (Danses hautes) dem Volk zugehörten, hier von der Narrenfigur rechts im Bild anschaulich vermittelt. (Spätmittelalterliche Tanzspiele, Herkunft unbekannt)

Balancement. Volta (französisch volte = Umdrehung) dagegen war ein schneller höfischer Paartanz im Dreivierteltakt mit heftigen Sprüngen und Drehungen in engem Kontakt mit dem Partner.

Mischformen von Schau- und Gesellschaftstanz gab es reichlich. Nach und nach setzte jedoch eine Entwicklung ein, die den Tanz formalisierte, die Schritte standardisierte.

Die Anfänge von Tanztheorien, Tanztabulatoren und Tanzlehrbüchern reichen zurück in das frühe 15. Jahrhundert. Damals hatte man an den italienischen Fürstenhöfen bereits eigene Tanzlehrer (maestri di ballare), als an den provenzalischen und burgundischen Höfen noch Troubadours als Vortänzer dienten oder Spielleute das Tanzen lehrend vermittelten.

Schon vor Beginn der eigentlichen Ballettgeschichte wurde nach Methoden gesucht, Tanzschritte und ganze Choreographien zu notieren. Aber erst seit dem 20. Jahrhundert gibt es zwei Notationen, die von Tänzern, Pädagogen und Choreographen entziffert werden können. Der Weg dorthin begann bei ersten Beschreibungen in Lehrtraktaten italienischer Tanzmeister des 15. und 16. Jahrhunderts.

Der Tanzmeister war für das Hof- und Gesellschaftsleben von zentraler Bedeutung. Er lehrte nicht nur im täglichen Unterricht das Tanzen, sondern hatte auch bei Hofbällen die Regeln und Rangfolge zu „observiren". Dieser angesehene Beruf wurde gut bezahlt.
(Der Tanzmeister, holländischer Druck um 1725)

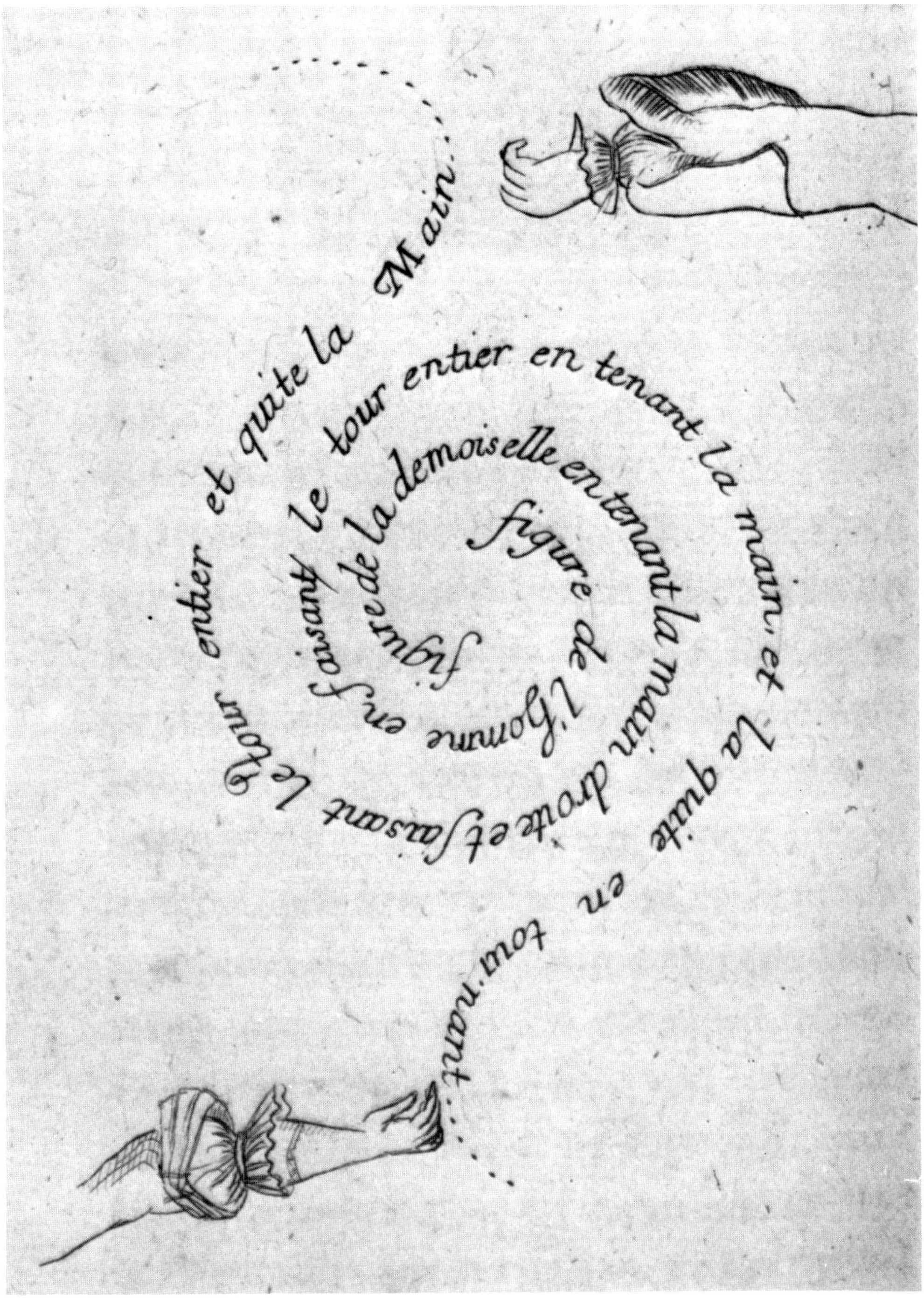

Der französische Tanzmeister Pierre Rameau beschreibt in seinem Werk „Le Maître à danser“ (1725) nahezu alle Bewegungsabläufe beim Tanz. Es bildete die Grundlage zu Denis Diderots Abhandlung über den Tanz, der in seiner „Encyclopédie“ Tanzen wie Reiten und Fechten zu den „akademischen Künsten“ zählt. Rameau verdeutlicht die Bewegungsabläufe der Hände mit Hilfe des erklärenden Textes. Dies dürfte einer der ersten Versuche sein, Bewegung aufzuzeichnen.
(Bewegungsabläufe der Hände beim Tanz von Pierre Rameau, „Le Maître à danser“)

Domenico da Piacenza (gestorben nach 1460) beschrieb in seinem Werk „Über die Kunst, zu tanzen und Chöre zu leiten“ fünf wichtige Elemente: Misura, den Takt; Maniera, die Tanzart; Memoria, das Gedächtnis für Tanzschritte; Partir di terreno, Aufteilung der Fläche; Aire, die Kraft des Hochspringens.

Guglielmo Ebreo aus Pesaro (geboren vor 1440) versuchte in seinem Hauptwerk „Trattato della danza“ ebenso eine Notation des Tanzes herauszubringen wie *Antonio Cornazano* (1430-1500) in seinem „Buch der Kunst des Tanzes“.

Cesare Negri (um 1536- nach 1604) veröffentlichte ein Buch, das 1604 als „Nuove inventioni di Balli“ neugedruckt wurde und den höfischen Tanz sowie Tänze eigener Erfindung enthielt, denen die Musik in Lautentabulatur beigegeben war. Als wichtigstes Quellenwerk zur Theorie des Tanzes im 16. Jahrhundert aber gilt „Il ballerino“ von *Marco Fabritio Caroso* (um 1605 gestorben), erschienen 1581 in Venedig. Dieses Buch enthielt eine erste Tanzwegbezeichnung sowie Regeln über Tanzkunst, Abbildungen und Stellungen und die Musik im Lautensatz.

In Frankreich entstand als zentrale und älteste Quelle das „Manuscrit dit des Basses danses“, das dem französisch-burgundischen Bereich entstammte und sich im Besitz der Margarete von Österreich befand (heute besitzt es die Königliche Bibliothek in Brüssel). Nach einem Einleitungstraktat enthält es 59 Melodien mit beigefügten Tanzschritten.

Tanzschritt-Vorräte wurden in Frankreich ständig erweitert und schriftlich fixiert, vor allem 1588 in der „Orchésographie“ von *Thoinot Arbeau* (1519-1596), worin Tanzen, Fechten, Trommeln und Pfeifen anhand einer Art Tabulatur gelehrt wurden.

Die erste grundlegende Tanzschrift, vor allem für die Gesellschaftstänze des 17./18. Jahrhunderts stammt von *R.A. Feuillet* (geboren um 1660). Wahrscheinlich beruhte seine „Chorégraphie ou l’Art d’écrire la Dance...“ (1695) auf dem System des Pariser Tanzmeister *Pierre Beauchamp* (1636-1705). Feuillet arbeitete in diesem klassischen Werk der linearen Aufzeichnung mit Bodenwegzeichnungen: rechts und links der Weglinien wurden die Zeichen für die auszuführenden Bewegungen geschrieben.

Der Vollständigkeit halber seien hier gleich auch zwei bedeutende Theoretiker des Barock erwähnt: der Jesuitenpater *Claude-François Ménestrier* (1631-1705), der als erster bedeutender Verfasser einer Ballettgeschichte bezeichnet werden darf; des weiteren der an der Schwelle zum Rokoko stehende Theoretiker *Pierre Rameau*, der 1725 seinen „Maître à danser“ herausgab.

Die Geschichte des höfischen Tanzes und des Gesellschaftstanzes ist unlösbar mit jenen Tanzmeistern verbunden, von denen hier die bedeutendsten genannt wurden. Das gilt in gleicher Weise für die Geschichte des Balletts, nur daß sie fortan als „Ballettmeister“ bezeichnet wurden.

Das Ballett

In Renaissance und Barock waren die Intermedien feste Bestandteile zeremonieller und theatralischer Veranstaltungen. Ursprünglich Einschübe unterhaltender Art wurden sie bald zum Selbstzweck und überlagerten die eigentliche Handlung. (Remigio Cantagallina: Intermedium anläßlich der Hochzeit des Herzogs der Toskana, 1608, Kupferstichkabinett Basel)

Ursprünge des Balletts

Vom hochentwickelten Gesellschaftstanz, der mit dem Bühnentanz aufs engste verwandt, wenn nicht gar identisch war, zum Ballett war es nun nur noch ein Schritt.

Wollen wir eine Definition versuchen, so können wir das Ballett als eine Kunstgattung der Bühne bezeichnen, die sich des Bühnentanzes im gleichen Sinne bedient, wie dies im Schauspiel mit dem gesprochenen und in der Oper mit dem gesungenen Wort geschieht.

Wenn die Oper in gewissem Sinne schlagartig entstanden ist, so ist ihre Schwesterkunst, das Ballett, erst nach einem langen Entwicklungsprozeß zu dem geworden, was wir heute als Ballett bezeichnen. Das Ballett ist die Frucht verschiedener Elemente des dramatischen Kunstschaffens, die erst im Laufe von Jahrhunderten zum Bühnenkunstwerk Ballett, das heißt seinen ersten Formen, verschmolzen.

Da sind einmal die *Intermedien*, die zwischen den einzelnen Akten oder Szenen eines Schauspiels aufgeführt wurden und meist mit diesen in keinem Zusammenhang standen. *Entremets* wiederum, kurze dramatische Spiele, wurden während eines Festmahls zwischen den einzelnen Gängen und dem Nachtisch gezeigt.

Diese Entremets wurden mit der Zeit zu eigenständigen theatralischen Kunstwerken, auf deren szenische Gestaltung viel Mühe verwandt wurde. Am Hof des Fürsten Gian Galeazzo Sforza, Herzog von Mailand, soll kein Geringerer als Leonardo da Vinci die Ausstattung der Entremets entworfen haben. Wir besitzen einen genauen Bericht über ein solches Entremet, das 1489 anläßlich der Hochzeit des Herzogs mit Isabella von Aragon zur Aufführung gebracht wurde:

„Beim Einzug des herzoglichen Brautpaares deckte Jason den Tisch mit dem Goldenen Vlies, was für ihn und die Argonauten einen Anlaß zum Tanzen bot. Dann erschien Merkur und tischte ein gebratenes Kalb auf. Es folgten Diana und ihre Nymphen mit einem zum Essen bestimmten Hirsch, und Orpheus berichtete, daß er trotz seiner Trauer um Eurydike mit seinem Gesang die zur Zubereitung der mitgebrachten Pastete benötigten Vögel angelockt habe. Es folgten weitere Götter und mythologische Figuren wie Hebe, die Käse und Früchte darbot, oder Tritonen, die die Tafel mit Fischen versorgten. Die ganze Gesellschaft der Götter, Halbgötter, Nymphen und Amoretten vereinigte sich nach dem Mahl zu einem Spiel zu Ehren des Brautpaares, bei dem das hohe Lied der ehelichen Liebe und Treue, von Tanz begleitet, gesungen wurde."

Am Hofe der Medici zu Florenz gehörten zu den festlichen Aufzügen auch Huldigungs- oder Maskenspiele, aus denen sich die Trionfi entwickelten – große Umzüge mit Prunkwagen aus phantastischen Tiergestalten, bei denen zahlreiche Tänzer mitwirkten.
(Szene aus den „Trionfi" von Jacques Callot; Einzug des Monseigneur Henry de Lorraine aus Henry Humbert „Combat à la barriére", 1627, Kupferstichkabinett, Basel)

Als Beispiel der unerhört prächtigen und phantasievollen Ausstattung florentinischer Trionfi möge der hier gezeigte Prunkwagen der persischen Kavaliere dienen, der 1579 anläßlich der Hochzeit Francescos I. de Medici mit Bianca Cappello geschaffen wurde. (Kupferstichkabinett Basel)

Schon 1473 war in Rom ein mythologisches Tanzspiel des Kardinals Riario aufgeführt worden, über das uns keine genauen Angaben vorliegen. Sicher ist jedoch, daß sämtliche Spiele, die wir als Vorgänger des Balletts bezeichnen dürfen, mythologische Figuren zur Darstellung brachten.

Die Tanzspiele fanden keinesfalls immer in Gebäuden statt. In Florenz, der Hochburg der italienischen Renaissance, waren die sogenannten *Trionfi* ein wesentlicher Bestandteil der höfischen Belustigungen. Auf gewaltigen Prunkwagen wurden Dekorationen aufgebaut, deren Pracht kaum zu beschreiben ist. Wir verdanken es einem der ersten Verfasser einer Ballettgeschichte, dem Jesuitenpater Claude-François Ménestrier (1631 - 1705), daß wir über diese Trionfi Näheres wissen:

„Nach dieser Szene erschienen zwölf bewegliche Felsen, die sich im Tanz wiegten. Sie öffneten sich und ließen Hunde, Katzen, Tiger, Löwen, Wildschweine, Hirsche und Wölfe frei. Sie gaben die ihnen eigenen Laute von sich und diese mischten sich mit den Klängen der Musik, was ein nie gehörtes, groteskes Konzert ergab ... die Katzen miauten, die Hunde bellten und die Wölfe heulten ununterbrochen." (Des ballets anciens et modernes selon les règles du Théâtre, 1682).

Betrachtet man die zahlreichen Bilddokumente solcher Trionfi oder auch jene der späteren Hofballette, so begegnet man stets Tiergestalten in übernatürlicher Größe. Ménestrier verrät, wie solche Tiergestalten angefertigt wurden:

„Die Tiere sollen genau der Natur nachgezeichnet sein und jene, die sie bewegen, sollen ihre Bewegungen genau nachahmen. Um die Tiere natürlich wirken zu lassen, kann man deren Felle verwenden. Sie sollen sie auch durch Federn in Bewegung setzen. Wirklich natürliche Bewegungen wären durch Menschenhand kaum zu erzielen. So gestalte man die Zunge und den Schweif des Löwen beweglich mittels eines Drahtes. Die beiden genannten Körperteile sind es nämlich, welche die Würde eines Löwen ausmachen“ (Des ballets anciens et modernes ...).

Großen Einfluß auf das Ballett nahmen auch die *Mauresques (Moresken).* Sie waren ursprünglich dramatische Spiele, die den Kampf der spanischen Christen gegen die maurischen Eindringlinge darstellten und dann, getanzt, große Popularität erlangten.

Beliebt waren die *Momeries* (ein Wort, das man mit „Mummenschanz“ übersetzen kann) besonders am Hof der Herzöge von Burgund. Das in Brüssel aufbewahrte „Livre de Basses danses“ von Maria von Burgund, Tochter Karls des Kühnen, gibt Auskunft über die Tänze dieser Momeries, aber auch über Musik und Kostüme jener Zeit.

Einen eigenständigen Beitrag zur Entwicklung des Balletts lieferte die italienische Stegreifkomödie, die *Commedia dell'arte.* Die bekannten Figuren, unter ihnen Dottore, Scaramucho, Pantalone und Zerbinetta, improvisierten nicht nur ihre Texte; sie sangen und tanzten, so wie es ihnen der Augenblick eingab. Besonders die Ballettkomödien, eingeführt von Molière und Lully, sind stark mit Elementen der Commedia dell'arte durchsetzt.

Im Zentrum der damals in Italien, besonders in Florenz aufblühenden ballettartigen Spiele stand der Hof der Medici. Katharina von Medici, die spätere Gattin König Heinrichs II. von Frankreich, war der Mittelpunkt der Festlichkeiten. Bei ihrer Hochzeit im Jahre 1533 brachte sie eine Reihe von Künstlern mit, denen die erste theatralische Darbietung, die als Ballett bezeichnet werden kann, zugeschrieben wird: das „Ballet aux Ambassadeurs polonais“ (Ballett der polnischen Gesandten, 1573).

Das Werk begann mit einem lateinischen Prolog zwischen Frankreich, dem Frieden und dem Wohlstand. Dann wurde ein Prunkwagen eingefahren, auf dem 16 Nymphen Platz genommen hatten, die die französischen Provinzen verkörperten. Wir erfahren durch den französischen Schriftsteller Brantôme auch etwas über die Choreographie der Darbietung: die Tänze der 16 Nymphen waren durch „Tours, contours et détours“ gekennzeichnet, d.h. sie waren geometrisch angelegt. Diese Aufführung fand nicht etwa auf einer Bühne statt, sondern in einem Festsaal, wo der Hof auf einer Tribüne sitzend das Geschehen aus der „Vogelschau“ verfolgte.

Im Florenz des 17. Jahrhunderts war die Commedia dell'arte, die populäre Stegreifkomödie, ein wichtiger Bestandteil der zahlreichen Festlichkeiten. Dem Tanz kam dabei eine wichtige Rolle zu: Der Schauspieler konnte alle Ausdrucksfähigkeiten seines Körpers wirkungsvoll einsetzen, durch tänzerische, pantomimische, ja akrobatische Effekte die Rolle ganz persönlich gestalten und beleben. (Jacques Callot: Balli di Sfessania, 1621, Kupferstichkabinett Basel)

Ballett im Barock

Pantalone und sein Diener Harlekin, sein schlauer Partner Pulcinella, der Dottore, die Colombine und viele andere agieren auf der vorliegenden Abbildung in einer typisch barock-symmetrischen Theaterlandschaft. Die Ballettkomödie bewegt sich auf mehreren Bühnenebenen: Musizierende Engel und Göttergestalten überwachen das Ganze aus dem All.

Jenes Ballett, das allgemein als das erste in der Ballettgeschichte bezeichnet wird, das „Ballet comique de la Reine“ aus dem Jahre 1581, auch „Circe“ genannt, wollen wir nun näher betrachten. Der Begriff „comique“ darf jedoch nicht mit „komisch“ übersetzt werden, das Wort bedeutet in diesem Zusammenhang vielmehr „dramatisch“.

Als Autoren dieses Balletts kennen wir Beaujoyeux (Choreographie und Musik), La Chesnay (Verse), Jacques Patin (Bühnenbild und Kostüme), Lambert de Beaulieu und einen gewissen Salmon (Musik). Es mag erstaunen, daß Beaujoyeux sowohl für die Choreographie als auch für

Die „Wiedergeburt" der Antike im Zeitalter der Renaissance schloß die Wiederentdeckung des Körpers ein, die Freude an der Schönheit der beim Tanz in harmonischer Bewegung begriffenen menschlichen Gestalt.
Der Ausschnitt aus Sandro Botticellis monumentalem Gemälde „La Primavera" (Der Frühling) zeigt den Reigen der etwa lebensgroß dargestellten Drei Grazien aus dem Gefolge des Musengottes Apollo. Das Tafelgemälde (203 x 314 cm, Tempera auf Holz) entstand um 1477/78 vermutlich für Pierfrancesco de'Medicis Villa in Castello und bildete das Gegenstück zu Botticellis „Geburt der Venus".
Bei der Gestaltung der Drei Grazien griff Botticelli nicht unmittelbar auf antike Vorbilder zurück, sondern auf ein Detail von Lorenzo Ghibertis „Paradiestür" des Baptisteriums in Florenz, nämlich auf die Gruppe der Dienerinnen des Jakob-Esau-Reliefs.
(Florenz, Galleria degli Uffizi)

die Musik zeichnete. Es war aber damals nichts Außergewöhnliches, daß sich die Choreographen (oder Tanzmeister, wie man sie zu jener Zeit nannte) auch mit der Musik beschäftigten. Waren sie nicht fähig die Musik selbst zu schreiben, so gaben sie zumindest einem Komponisten die entsprechenden Rhythmen an.

Wie auch bei späteren Hofballetten handelte es sich bei dem „Ballet comique de la Reine" um eine typisch barocke Mischung aus Instrumentalmusik, Gesang, Rezitation und Tanz. Der Handlungsfaden war nur dünn, und das Ganze war in erster Linie Anlaß zu Prachtentfaltung und gesellschaftlichem Treiben. Das Ballett wurde anläßlich der Vermählung des Herzogs von Joyeuse mit Marguerite von Lothringen zur Aufführung gebracht. Die Aufführung vor geladenen Gästen dauerte von sechs Uhr abends bis in die frühen Morgenstunden und soll die Riesensumme von über zwei Millionen Goldfranken gekostet haben.

Doch nun zur Handlung: Ein Edelmann ist dem Zugriff der aus der Odysseus-Sage bekannten Zauberin Circe entflohen. Er bittet den König um Hilfe, um der bösen Zauberin endgültig die Stirn bieten zu können. Inzwischen werden einige Männer (dargestellt von Hofleuten, die bis ins späte 17. Jahrhundert fast alle Hauptrollen in den Hofballetten übernahmen) von Circe in Steine verwandelt. Merkur rettet die Verzauberten zwar, gerät aber nun selbst in Gefangenschaft der Circe. Dryaden und Nymphen ersuchen Pan um Hilfe. Da erscheint Minerva in Gestalt einer Schlange auf einem Prunkwagen, begleitet von der Tugend. Auch Jupiter fliegt auf einem Adler herbei. Pan erscheint erneut, im Gefolge mit dornigen Stöcken bewaffnete Satyrn. Circes Burg wird erstürmt, und Jupiter übergibt die gefangengenommene Circe dem König. In dem anschließenden „Grand Ballet", dem ganz besonders prunkvoll ausgestatteten Finale, huldigen sämtliche Darsteller dem König.

Das „Ballet comique de la Reine" ist für die Entwicklung des Balletts insofern von größter Bedeutung, als nach seiner Aufführung ganz Frankreich und bald ganz Europa von einer fast als epidemisch zu bezeichnenden Lust zur Aufführung von Hofballetten befallen wurde. Allein bis 1610 sind über 800 Hofballette zu zählen, die entweder am Königshof selbst oder in Schlössern der Adligen zur Aufführung gelangten.

Allein schon wegen der Bedeutung ihres Komponisten, Claudio Monteverdi, sei auf die beiden Werke „Il Ballo delle Ingrate" (Das Ballett der spröden Damen, 1608 in Florenz) und „Ballo pastorale concertato Tirsi e Clori" (1616) besonders hingewiesen. In England wurde 1608 „Maske of Beauty" (Maske der Schönheit) nach Texten von Ben Jonson und Dekorationen von Inigo Jones gespielt.

Die Hofballette hatten zuweilen die merkwürdigsten Titel, so etwa:

1617 „Ballet des Forgerons dans l'Anti-chambre de la Reine-Mère" (Ballett der Schmiede im Vorzimmer der Königinmutter)
1624 „Ballet du Monde renversé" (Ballett von der verkehrten Welt)
1630 „Ballet des Goutteux" (Ballett der Gichtbrüchigen)
1633 „Ballet de la Vallée de Misère" (Ballett vom Tal des Elends)
1638 „Ballet du Mariage sans Desgoust et sans Cocuage" (Ballett von der Ehe ohne Widerwillen und Hörnerei)
1642 „Bouffonerie d'un Buveur d'Eau" (Narrenspiel eines Wassertrinkers)

Die Anbetung der Heiligen Drei Könige, dargestellt in einer Handschrift des 9. Jahrhunderts (Stuttgarter Psalter, Bibl. fol. 23). Auffallend ist die einheitliche Bein- und Fußhaltung der mit ihren Gaben herantretenden Magier aus dem Morgenland. Sie nehmen gleichsam den „En dehors“ vorweg, also die nach außen gerichtete Stellung von Bein und Fuß. Sie dient dem Ballettänzer dazu, den Aktionsradius des Beines zu vergrößern und die Standfestigkeit zu erhöhen. Im Bereich des Tanzes zeichnete sich das „En dehors“, allerdings noch ohne die heutige konsequente Anwendung, im höfischen Tanz der Renaissance ab.
Zu Begriff und Technik der En-dehors-Stellung vgl. S. 204.
(Stuttgart, Württembergische Landesbibliothek)

Abbildung rechts:
Um 1480 schnitzte Erasmus Grasser (um 1450–1518) für das Rathaus in München eine Gruppe aus 16 Figuren (Lindenholz, bemalt), von denen zehn erhalten sind.
Ihre Bezeichnung als Moreskentänzer bezieht sich auf den als Moreske (auch Moriske oder Moresques) weit verbreiteten Tanz aus Spanien (vgl. S. 200). Entgegen dem ursprünglich kämpferischen Charakter der Moreske stellte die Münchner Gruppe einen grotesk-erotischen Rundtanz um eine (nicht erhaltene) Mädchengestalt dar. Ein kennzeichnendes Detail der Ausstattung der Tänzer sind die beispielsweise am Bein befestigten Glöckchen. Die Moreske kann als eine der Vorstufen des Balletts und zugleich als eine frühe Form des „Ausdruckstanzes“ betrachtet werden.
(München, Stadtmuseum)

Fra Angelico (eigentlich Guido di Pietro, um 1400–1455), „Das Jüngste Gericht“, Ausschnitt aus der Darstellung des Paradieses. Die Auserwählten vollführen mit den Engeln einen Rundtanz, dessen Bewegung vom Schwung der dicht gereihten Bäume begleitet wird. Wie schon in der Gotik, so boten auch in der Renaissance religiöse Motive den Anlaß, um Tänze im Bild wiederzugeben. Die dem Volkstanz entstammenden Rundtänze oder Reigen wurden später auch im Ballett immer wieder choreographisch verwendet. Darüber hinaus deutet der Ausschnitt aus Fra Angelicos Gemälde ein Motiv an, das – ins Pompöse gesteigert – ein wesentliches Element barocker Bühnendekorationen wurde, nämlich der sich öffnende Himmel.
(Florenz, Museo San Marco)

Anläßlich der Vermählung Kaiser Leopolds I. mit Margaretha-Theresa von Spanien wurde in Wien 1667 das Ballett „Il Pomo d'oro“ (Der Liebesapfel oder Der Apfel des Paris) aufgeführt. Die prunkvolle Bühnengestaltung durch insgesamt 24 verschiedenen Dekorationen war Lodovico Ottavio Burnacini zu verdanken, die Musik Marco-Antonio Cesti.
Ein Hinweis auf den internationalen Charakter der höfischen Gesellschaft und ihrer Kultur im Zeitalter des Barock ist die Tatsache, daß der hier wiedergegebene kolorierte Stich mit der Dekoration zum Göttermahl eine viersprachige Legende besitzt:
„Der Geschmack - das Gastmahl der Götter“, „Gustus - Convivium Deorum“, „Le Gout - le Repas des Dieux“, „Il Gusto - il Convivio de Dei“.
Aus derselben Bühnenbildserie stammt die auf S. 46/47 abgebildete Dekoration.

50
CLEOFANTE
APOLLODORO.

Die beliebtesten dieser auch unter der Bezeichnung „Masquerade" bekannten Hofballette waren „Le Ballet de la Délivrance de Renaud" (Ballett von der Befreiung Renauds, 1617), „Le Ballet des Fées des Forêts de Saint-Germain" (Ballett der Feen aus den Wäldern von Saint-Germain, 1625) und „Le Ballet de la Douairière de Billebahaut" (Ballett der Witwe von Bilbao, 1626). Getanzt wurden in erster Linie Volkstänze in ihrer zum Gesellschaftstanz verfeinerten Form. Je nach Art eines Balletts wurden auch Grotesktänze aufgeführt.

Die Musik der Hofballette war ausgesprochen illustrativ. Sie unterlegte das Geschehen mit lautmalender Nachahmung natürlicher Geräusche wie etwa Vogelgezwitscher oder Donnerrollen. Bald kam auch der barocke Hang zum pompösen Bühnengeschehen zur Entfaltung. Die Bühnenmaschinen erfreuten sich wachsender Bedeutung und Beliebtheit. Nicht selten krönte ein Feuerwerk die Ballettaufführungen, im Ersinnen immer wieder neuer Themen war man phantasievoll.

In Frankreich zeichnet sich, auch schon vor Ludwig XIV., der Absolutismus, die Ausrichtung auf die Person des Herrschers deutlich ab. Was am französischen Hof geschah, wurde nicht nur von den einheimischen Adligen nachgeahmt, es wurde auch in andere Länder getragen. Besonders in Turin verbreitete die Herzogin Christine von Savoyen, eine Schwester König Ludwigs XIII. von Frankreich, französische Hofsitten. Eines der in Turin aufgeführten Ballette war das Ballett „Il Tabacco" (Tabak-Ballett). Sein Inhalt bestand aus nichts anderem als einem Lob des Tabakrauchens, zu dem sich Vertreter verschiedener Völker zusammenfanden.

Auch Königin Christina von Schweden ließ mehrere Hofballette aufführen. Sie tat es auf Anraten ihres Kanzlers Oxenstierna. Am Hofe selbst unterrichtete ein Antoine de Beaulieu Tanz und Anstandslehre. Christina schwärmte sehr für das Ballett und so ließ sie zu Ehren des Westfälischen Friedens 1649 ein Ballett „Die besiegten und die siegreichen Leidenschaften" geben, dessen Verse der französische Philosoph und Mathematiker René Descartes verfaßt hatte. Nach Christinas Abdankung und ihrem Übertritt zum Katholizismus war ihre Reise nach Rom von zahlreichen Hofballetten begleitet, die man zu ihren Ehren gab. Sie reiste 1658 eigens nach Paris, um Ludwig XIV. tanzen zu sehen.

Impulse erhielt das Ballett auch aus einer ganz anderen Richtung: Die Jesuiten hatten schon früh erkannt, daß mit Hilfe theatralischer Aufführungen, und ganz besonders mit Ballett, das Volk der Kirche zugeführt werden konnte. Aus dieser Erkenntnis entstand das sogenannte Jesuitenballett, das in den katholischen Ländern Europas verbreitet war.

Dem französischen Beispiel folgend wurden Hofballette bald auch an den deutschen Fürstenhöfen, in Wien und in den Niederlanden eingeführt. In Frankreich selbst brach mit dem ersten Auftreten König Ludwigs XIV. eine neue Zeit des Balletts an. Im Ballett „Cassandra" (1651) trat er, damals 13jährig, zum ersten Mal als Tänzer in Erscheinung. Zwei Jahre später verkörperte der König im „Ballet Royal de la Nuit" (Königliches Ballett der Nacht) die Sonne, was ihm den Beinamen Sonnenkönig eingetragen hat.

In vier Abschnitten wurden nicht weniger als 45 sogenannte „Entrées" (Auftritte) getanzt, wobei majestätische mit pittoresken abwechselten. Im ersten Teil, zwischen 18 und 21 Uhr, erscheint die Nacht auf einem von

Christine Fürstin von Savoyen (1606–1663), die Tochter des französischen Königs Heinrich IV. und seiner Gattin Maria de Medici, erwies sich in Turin als außergewöhnlich fruchtbare Förderin der Künste. Eine besondere Rolle spielte hierbei das Ballett.
Abgebildet sind ein Bühnenbild zu dem Ballett „L'Educatione di Achille e delle Nereidi" (Die Erziehung Achills und der Nereiden) und eine Szenenbild aus dem Ballett „Il Tabacco", einer Art Loblied auf das Rauchen. Beide Stücke kamen 1650 zu Aufführung.
Dank Christine wurde Turin neben Paris zur bedeutendsten Pflegestätte des noch jungen Balletts.

Das Roßballett – am Hofe der Medici in Florenz entstanden – eroberte Paris und ganz besonders Wien, wo es in der Spanischen Hofreitschule eine bedeutende Pflegestätte fand. Die Darstellung zeigt ein solches Pferdeballett und enthält zugleich dessen choreographische Notierung.

N.IV.
N.V.
N VI.
N. X
N. XI.
N: XII

Eulen gezogenen Wagen, gefolgt von zwölf, die Stunden des königlichen Tages verkörpernden Gestalten. Die weichenden Wolken geben den Blick frei auf das der Nacht entgegengehende Paris, in dem sich allerlei lichtscheues Gesindel tummelt. Der zweite Teil des Balletts findet zwischen 21 Uhr und Mitternacht statt. Auf einer Bühne im Festsaal, also einem Theater im Theater, versammeln sich die Helden aus den Werken des italienischen Dichters Ariosto (1474-1533); die „Hochzeit der Thetis" wird tanzend dargestellt. Von Mitternacht bis drei Uhr früh, im dritten Teil, treiben bei Mondschein Hexen ihr Unwesen. Zwischen drei und sechs Uhr morgens schlägt dann die Stunde der Träume. Die Geister der vier Elemente Feuer, Luft, Wasser und Erde, die mit den Charakteren Melancholiker, Choleriker, Sanguiniker, Phlegmatiker in Zusammenhang gebracht werden, erscheinen. Endlich geht die Sonne auf. Der Sonne, will heißen dem König, werden begeisterte Ovationen dargebracht.

Des Königs Freude am Tanz und am theatralischen Prunk ließ von da an jährlich ein großes Ballett entstehen: 1654 „Les Nopces de Pelée et de Thétis" (Die Hochzeit des Pelée und der Thetis); 1655 „Ballet des Plaisirs" (Ballett der Freuden); 1656 „Psyche"; 1664 „Ballet des Plaisirs de l'Ile echantée" (Die Lustbarkeiten der verzauberten Inseln); 1669 „Le Ballet de Flore". Im Jahre 1670 hörte der etwas korpulent gewordene König mit dem Tanzen auf.

Schon 1661 hatte Ludwig XIV. erkannt, daß die adligen Amateure, welche die Hofballette tanzten, den technischen Anforderungen nicht weiter zu genügen vermochten. Diese Erkenntnis führte auf Anregung des königlichen Ministers, Kardinal Mazarin, im selben Jahr zur Gründung der „Académie Royale de Danse". Die uns überlieferte Gründungsakte läßt die Absichten erkennen:

„Wenn der Tanz stets als eine der höchsten und nützlichsten Arten von Körperschulung anerkannt worden ist, so darum, weil er dem Körper die grundlegenden und natürlichen Voraussetzungen für Bewegungen aller Art verleiht." Daß die Académie dabei nicht allein an die musische Bewegung dachte, erfährt man aus dem Folgenden: „Dies besonders für die Praxis der Waffen, und dies folglich am vorteilhaftesten und nützlichsten für unseren Adel und alle anderen Leute, die die Ehre haben, sich uns zu nähern, nicht nur in Kriegszeiten in unseren Armeen, sondern im Frieden in unsern Balletten".

Ausgewählt „unter den in der Tanzkunst am meisten Erfahrenen, deren Fertigkeiten uns bekannt sind durch die Schaustellung, die sie davon in unseren Balletten gemacht haben", wurden 13 „Akademiker", unter ihnen ein gewisser Prévost, der als königlicher Tanzmeister Ludwig XIV. selbst im Tanz unterrichtet hatte. Direktor der Académie war Pierre Beauchamp (1636-1705), der als Choreograph zahlreicher Ballette hervortrat.

Eines der größten Verdienste der Akademie war zweifellos, daß sie den noch jungen klassischen Tanz kodifizierte, das heißt ihn in festgelegte Regeln faßte. Besonderen Anteil an dieser Aufgabe hatte Beauchamps. So ist damals der Grundstein zum klassischen Tanz gelegt worden.

Die anderen großen europäischen Städte folgten vorerst nur zögernd dem Beispiel von Paris, das Hofballett in den Mittelpunkt des künstlerischen Lebens zu stellen. Das wichtigste Ereignis in Deutschland war ohne Zweifel die Aufführung eines leider nicht erhaltenen Hofballetts mit dem

Titel „Orpheus“ von Heinrich Schütz, die Gabriel Möhlich 1638 in Dresden verwirklichte. In Stuttgart war schon 1609 anläßlich der Hochzeit des Herzogs Johann Friedrich und der Prinzessin Sophie von Brandenburg ein Hofballett zur Aufführung gekommen. Auch in München wurde das Hofballett zu Beginn des 17. Jahrhunderts gepflegt und in Wien war es besonders das Roßballett, das in Mode kam. Aber erst das Jahr 1667 brachte Wien ein wirklich großes Ereignis. Aus Anlaß der Hochzeit von Leopold I. mit der Prinzessin Margaretha-Theresa von Spanien (der entzückenden „Infantin“ des Malers Velazquez) wurde mit prächtiger Ausstattung das Ballett „Il Pomo d'oro“ mit Musik von Marco-Antonio Cesti aufgeführt. Unsere Abbildung, die nur einen unvollkommenen Eindruck von der unerhörten Pracht der Kostüme und Dekorationen geben kann, zeigt eine der 24 Szenen, die dieses viele Stunden dauernde Ballett zählte. Der Bühnenarchitekt und Bühnenmaler Lodovico Burnacini ließ hier die ganze Herrlichkeit eines sinnenfreudigen Barocktheaters entstehen.

In Frankreich waren es zwei Männer, die sich um die Pflege des Theaters ganz besonders verdient machten: der Komponist Jean-Baptiste Lully (1632-1687) und der unter dem Namen Molière bekannte Jean-Baptiste Poquelin (1622-1673). Lully (auch Lulli) stammte aus einfachen Verhältnissen in Florenz. Er war schon als kleiner Junge nach Paris gekommen. Als Komponist, Tänzer, Schauspieler und Regisseur hatte er einen kometenhaften Aufstieg und vermochte dank königlicher Protektion bald eine führende Stellung einzunehmen. Molière, Dichter und Direktor seiner eigenen Theatertruppe und bedeutender Schauspieler dazu, stand ebenfalls recht bald im Mittelpunkt des dramatischen Geschehens.

Molière und Lully ist die Einführung der Ballettkomödie (Comédie-Ballet) zu verdanken. Das erste Werk dieser Art „Les Fâcheux“ (Die Störenfriede, erstaufgeführt 1661) verdient besondere Beachtung. Der Superintendent der königlichen Finanzen, Nicolas Fouquet (1615-1680), hatte es im Jahr seiner Erstaufführung bei Molière bestellt. Fouquet, der sich unermeßliche Reichtümer angeeignet hatte, wählte als Premierenort sein luxuriöses Schloß Vaux-le-Vicomte in der Nähe von Paris. Ludwig XIV. aber mißfiel der dort betriebene Luxus und so ließ er Fouquet verhaften – dem König an Prachtentfaltung gleich zu tun, konnte nicht ungesühnt bleiben.

Molière schreibt in einem „Avertissement“, einer Art Vorwort zu den „Fâcheux“: „Der Plan war, mit dem Stück auch ein Ballett zu geben. Da aber nur eine kleine Anzahl von Tänzern zur Verfügung stand, mußte man die „Entrées“ vom Ganzen trennen. So war es passend, sie zwischen den Akten der Komödie anzusetzen, so daß den Tänzern Zeit gegeben war, die Kostüme zu wechseln. Um aber den Faden der Komödie nicht durch diese Art von Intermedien zu zerreißen, ist es klüger gedacht, sie in das Thema einzubeziehen und ein Ganzes aus Komödie und Ballett zu machen. Sei es wie es will, es handelt sich um eine neue Mischung auf unseren Bühnen, und wenn es jedermann gefällt, mag die Idee anregen zu anderem das mit noch mehr Muße überlegt werden könnte“.

An neuen Ideen fehlte es nicht, und eine größere Zahl solcher „Comédies-Ballet“ folgte bald nach. Das deutsche Theater hat seine Molière-Aufführungen fast immer als Schauspiele inszeniert. Es sei darum erläutert, wie der Aufbau einer der Ballettkomödien des Dichters aussah.

„Monsieur de Pourceaugnac“, eine der entzückendsten Ballettkomö-

Folgende Doppelseite:
Die Prunkoper „Il Pomo d'oro“ (Der Liebesapfel oder Der Apfel des Paris) von Marco-Antonio Cesti wurde für die Vermählung Kaiser Leopolds I. mit Margaretha-Theresa von Spanien komponiert. Die Ausstattung übernahm der italienische Bühnenbildner Burnacini, der für die Aufführung das alte Wiener Hoftheater erbaute.
(Dekoration zu „Il Pomo d'oro“ von Lodovico Ottavio Burnacini, Kupferstich von Matthäus Küsel. Vgl. S. 38/39)

Lodouico Burnacini del:

Matthæus Küsel Sculp:

dien von Molière und Lully, ist 1669 zum ersten Mal im berühmten Loire-Schloß Chambord gegeben worden. Seine szenische Gliederung, mit zahlreichen Balletteinlagen durchsetzt, ist wie folgt: Einer „Ouverture" genannten Einleitung mit Gesang folgen vier Entrées de ballet im ersten Akt. Der zweite Akt wird abgeschlossen durch ein in die Handlung integriertes Entrée de ballet, der dritte Akt wiederum durch eine Maskenszene mit Gesang und Tanz – erstes Entrée de ballet „Tanz der Wilden" und zweites Entrée de ballet „Tanz der Leute aus Biskaya" (Vorhang).

In noch stärkerem Maße ist „Le Bourgeois gentilhomme" (Der Bürger als Edelmann, 1670) mit Tanz durchsetzt. Im ersten und letzten Akt sind Tänze, teilweise von Gesang begleitet, voll in die Handlung integriert, die uns unwillkürlich an eine der neueren Formen des Theaters, das „Musical" denken lassen. Es wäre kaum übertrieben, in der barocken Comédie-Ballet eine Art von Totaltheater zu sehen. In seinem letzten Werk, dem „Malade imaginaire" (Der eingebildete Kranke, 1673) hat Molière den getanzten Zwischenspielen eine Bedeutung verliehen, wie in keinem seiner Werke zuvor.

Beschäftigt man sich mit den uns erhaltenen bildlichen Darstellungen barocker Ballettaufführungen, so fällt die überaus prächtige Ausstattung auf. Einige dieser Bühnengestalter und Bühnenarchitekten sind uns dem Namen nach bekannt, und sie verdienen es wohl erwähnt zu werden. Giulio Parigi wirkte besonders am Hof von Medici in Florenz. Seine Prunkwagen und Dekorationen sind von keinem Geringeren als von Jacques Callot (1592-1635) der Nachwelt überliefert worden. Bei der Aufführung der englischen „Masks", der Abart der französischen „Masquerades", wirkte nicht selten Inigo Jones (1573-1652) als Bühnengestalter mit. Der bekannteste der barocken Theaterarchitekten und Theatermaler aber war der in Paris wirkende „Zauberer" Giacomo Torelli (1604-1678), dessen Arbeiten die Bewunderung des französischen Hofes erregten. Namen, die es ebenfalls verdienen festgehalten zu werden sind Carlo Vigarini, Henri Gissey, Stefano della Bella und Jean-Louis Berain. Zu den größten Kostbarkeiten barocker Theater-Architekturzeichnungen gehören diejenigen der verschiedenen Generationen der Künstlerfamilie der Galli Bibiena.

In der Frühzeit der Hofballette waren noch vereinzelt adlige Damen aufgetreten. Mit der Zeit wurden diese vom tänzerischen Geschehen mehr und mehr isoliert.

Weibliche Rollen wurden nur noch durch Tänzer gegeben. Dies störte kaum, da die fußlangen Roben der weiblichen Gestalten ohnehin nicht erkennen ließen, was sich unter ihnen verbarg. Die Tänzer trugen zudem, wohl in Anlehnung an die antiken, griechischen Theatermasken, durchweg Masken, welche die Gesichtszüge verbargen. Hier darf man sich nicht von zeitgenössischen Porträts täuschen lassen: Diese waren, so wenig wie etwa die Bilder der übergroßen Tiergestalten, den Originalen entsprechend.

Wie die barocken Kostüme ausgesehen haben, können wir einer sehr detaillierten Beschreibung des „Ballet royal de la Nuit" aus dem Jahre 1653 entnehmen: „Sie trägt ein schwarzes Kleid, das mit Halbmonden und Sternen ausgeschmückt ist. Auf dem Kopf sitzt eine Fledermaus... Sie trägt ein sehr kurzes gelbes Kleid und auf dem Kopf sitzt eine Eule... Groteskes Kostüm mit Krabben und Seetieren auf Armen und der Brust. Einige

Fische hängen am Gürtel.... Blaues Kleid mit Ornamenten geschmückt, die sich bewegenden Flügeln ähnlich sind. Auf dem Kopf sieht man Muscheln und Wasserpflanzen .... Der Laternenmann trägt als Kopfschmuck eine Laterne und hat Kerzen an seinem Kleid hängen.... Der Gauner prunkt mit Eleganz und falschem Luxus. Auf seinem Hut sind vier tönerne Pfeifen befestigt. Der Zyklop ist sehr pittoresk gewandet und trägt eine Mütze mit zwei Spitzen. Sein Auge sitzt in der Mitte der Stirn und sein Bart hängt tief.... Janus hat nicht nur zwei Köpfe, sondern auch zwei in entgegengesetzter Richtung befestigte Füße an jedem Bein.... Der Satyr scheint nackt zu sein und trägt nur unten eine aus Fell gefertigte Hose.... Apollo hat zwei aus Geigen bestehende Arme".

Eines der letzten bedeutenden Werke der Epoche war die Ballettragödie „Psyche" (1671), die neben Lully zwei weitere bedeutende Autoren kannte, Molière und Pierre Corneille (1606-1684).

Mit dem Tod Molières im Jahre 1673 geriet die von ihm eingeführte Form der Ballettkomödie bald in Vergessenheit. Schon 1669 hatten der Dichter Pierre Perrain und der Komponist Robert Cambert von König Ludwig XIV. die Erlaubnis erhalten, in Anlehnung an die italienische Oper die französische Oper zu pflegen. Sie erhielten nicht nur die Erlaubnis für den Bau eines eigenen Theaters, sie durften auch eine eigene Akademie gründen. Das erste zur Aufführung gebrachte Werk, die Oper „Pomone" (1671), war zwar überaus erfolgreich. Finanziell kamen die Autoren jedoch nicht auf ihre Kosten, so daß sie von ihren Gläubigern arg bedrängt wurden. Perrin wurde sogar in Haft genommen, und Cambert entging dem gleichen Schicksal nur durch die Flucht nach England.

Lully witterte alsbald die Möglichkeit, die Herrschaft über die junge französische Oper an sich zu reißen. Er erwarb von Perrin die königlichen Rechte der Opernaufführungen, und nach dem Tod Molières wurde er quasi zum „Alleinherrscher" der von ihm begründeten Ballettoper. Diese Vormachtstellung nützte er rücksichtslos und brachte seine Konkurrenten zum Schweigen, verdammte sie zur Untätigkeit. Die bekanntesten Ballettopern von Lully sind „Cadmus und Hermione" (1673) und „Armida" (1686), die der Komponist ein Jahr vor seinem Tode schrieb. Seine Alleinherrschaft verhinderte eine rasche Verbreitung der französischen Ballettoper. Erst sein Tod ermöglichte es auch anderen, mit eigenen Werken hervorzutreten.

Hier muß der auch für Molière als Komponist tätige Marc-Antoine Charpentier (1636-1704) mit „Acis und Galathe" (1678) und „Medea" (1693) erwähnt werden. Großen Erfolg hatten ebenso André Campras „L'Europe galante" (Das galante Europa, 1697) und - etwas später - „Fêtes vénitiennes" (Venezianische Feste, 1710). Casanova erheitert sich in seinen Memoiren zwar über den Stil der völlig mißglückten Venedig-Dekorationen. Trotzdem konnte Campras Ballettoper einen bedeutenden Erfolg verzeichnen.

Die beiden bedeutendsten Textdichter des barocken Hofballetts, Isaac de Benserade (1613-1691) und Philippe Quinault (1635-1688) standen und stehen noch immer im Schatten Molières. Beschäftigt man sich mit ihren Texten, so fällt auf, daß auch die durch den König verkörperten Personen umfangreiche Rollen zu sprechen hatten. Es ist jedoch unwahrscheinlich, daß der König über die erforderliche Zeit verfügte, um diese auswendig zu

Der französische Stecher und Architekt Le Pautre, ein hervorragender Gestalter von Bühnendekorationen, hat wesentlich zum Entstehen des französischen Barockstils – dem Stil Ludwigs XIV. – beigetragen. So schuf er auch die Dekoration für „Alceste“, ein Werk von Lully, dessen Libretto von Philippe Quinault stammt und das im Marmorhof von Schloß Versailles 1674 erstmals aufgeführt wurde. Die Oper war, dem Brauch der Zeit entsprechend, mit zahlreichen Balletteinlagen ausgestattet. (Jean Le Pautre, Ballett in Versailles)

Ein großer Teil der Hofballette der Regierungszeit Ludwigs XIV. stammte, was die szenische Gestaltung sowie die Huldigungsadressen an den König und seine Familie betraf, entweder von Isaac de Benserade (unser Bild) oder von Philippe Quinault. Beide stehen jedoch im Schatten von Molière, der mit seinen Ballettkomödien unsterbliche Werke des barocken Theaters schuf.

lernen. Untersuchungen (besonders Victor Fournels „Les Contemporains de Molière“, Paris 1860) haben ergeben, daß zwischen dem tanzenden König, dessen Gesicht hinter einer Maske verborgen blieb, und einem in Kostüm und Maske des Königs auftretenden Sprecher, einem sogenannten Double, eine Arbeitsteilung vorgenommen wurde. Das traf auch auf einen Teil der anderen Darsteller zu. Sprecher wurden schon deshalb benötigt, weil die eigentliche Handlung immer wieder von Huldigungsadressen an die tanzenden Hofleute, besonders aber an die Adresse des Königs, unterbrochen wurde. Die Aussage „Text von Benserade und Quinault“ ist insofern zu präzisieren, als die eigentliche Handlung in der Regel von Benserade, die Huldigungsadressen an den König und andere hochgestellte Persönlichkeiten von Quinault stammten.

Barocke Aufführungen dauerten meist viele Stunden, und die Anwesenden, meist Angehörige der obersten Stände, verbrachten viel Zeit im Theater. „Theater“ meint in diesem Zusammenhang einen rechteckigen Festsaal. Der König und sein Gefolge wohnten von 1641 an den Darbietungen nicht mehr von einer Empore aus bei, sondern nahmen auf einer an einem Saalende errichteten erhöhten Tribüne Platz, oder aber die Ehrenplätze wurden in die Saalmitte gelegt.

Die Ballетthistoriker sind sich nicht einig, wann Tänzerinnen, nachdem sie gänzlich von der Bühne verschwunden waren, im Ballett wieder in Erscheinung traten. Bisher hat man angenommen, daß es die Tänzerin Mademoiselle Lafontaine (1655-1738) gewesen sei, die als erste Berufstänzerin in die Geschichte einging. Neuere Forschungen verzeichnen hingegen eine Mademoiselle Giraut, die bereits 1661 in der Ballettkomödie „Les Fâcheux“ von Molière und Lully als Berufstänzerin aufgetreten sein soll.

Als erste bedeutende Aufführung mit einer Tänzerin darf die Pariser Wiederholungsvorstellung des Balletts „Le Triomphe de l'Amour“ (Der Triumph der Liebe) 1681 mit der Lafontaine gelten. Das von den beiden Textdichtern Benserade und Quinault als „Ballet royal“ bezeichnete Werk wurde von Beauchamp und Pécourt choreographiert. Die Ausstattung stammte von Berain, die Musik von Lully. Es ist ein Werk von solcher Bedeutung, daß es eine kurze Inhaltsangabe, dem Textbuch entnommen rechtfertigt: „Das Theater stellt einen prachtvollen Ort dar, der dank seiner Anordnung und Ausstattung zum Empfang der Liebe wohl geeignet ist. Eine große Zahl von Göttern und anderen Personen ist herbeigeeilt, um diesem festlichen prunkvollen Geschehen beizuwohnen. Venus beginnt den Reigen. Sie erklärt, daß die Zeit des Friedens dazu geeignet scheine, ihren Sohn würdig zu empfangen. Sie ruft Grazien, Najaden, Dryaden und die Gestalten des Vergnügens herbei, um am Triumph der Liebe ihres Sohnes beizuwohnen. Sie ruft alle auf, diesem Gott, dem Sieger über Götter und Menschen zu huldigen“. Wir erkennen, daß weder Handlung noch Aussage im Vordergrund des Geschehens stehen. Dieses „Ballet royal“ diente lediglich dem Zwecke, der Liebe und dem König zu huldigen.

Mademoiselle Lafontaine, über die wir sehr wenig wissen, soll durch ihre außerordentliche Eleganz aufgefallen sein. Von ihrer ungekrönten Nachfolgerin, Marie-Thérèse Subligny (1666-1735) ist lediglich bekannt, daß sie als Berufstänzerin auch in England in Erscheinung getreten ist. Über eine weitere der früheren Ballerinen, Françoise Prévost (1680-1741), wird berichtet, daß sie mimisch sehr stark gewirkt habe und durch ihre Grazie, Leichtigkeit und Eleganz des Tanzes aufgefallen sei. Sie hinterließ ihre Spuren in der Geschichte des Balletts auch dadurch, daß sie den beiden großen Tänzerinnen des Rokoko, Sallé und Camargo, Unterricht im Tanz gab. Sie teilte diese Aufgabe mit ihrem Partner, dem Tänzer Nicolas Blondy (1675-1747), einem Neffen und Schüler von Beauchamp.

Unter den frühen Berufstänzern von Rang ist Louis Pécourt (1654 oder 1655-1729) zu nennen, der an der von Feuillet 1701 veröffentlichten Tanzschrift mitgearbeitet haben soll. Durch die Präzision seines Tanzes, durch Grazie und Leichtigkeit seiner Sprünge ist er über Jahrhunderte hinweg im Gedächtnis geblieben. Als Partner der Prévost und der Soubligny wird Jean Balon (1676-1739) genannt. Seinen leichten und graziösen Tanz hatte er bei Pécourt erlernt. Ob er jedoch dem sogenannten „Balon“ seinen Namen gegeben hat, ist heute umstritten.

Die letzten Jahrzehnte des barocken Balletts sind theatergeschichtlich nicht zuletzt auch deshalb interessant, weil das sogenannte „Théâtre de la Foire“ (Jahrmarkttheater) eine nicht unbedeutende Rolle zu spielen begann, besonders für die Entwicklung des Handlungsballetts. Die durch den König protegierten Theater verstanden es meisterlich, das Volkstheater der Jahrmärkte in Paris, das „Théâtre de la Foire St. Laurent“ und das „Théâtre de la Foire St. Germain“ in den Hintergrund zu drängen und ihre Tätigkeit zu hemmen. Man mißgönnte dem Jahrmarkttheater den außer-

Folgende Doppelseite: Das barocke Musiktheater und mit ihm das Ballett verlangten prunkvolle Bühnenausstattung und raffinierte Bühnentechnik, um das „theatrum mundi“ mit allen Höhen und Tiefen wirkungsvoll in Szene zu setzen. Kosten spielten hierbei im Zeichen des Absolutismus keine Rolle. Die beiden zeitgenössischen Darstellungen beziehen sich auf das Ballett „Germanico sul Reno“ (Germanicus am Rhein) des Komponisten Giovanni Legrenci (1626–1690), das 1676 am Teatro di San Salvatore in Venedig uraufgeführt wurde: Wie von Zauberhand verwandelt sich das Bühnengerüst mit seinen technischen Vorrichtungen in eine üppige Bühnenlandschaft aus Himmel und Erde. (Paris, Bibliothèque Nationale)

Das französische Jahrmarkttheater der nichtköniglichen Theatermacher spielte eine große Rolle und entwickelte sich mit Musik, Gesang, Tanz und Pantomime zu einer Art Totaltheater. Berühmt waren die Pariser Jahrmarkttheater St. Germain und St. Laurent. Die Künstler der „Théâtres de la Foire“ bereicherten ihre Stücke mit Elementen der Commedia dell'arte. Ihre akrobatischen Tänze und virtuosen Körperspiele flossen ein in das allmählich sich entwickelnde stumme Handlungsballett. (Szene vom Jahrmarkttheater in Paris aus „Le Théâtre de la Foire ou l'Opéra comique“ von Le Sage und d'Orneval, 1722)

gewöhnlichen Zuspruch des Publikums, und verbot, um den Erfolg einzudämmen, den Schauspielern, Dialoge zu sprechen. Diese fanden jedoch ihren eigenen Weg, indem während eines Dialogs der jeweils nicht Sprechende die Bühne verließ und erst beim Einsetzen seines Textes erneut erschien. Denn es durfte immer nur ein einziger Darsteller auf der Bühne zu sehen sein. Man half sich unter anderem auch dadurch, daß ein Part eines Dialogs durch ein von Statisten gehaltenes Transparent den Zuschauern zur Kenntnis gebracht wurde.

Das Publikum war in diesen Spektakeln sehr stark in die Handlung einbezogen, indem bekannte Melodien von Darstellern und Publikum gemeinsam als Couplets gesungen wurden. Die beste Waffe gegen das Verbot, Dialoge zu sprechen, bestand ganz einfach darin, die Handlung mimisch darzustellen. Auch Tänze wurden mehr und mehr zu einem wichtigen Bestandteil dieser für die Entwicklung des Theaters so bedeutsamen Jahrmarktskunst. Das Verbot des Dialogsprechens wurde zeitweise wieder aufgehoben, und das Jahrmarkttheater konnte sich, da Musik und Gesang eine wichtige Rolle spielten, zu einer Art frühem Totaltheater entwickeln.

In einem mehrbändigen Werk, „Le Théâtre de la Foire ou l'Opéra comique“, haben die beiden Textdichter Le Sage und d'Orneval die wichtigsten Stücke des Jahrmarkttheaters zusammengefaßt. Diese wurden auf den Jahrmärkten St.Germain und St. Laurent aufgeführt und waren stark mit Elementen der Commedia dell'arte durchsetzt. Unsere Abbildung, die dem Werk von Le Sage und d'Orneval aus dem Jahre 1722 entnommen ist, zeigt deutlich, daß auch Seiltänzern und Hanswursten im Jahrmarkttheater eine wichtige Rolle zukam.

Für das Ballett und seine Entwicklung sind die akrobatischen Tänze des Théâtre de la foire, seine virtuosen Körperspiele und vor allem seine Kunst der stummen Darstellung, die Mimik, von großer Bedeutung. Im sich langsam entwickelnden Handlungsballett lernten nun die Tänzer, durch ihren Körper das auszudrücken, was man durch Worte nicht wiederzugeben vermochte. Stellvertretend für viele sei hier nur Marie Sallé (1707 - 1756) genannt, die ihre mimische Meisterschaft den Erfordernissen des Jahrmarkttheaters dankte.

An der Grenze vom Barock zum Rokoko steht der neben Lully bedeutendste Komponist Frankreichs jener Epoche, Jean Philippe Rameau

1722 wurde „Don Quichotte“ als Ballettkomödie anonymer Autoren am Jahrmarkttheater von St. Laurent in Paris aufgeführt. Die berühmte Gestalt von Cervantes hat immer wieder Choreographen zu Ballettfassungen inspiriert. Ihre mehr oder weniger bekannten Namen reichen von Noverre bis zu Marius Petipa.
(Don Quichotte, Kupferstich eines Szenenbilds von Louise Madeleine Cochin, Paris 1722)

(1683 - 1764). Durch ihn hat die von Campra und Lully begründete Ballettoper eine wesentliche Bereicherung erfahren. Noch stehen Handlung und getanzte Zwischenspiele nicht immer in engem Zusammenhang, jedoch wird in ihnen ein weiterer Schritt getan auf dem Weg zum Handlungsballett. Eines der Werke von Rameau, das 1735 aufgeführte „Indes galantes", mag einen Eindruck von der Art dieser Ballettopern vermitteln:

Nach einem Prolog, der eine Verbindung zwischen den nachfolgenden vier Entrées herstellt, folgt der erste Teil des ‚großzügigen Türken'. Ort der Handlung ist der Garten Osmans. Dieser liebt Emilie, die Piraten ihrem Verlobten Valerian entführt haben. Ein Sturm verschlägt diesen auf der Suche nach Emilie an die Ufer der Länder Osmans. Gerührt ob so viel treuer Liebe, schenkt Osman Emilie und ihrem getreuen Valerian die Freiheit. Im zweiten Teil befindet man sich im Reich der Inkas in Peru. Inkafürst Huascar feiert mit seinem Volk das Sonnenfest. Doch plötzlich beginnt die Erde zu beben, und ein Vulkan speit Feuer. Huascar liebt Phani, doch diese liebt wiederum den Eroberer Carlos, der Huascar nach dem Leben trachtet. Schließlich schreiten die Götter ein: Ein gewaltiger Felsblock begräbt Huascar unter sich. Das dritte Bild führt uns nach Persien. Prinz Tacmas liebt Zaire, die Sklavin seines Favoriten Ali. Tacmas Sklavin Fatima liebt ihrerseits Ali. Die glückliche Vereinigung der sich liebenden Paare wird durch ein Fest der Blumen gefeiert. Im letzten Teil endlich befindet man sich in einer exotischen Landschaft. Sowohl der Franzose Damon als auch der Spanier Alvar lieben Zima, doch diese wählt den einheimischen Adario. Das Spiel endet mit dem Fest der Friedenspfeife, das die Rivalen versöhnt und Anlaß zu einer groß angelegten Apotheose gibt.

Diese Handlung gab Rameau Anlaß zu grandiosen Opernszenen mit zahlreichen Balletteinlagen. Der Komponist und sein Ausstattungskünstler Jean-Nicolas Servandoni (1695 - 1766) übertrafen sich gegenseitig in musikalischer und szenischer Prachtentfaltung. Die Pariser Oper hat, nebenbei bemerkt, 1952 die „Indes galantes" mit allen zur Verfügung stehenden Mitteln neu aufgeführt und dabei einen der größten Erfolge ihrer Geschichte errungen.

In fast allen Opern Rameaus sind Tanzeinlagen Teil der Handlung. Ein Werk aber, die Ballettkomödie (auch „Ballet bouffon" genannte) „Platée" aus dem Jahre 1745, verdient besondere Erwähnung: Juno zweifelt an ihres Gatten Zeus Treue und verfolgt ihn eifersüchtig. Der von Zeus als Helfer herbeigerufene Cytherion gibt den Rat, eine gespielte Szene der Untreue zwischen ihm und der lächerlichen Sumpfnymphe Platée zu inszenieren. Juno sieht bald ein, daß ihre Eifersucht ebenso unbegründet wie lächerlich ist. Das Götterpaar versöhnt sich und überläßt die mannstolle Nymphe Platée im Sumpf ihrem Schicksal.

Auch in diesem Stück werden Tänze mehr oder weniger motiviert in die Handlung eingefügt. Wenn die „traurigen Verrückten" und die „lustigen Verrückten" zum Tanz antreten, dann leidet, im Unterschied zu anderen Ballettopern, der Ablauf der Handlung nicht. Das Geschehen wird auf angenehme Weise aufgelockert und belebt.

Die beiden großen Tänzerinnen des Rokoko, Marie Sallé und Anne Marie de Camargo, kämpften um die Reform des die Bewegung hemmenden Ballettkostüms mit Reifrock. Ihr Ideal sahen sie in der im hellenistischen Stil geschnittenen Tunika.
Die beiden zierlichen Figuren aus Biskuitporzellan könnten die Sallé oder die Camargo darstellen. (Tänzerinnen, Figuren aus der Porzellanmanufaktur von Vincennes)

Ballett im Rokoko

Die „Erfindung" des Handlungsballetts wird bald dem einen, bald dem anderen Choreographen zugeschrieben. Tatsache ist, daß besonders zwischen Jean-Georges Noverre (1727-1810) und Gasparo Angiolini (1731-1803) ein heftiger Streit um die Urheberschaft des Handlungsballetts entbrannte.

Die neuere Ballettforschung weiß, daß das Handlungsballett nicht „erfunden" oder entdeckt wurde, sondern daß wir seine Entstehung als Frucht eines langen Entwicklungsprozesses ansehen müssen. Eine der ersten Spuren führt ins Schloß Sceaux der Fürstin von Maine. Als große Theaterfreundin unterhielt sie dort ein eigenes Theater, in dem sie die von ihr in Auftrag gegebenen Werke aufführen ließ. Ihre als „Grandes Nuits de Sceaux" bekannten und beliebten Festlichkeiten waren gesellschaftliche Ereignisse. Bei einem dieser Anlässe boten die Tänzerin Prévost und der Tänzer Balon im Jahr 1714 eine Szene aus dem Schauspiel „Horace" von Pierre Corneille wortlos und nur durch mimische Bewegungen und Tanz dar und zwar so überzeugend, „daß den Zuschauern die Tränen der Rührung kamen."

In England wurde von dem Tänzer und Choreographen John Weaver (1673-1760) ein frühes Handlungsballett, „The Tavern Bilkers" (Die Zechpreller) bereits im Jahre 1702 auf die Bühne gebracht. Bekannter ist

Maler und Bildhauer bevorzugten zu Beginn des 19. Jahrhunderts im Sinne des griechischen Schönheitsideals Werke, die den weiblichen Körper nackt oder mit einer Tunika spärlich bekleidet wiedergaben. Die Darstellungen der beiden Tänzerinnen sind dafür ein klassisches Beispiel. Sie gehören zu einer Gruppe von Miniaturen aus Gips, die Antonio Canova, der Meister des italienischen Klassizismus, für eine Kassette in Buchform schuf. (Antonio Canova, Tänzerinnen, Gipsguß, 2,2 x 3 cm)

jedoch sein 1717 aufgeführtes Werk „The Loves of Mars and Venus". Einfluß auf die Entwicklung des Handlungsballetts nahmen vor allem die beiden bedeutendsten Tänzerinnen jener Zeit: Die bereits erwähnte Marie Sallé und ihre Gegenspielerin Marie-Anne Cupis de Camargo, kurz die Sallé und die Camargo genannt.

Das Geburtsjahr der Sallé wird mit 1707 angegeben. Sie starb 1756 „ungefähr 49jährig", wie die Chronik zu berichten weiß. Auf der Jahrmarktbühne, auf der sie groß wurde, lernte sie das durch das aufgezwungene Sprechverbot notwendig gewordene stumme und doch ausdrucksstarke und verständliche Spiel. Die Sallé war eine ausgesprochen lyrische „Terre à terre - Tänzerin". Früher als in Paris scheint man in London das große Talent der Sallé erkannt zu haben. Denn sie wurde schon bald, zusammen mit ihrem Bruder, an das von John Rich geleitete „Lincolns Inn Theatre" verpflichtet und errang dort ihre ersten großen Erfolge. Bald darauf nahm sie die „Académie Royale de Musique" (Opéra) in Paris unter Vertrag. Nach großen Erfolgen, die nicht ohne die üblichen Intrigen zustande kamen, ging die Tänzerin wieder nach London zurück.

Es waren in erster Linie die Reformideen der englischen Ballettleute, welche die Sallé zu diesem Schritt veranlaßten. In einem Ballett mit dem Titel „Pygmalion" konnte sie erstmals die ihr am Herzen liegenden Reformen des Kostüms durchsetzen: Sie trug ein der griechischen Tunika ähnliches Kostüm, das in Paris bald auch durch ihre Rivalin, die Camargo, eingeführt wurde. Marie Sallé geriet bei ihren Londoner Aufenthalten zwischen die Fronten des Konflikts, den der Komponist Georg Friedrich Händel mit den Komponisten italienischer Opern austrug. Die Tänzerin scheint eindeutig Partei für Händel genommen zu haben. So bahnte sich eine enge Zusammenarbeit und Freundschaft an, und Händel schrieb zu seiner Oper „Il pastor fido" eigens für die Sallé einen Terpsichore genannten Prolog. Auch die Oper „Ariodante" enthielt für die Sallé komponierte Tanzeinlagen. Im gleichen Jahr, 1735, kehrte sie endgültig nach Paris zurück und errang in der Ballettoper „Les Indes galantes" von Rameau einen weiteren Erfolg. Sie zog sich, nach vielen Triumphen, 1753 von der Bühne zurück, über ihr Privatleben weiß man praktisch nichts.

Dieses Problem stellte sich nicht bei ihrer großen Rivalin – der Camargo. Zahlreiche Liebschaften ließen sie ständig im Gerede bleiben. Ihr Vater entstammte einer verarmten spanischen Adelsfamilie, die in Brüssel wohnte. Der Name Cupis de Camargo (1710-1770) läßt die Abstammung aus Kreisen des niederen Adels vermuten. Marie-Annes Vater war Tanzmeister der Prinzessin von Lüttich. Trotzdem wies er den Vorschlag, seine tanzbegabte Tochter ins Corps de ballet der Pariser Oper eintreten zu lassen, zunächst entschieden zurück. Dazu kam es dennoch, und die junge Tänzerin verstand es bald, eine sich zufällig bietende, einmalige Chance geschickt auszunutzen. Ein Tänzer verpaßte seinen Soloauftritt, die Camargo sprang unvermittelt für ihn ein und errang mit einem „Tambourin" einen so stürmischen Erfolg, daß ein Vertrag gesichert war. Die Camargo war eine typische virtuos-dramatische Ballerina, so daß selbst Voltaire (1694-1778) erklärte, sie sei die erste Tänzerin, „die wie ein Mann tanze". Das mag auch ein Grund sein dafür, daß sich die Camargo ebenfalls für die Reform des Ballettkostüms stark machte.

Beide Ballerinen haben die Entwicklung des Balletts vorangetrieben: Die Sallé durch ihre Ausdruckskraft, die Camargo durch ihre technischen Neuerungen. Voltaire hat die Gegensätzlichkeit der beiden in einem vielzitierten Gedicht gekennzeichnet:

Ah, Camargo, que vous êtes brillante!
Mais que Sallé, grands Dieux, est ravisante!
Que vos pas sont légers et que les siens sont doux!
Elle est inimitable, et vous êtes nouvelle.
Les Nymphes sautent comme vous.
Et les Grâces dansent comme elle!

Ah, Camargo, Sie sind brilliant fürwahr!
Doch Sie, Sallé, Sie sind einfach wunderbar.
Der einen Schritte sind sanft.
Der anderen ihre leicht.
Die eine ist unvergleichlich.
Die andere unerreicht.
Die Nymphen springen, Camargo, wie Sie.
Die Grazien tanzen, wie Sie Sallé in Harmonie!

Die überragende Figur im Ballettleben jener Zeit ist zweifellos Jean-Georges Noverre (1727-1810). Nicht nur weil er bei der Entwicklung des Handlungsballetts eine zentrale Rolle spielte, sondern in erster Linie wegen seiner für die Zeit umwälzend neuen Ballettästhetik. Die Ideen, die Noverre in den verschiedenen Ausgaben seiner zuerst 1759 erschienenen „Lettres sur la Danse" (Briefe über das Tanzen) dargelegt hat, haben nicht nur bei seinen Schülern und Nachfolgern ihre Spuren hinterlassen. Sie haben selbst heute zum Teil noch Gültigkeit.

Noverre soll von einem Vater welschschweizerischer Nationalität und einer französischen Mutter abstammen. Er verschrieb sich schon früh dem Tanz, über seine Karriere als Tänzer gibt es jedoch wenig zu berichten. Noverre muß schon bald einen schwierigen Charakter gezeigt haben. Er führte ein unstetes Wanderleben, an keinem Ort blieb er sehr lange. Es gibt wenige Städte, die für das damalige Ballett von Bedeutung waren, an denen er nicht für kürzere oder längere Zeit gelebt hätte. Wichtig für seine Entwicklung war bestimmt die Zeit von 1760 bis 1766, die er als Hofballettmeister im Dienst des Herzogs Karl Eugen von Württemberg in Stuttgart verbrachte. Hier konnte er, im Gegensatz zu Paris, frei arbeiten. Er hatte ein für die Zeit relativ großes Ballettensemble zur Verfügung, und der freigebige Herzog ermöglichte ihm, die besten Tänzer und Künstler der Zeit zu verpflichten. Als Ausstatter rief Noverre die ihm von Paris her bekannten Servandoni und Boquet. Leiter seines Orchesters war Niccolo Jommelli, und als Tänzer machten Gaëtano Vestris, Jean Dauberval und Charles Le Picq, die besten jener Zeit, Furore.

Der Reformator des Balletts, Noverre, tat sich bald mit dem Reformator der Oper, Christoph Willibald Gluck (1714 - 1787), zusammen. Gemeinsam war ihnen auch der Umstand, daß sie der Unterstützung durch die österreichische Prinzessin Marie Antoinette, die spätere Königin von Frankreich, sicher sein konnten. Denn Noverre war es gewesen, welcher der Prinzessin während seiner Wiener Jahre den standesgemäßen Unterricht im Tanz erteilt hatte. Die Weitsicht Marie Antoinettes, die beiden großen Reformatoren Gluck und Noverre gegen größte Widerstände in Paris an maßgebliche Stellen berufen zu haben, ist allerdings von der Kunst- und Kulturgeschichte nicht immer erkannt und gewürdigt worden.

Den unsteten Noverre zog es nach Wien und von dort nach Mailand, nach London und wieder nach Paris zurück. In Wien wurde er derweil vermißt. So schrieb die Kaiserin Maria-Theresia an den Erzherzog Ferdinand:

„Ich bin sehr zufrieden, daß Noverre in Mailand erfolgreich gewesen sei. Man behauptet, daß Angiolini dort ebenso vermißt werde, wie Noverre hier. Der Erstgenannte gibt hier hassenswerte Ballette, und Madame tut sich groß hervor. Ich will nicht behaupten, daß Noverre in allem vollkommen sei; er ist unausstehlich, besonders wenn er einen Rausch gehabt hat, was ihm öfters unterläuft. Aber ich finde doch, daß er unübertrefflich sei in seiner Kunst, besonders in der Geschicklichkeit, mit der er auch noch seinen letzten Statisten einzusetzen versteht".

Es sind zahlreiche Textbücher erhalten, aus welchen wir Aufschluß über den Handlungsablauf der Ballette von Noverre erhalten. Leider hat sich jedoch keine seiner Choreographien gefunden. Aufgeschrieben hat man seine Ballette in Ermangelung einer brauchbaren Notation nicht. Sie haben sich auch nicht, wie das etwa im 19. Jahrhundert der Fall war, von einer Ballettmeistergeneration zur anderen überliefert.

Auch Wolfgang Amadeus Mozart (1756 - 1791) ist im Haus von Noverre in Paris verkehrt, und es ist wahrscheinlich, daß sich die beiden Männer in Italien und in Wien wieder getroffen haben. Mozart äußert sich in einem seiner Briefe an den Vater nicht sehr günstig über die äußeren Umstände, unter denen das gemeinsam mit Noverre geschaffene Ballett „Les petits riens" 1778 in Paris erstaufgeführt worden ist. Schon früher waren, zusammen mit Gluck, verschiedene Tanzeinlagen in Opern entstanden.

Für die Nachwelt sind die „Briefe“ (Lettres sur la Danse) von unschätzbarem Wert. Sie dürfen als Grundlage für eine Ästhetik des Balletts bezeichnet werden. Sie verhalfen dem Ballett zu einem Ansehen, das es ohne Noverre wohl kaum erreicht hätte. Die „Lettres sur la Danse“ kennen verschiedene Ausgaben. Die interessanteste ist zweifellos eine Zusammenfassung aus dem Jahr 1803, die Zar Alexander I. zu Ehren von Noverre drucken ließ. Die gleiche Ausgabe erschien noch einmal 1807 in Paris, von Noverre der Kaiserin Josephine gewidmet. Der genaue Titel lautet „Lettres sur les Arts Imitateurs en général et sur la Danse en particulier“ (Briefe über die nachahmenden Künste im allgemeinen und den Tanz im besonderen), die Erstausgabe 1759 nannte sich allerdings nur „Lettres sur la Danse et sur le Ballet“.

Die wesentlichsten Grundsätze dieser Schrift sollen wegen ihrer Bedeutung im folgenden kurz zusammengefaßt werden:

Der Choreograph muß zu gleicher Zeit Maler, Dichter und Historiker sein.
Körper und Geist sind frei, einzig die Schwerkraft gebietet ihnen.
Musik muß malen und sprechen können. Ist sie stumm, so kann man ihr nicht nachsprechen.
Damit der Tanz erhaben werde, ist es unabdingbar, daß die Tänzer ihre Zeit und ihre Studien zwischen Geist und Körper teilen. Leider gibt man alles dem letzteren, wie man dem ersteren alles verweigert.
Völlig stumm, müssen die Tänzer dennoch sprechen.
Selbstredend ist die Technik nötig. Sie darf aber weder als ausschließlich, noch als überwiegend wichtig angesehen werden. Sie steht an zweiter Stelle. An erster Stelle steht der Ausdruck.
Der Gegenstand muß klar und verständlich sein.
Daß es so wenig große Könner gibt, und unter der Mehrzahl der Tänzer so viel Unsinn herrscht, hat seine Ursache in der schlechten Erziehung, die sie genommen haben.
Es muß eine Übereinstimmung zwischen dem Tanzdrama, dem Bühnenbild, dem Kostüm und der Musik bestehen.
(Übersetzung der Briefe von G. E. Lessing)

Aussagen über die Choreographie lassen sich, wenn überhaupt, nur Noverres Briefen entnehmen:

„Ein Haufen Nymphen ergreift, bei der unvermuteten Erblickung eines Haufens junger Faune, voller Bestürzung die Flucht; die Faune verfolgen die Nymphen mit dem Eifer, mit dem man natürlicherweise auf ein bevorstehendes Vergnügen zueilt; auf einmal bleiben sie stehen um zu sehen, was für Eindruck sie auf die Nymphen machen; diese halten in ihrem Lauf gleichfalls inne, betrachten furchtsam ihre Verfolger, forschen, wo sie hinaus wollen, und sehen sich nach einem sicheren Ort um, wohin sie wider die drohende Gefahr ihre Zuflucht nehmen können; allmählich stoßen beide Haufen zusammen, die Nymphen widerstehen, verteidigen sich, entrinnen, so gewandt als leicht.

Eine solche Szene, sage ich, hat Handlung; und hier muß der Tanz mit Feuer und Nachdruck sprechen. Hier lassen sich keine symmetrisch abgemessenen Figuren anbringen, ohne Wahrheit und Wahrscheinlichkeit zu beleidigen, ohne die Handlung und den Anteil, den die Zuschauer daran nehmen sollten, zu schwächen. Eine solche Szene muß nichts als eine schöne Unordnung zeigen, und die Kunst des Kompositeurs [d.h. des Choreographen, Anm. des Autors] muß hier nur die Natur zu verschönern versuchen. Ein Ballettmeister ohne Einsicht und Geschmack wird hier nach der gewöhnlichen Leier zu Werke gehen und die ganze Szene um ihre Wirkung bringen, weil er den Geist davon nicht einsieht. Er wird die Nymphen und die Faune auf verschiedene Parallellinien einander gegenüber stellen; er wird sorgfältig verlangen, daß keine Nymphe eine andere Wendung machen soll als die andere; kein Faun wird ihm den Arm höher heben dürfen als der andere; er wird sich wohl hüten, die Nymphen so zu verteilen, daß auf der einen Seite fünf und auf der anderen sieben zu stehen kommen; denn das würde wider die alten Opernregeln sündigen heißen; und ehe er diese übertritt, eher macht er aus einer Szene, die voller Feuer und Ausdruck sein könnte, das langweiligste, frostigste Spiegelgefecht.

Wer die Kunst nicht hinlänglich versteht, um von allen ihren Wirkungen urteilen zu können, dürfte vielleicht einwenden, daß diese Szene eigentlich zwei Gemälde haben müsse: das eine, welches die Begierde der Faune, und das andere, welches die Furchtsamkeit der Nymphen zeige. Aber wie vieler Abänderungen ist diese Begierde und diese Furchtsamkeit fähig! Wie vieler Kontraste! Wie vieler Staffeln von dem Wenigeren zu dem Mehreren! Sollen die umsonst eine Menge Gemälde darbieten, deren eines immer kräftiger und reizender sein kann als das andere?

Ich predige nicht Unordnung und Verirrung; ich will vielmehr, daß auch in der Unordnung noch Ordnung herrschen soll; ich verlange sinnreiche Gruppen, kräftige Stellungen, nur daß sie auch natürlich sind; sie müssen so angeordnet sein, daß man nirgends die Mühen des Anordnens merkt. Jede Figur muß mit Geschmack gezeichnet sein, aber keine, sie mag noch so zierlich sein, muß lange anhalten; auf eine reizende muß schnell eine ebenso reizende folgen."

(Aus dem ersten Brief, übersetzt von G. E. Lessing)

In der St. Petersburger Ausgabe der Briefe erweist sich Noverre als ausgesprochener Theaterpraktiker und fügt noch einen Beitrag über Theaterarchitektur hinzu. Dabei steht er offenbar noch unter dem Eindruck des kurz zuvor erfolgten Brandes der alten Pariser Oper. Er fordert, neue Theater nicht im Wirrwarr alter Häuser zu erbauen, sondern auf einem freien Platz. Dann hätte die Feuerwehr mehr Platz zum Eingreifen, und das Feuer könne nicht auf die Nebenhäuser übergreifen. Geradezu revolutionär ist Noverres Forderung, die Türen eines Theaters müßten sich, um bei Ausbruch eines Brandes eine Panik zu vermeiden, stets nach außen öffnen, und die Bühne müsse durch einen eisernen Vorhang zum Zuschauerraum getrennt sein. Die Räume der Verwaltung müßten zudem von den Garderoben getrennt sein, so daß den Künstlern der Weg ins Freie bei einem Brand nicht versperrt sei.

Noverre war ein streitbarer Mann. Die letzten Jahre seiner Bühnentätigkeit in Paris sind durch heftige Fehden mit Gardel, Dauberval und anderen gekennzeichnet. Während der Revolutionszeit bekam Noverre auch Schwierigkeiten politischer Art. Er starb, nachdem er noch eine erfolgreiche Zeit in London erlebt hatte, 1810 in Saint-Germain-en-Laye bei

Der Tänzer Gaëtano Vestris stammte aus Florenz, verbrachte jedoch den größten Teil seines Lebens in Paris. Lange Zeit erster Tänzer der Pariser Opéra wurde er „Gott des Tanzes“ genannt. Nachdem Jean-Georges Noverre von Paris nach Stuttgart ging, tanzte Vestris häufig in männlichen Hauptrollen als Gast am dortigen Hoftheater. Als Kostümbildner berief Noverre den von ihm bevorzugten Louis Boquet nach Stuttgart.
(Gaëtano Vestris in einem Kostüm von Boquet)

Paris, wohin er sich mit seiner Frau zurückgezogen hatte. Die Ballettgeschichte früherer Zeiten hat zu großes Gewicht auf den Streit um die Urheberschaft des Handlungsballetts zwischen Noverre, Hilverding und Angiolini gelegt. Heute darf festgestellt werden, daß alle drei zur Entwicklung der Ballettkunst, teilweise durch gegenseitige Beeinflussung, teilweise völlig unabhängig voneinander, ihren bedeutenden Beitrag geleistet haben. Der Wiener Franz Hilverding van Wewen kam 1710 zur Welt und verstarb 1768. Er soll bereits 1744 Handlungsballette aufgeführt haben. Seine Libretti sind allerdings nicht bekannt, seine Choreographien verschollen. Hilverding arbeitete in Wien, in Stuttgart und Sankt Petersburg. Es war damals unter den gekrönten Häuptern Europas üblich, höhere Hofbedienstete, und zu diesen zählten auch die Ballettmeister, untereinander auszuleihen. So ließ Marie Theresia sowohl Hilverding als auch ihren Ballettmeister Gasparo Angiolini (1731-1803) für eine Zeit an den Zarenhof Katharinas der Großen in Sankt Petersburg gehen.

Hilverding und Angiolini müssen in Sankt Petersburg recht ordentliche Ballettverhältnisse angetroffen haben. Stählins Bericht* ist eine Quelle von großem Wert. Er beginnt mit Angaben zum russischen Volkstanz:

„Der gemeine russische Landtanz scheint uralter slavischer Herkunft, mit etwas Tartarischem untermischt, zu seyn. Mit den übrigen europäischen Volks- oder Landtänzen hat er nichts gemein. Er besteht gar nicht im Toben und Springen, sondern vielmehr in einem zärtlichen und sachten Gang von Seiten des Frauenzimmers, und von öfterer tiefen Beugung und Wiederaufrichtung der Mannsperson, oder in seiner Erniedrigung durch schnell ausgestreckte Knie und Wiedereinziehung derselben. Wer Chineser, Bucharen, Mongolen, und andere tartarische Völker ihre Landtänze tanzen, oder grimasieren, gesehen hat, der erkennt an dem russischen Landtanz gar leicht, daß er etwas von diesen Völkern in seine natürlichen Pas angenommen haben müsse. Man könnte also den gemeinen russischen Tanz zu charakterisieren, etwa sagen: Wie Rußland an seinen südlichen und östlichen Grenzen diese Völker von uralten Zeiten zu Nachbarn gehabt hat, so habe es auch seinen steifen Landtanz etwas mit den gewöhnlichen Tanzbewegungen dieser Völker von Alters her vermischt."

Stählin berichtet weiter, wie mit Peter dem Großen die einheimischen Tänze vom Hof verschwanden und dafür die europäischen aufkamen. Mit dem Franzosen Jean-Baptiste Landé (gest. 1748) kam dann der erste Ballettmeister ins Land. Bereits 1736 soll die erste Ballettaufführung stattgefunden haben. Die Tänzer wurden entweder aus Frankreich oder Italien geholt. Die Gruppentänzer aber beschaffte man sich dadurch, daß man die Kinder der Hofbediensteten im Tanz ausbilden ließ oder Rekruten zum Dienst beim Ballett abkommandierte. Augenzeugen wollen Stählin berichtet haben, daß man die Ballette nirgends besser als in St. Petersburg, mindestens aber genauso gut wie in Italien oder Paris aufgeführt sehen konnte. Beifall wurde am Zarenhof so gespendet: Man ließ sich Brettchen mit Riemen und Band herstellen, „darin man den Namen der Tänzerin geschrieben hielt, für die man vorzüglich eingenommen, und öfters zu klatschen Willens war, um sich die bloßen Hände nicht wundzuklatschen". (Stählin)

Von Angiolinis zahlreichen Choreographien sind ebenfalls keine überliefert. Dennoch ist sein Name im Zusammenhang mit der Choreographie eines der frühen Repertoireballette, des 1761 erstaufgeführten „Don Juan" oder „Der bestrafte Wüstling" in Erinnerung geblieben. Der genaue Handlungsablauf dieses Werks ist erhalten, so daß es in einer choreographischen Neufassung aufgeführt werden kann. Angiolini-Glucks „Don Juan" folgt allerdings der gleichnamige Komödie von Molière und nicht etwa dem „Don Giovanni" Mozarts.

Wenn auch die französischen Choreographen und Tänzer nach wie vor tonangebend in Europa waren, so begannen doch schon im Rokoko Ballettpersönlichkeiten anderer Nationen nachzuwachsen. Der von Paris an alle Höfe Europas ausstrahlende Hang zum Ballett wirkte sich in einem solchen Bedarf an Tänzern aus, daß notgedrungen Nachwuchskräfte aus

*Jacob von Stählin „Nachrichten von der Musik in Rußland" in Johann Joseph Haigolds „Beylagen zum neuveränderten Russland", Leipzig 1770

dem eigenen Land herangezogen werden mußten. Am stärksten traten die Italiener hervor, Mailand, Neapel, Turin und andere Städte besaßen längst ihre eigenen Kompanien. Wer aber nach Erfolg und Ruhm strebte, mußte sich früher oder später an der Pariser „Opéra" um eine Auftrittsmöglichkeit bemühen.

Erstmals fällt in der zweiten Hälfte des 18. Jahrhunderts der Name einer Tänzerin deutscher Abstammung: Anna Friederike Heinel (1753-1808). Schon früh hatte sie ihre Heimatstadt Bayreuth verlassen und sich in Italien im Tanz ausbilden lassen. Später heiratete sie den bekannten italienischen Tänzer Gaëtano Vestris. Sie gilt als die „Erfinderin" der Pirouetten, obschon auch hier gesagt werden muß, daß diese kaum erfunden wurden, sondern vielmehr das Produkt eines technischen Entwicklungsprozesses waren. Die Heinel hat bei Noverre sowohl in Stuttgart als auch in Wien getanzt und war einige Zeit einer der großen Stars der Pariser Oper.

Es ist wohl angebracht, auch einer illustren Tanzamateurin, der Madame Pompadour, Mätresse König Ludwigs XV., zu gedenken. Sie war eine große Freundin der Künste und veranstaltete in ihrem Privattheater im Schloß Versailles vielbeachtete Theateraufführungen. In Rameaus Ballettoper „Les Surprises de l'Amour" tanzte sie selbst eine der großen Rollen. Auch als Schauspielerin soll sie sich versucht haben.

Als gefürchtete Rivalin der Sallé und der Camargo erschien ab 1739 an der „Opéra" die 18jährige Italienerin Barberina Campanini (1721 - 1799).

Seit dem 17. Jahrhundert wurden fast alle europäischen Fürstenhöfe zunehmend von den französischen Hofsitten beeinflußt. Daß auch in England kaum eine Festlichkeit ohne Hofball begangen wurde, zeigt die Abbildung, die vermutlich die Geburtstagsfeierlichkeiten für König Georg II. darstellt. (Ball am Hof zu St. James in London)

Parallel zu den Veränderungen des Hofballetts mit seinen wachsenden technischen Anforderungen an die Tänzer entwickelte sich bei Hofgesellschaften eine große Begeisterung für allgemeine Ballfestlichkeiten. Die Tänze waren zwar vielfach die gleichen wie beim Bühnentanz, stellten jedoch weniger virtuose Ansprüche. Die Abbildung zeigt einen festlichen Ball zu Ehren der französischen Prinzessin Louise Elisabeth anläßlich ihrer Hochzeit mit Dom Philippe, Infant von Spanien.
(Ball im Stadthaus zu Paris 1739, Kupferstich von J. F. Blondel nach einer Zeichnung von Sally)

Zwei Tänzerinnen stehen mit ihrem Verehrer vor einer Büste, und eines der Mädchen fragt: „Das soll die Guimard sein? Die hat ja keine Beine!“ Die junge Tänzerin wird belehrt, daß große Persönlichkeiten der Nachwelt nur als Büsten erhalten bleiben. Marie-Madeleine Guimard zählte zu den berühmtesten Ballerinen des Rokoko. In jungen Jahren zur ersten Tänzerin der Pariser Oper aufgestiegen, errang sie bald auch eine gesellschaftliche Stellung ungewöhnlicher Art: Sie war in Modefragen tonangebend, selbst für Königin Marie-Antoinette. („Im Foyer de la Danse“, Charivari, Paris)

Sie war eine Schülerin des Tänzers Rinaldo Fossano, und man sagt ihr besonders virtuos ausgeführte Entrechats nach. Wie wenig zuverlässig die Überlieferung ist, mag daraus hervorgehen, daß auch die Barberina, ebenso wie die Heinel, als Erfinderin der Pirouetten genannt wird. Daß sie eventuell früher als die Heinel mit dieser technischen Leistung hervortrat, ließe sich anhand ihres Lebensalters erklären.

Wie dem auch sei - das Privatleben der Barberina zumindest war abenteuerlich. Zu guter Letzt wurde sie - dank der besonderen Wertschätzung Friedrichs des Großen - sogar zur Gräfin de Campanini ernannt. Sie errichtete aus den Mitteln, die aus dem Verkauf ihrer Güter stammten, eine wohltätige Stiftung für verarmte adlige junge Damen und stand in hohem Ansehen bis zu ihrem Tod.

Die bekannteste der damaligen Ballerinen war zweifellos Marie-Madeleine Guimard (1743 - 1816). Sie stieg in jungen Jahren zur Ersten Tänzerin der Pariser Oper auf und errang bald eine gesellschaftliche Stellung ganz besonderer Art - und das, obwohl sie von fast abschreckender Knochigkeit gewesen sein soll! Die Guimard besaß ein eigenes Theater. Wenn sie dort auftrat, blieb die Oper leer. Auch in Modefragen war sie tonangebend. Es wird berichtet, daß sie in den üblichen Intrigen in und um die Oper kräftig mitgemischt habe. Sie tat auf jeden Fall das Ihre, damit der von Marie Antoinette als Ballettchef in der Oper eingesetzte Noverre seinen Abschied nehmen mußte.

Trotz ihrer Erfolge war die Guimard zeitweise völlig verschuldet. Das hinderte sie jedoch nicht daran, großzügige Spenden an die Armen zu verteilen. Ihr Ruf als Tänzerin war über jeden Zweifel erhaben, als echte Kunstliebhaberin soll sie ganz maßgeblich die beiden Maler David (1748-1825) und Fragonard (1732-1806) gefördert haben. Das bestätigt auch die von Edmond de Goncourt 1893 veröffentlichte Biographie der Tänzerin.

Maria Allard (1742–1802), eine Zeitgenossin, war nicht nur eine blendende Technikerin. Sie zeichnete sich besonders dadurch aus, daß sie für tragische und komische Rollen gleichermaßen geeignet war. Sie choreographierte zudem ihre Entrées selbst. In der Erstaufführung der „Petits riens“ von Noverre-Mozart (1778) kreierte sie die weibliche Hauptrolle.

Als letzte der großen französischen Tänzerinnen des 18. Jahrhunderts darf Mademoiselle Théodore (richtiger Name Marie-Madeleine Crépé, 1760–1796) bezeichnet werden. Sie war weit über die Grenzen ihrer Heimat hinaus bekannt und wurde in Brüssel wie in London gefeiert. Sie heiratete den Tänzer-Choreographen Dauberval, dessen „Fille mal gardée“ sie 1789 in Bordeaux kreierte.

Von den vielen großen französischen Tänzern des Rokoko wurde der älteste, Louis Dupré (1697–1774), noch im 17. Jahrhundert geboren. Der große Dupré, wie er genannt wurde, war ein überragender Tänzer, der noch im Alter von 60 Jahren das Publikum begeisterte. Casanova sah ihn tanzen, und wir verdanken ihm den folgenden Bericht: „Plötzlich hörte ich, wie im Parterre die Leute heftig zu klatschen anfingen. Ein großer, schöner Tänzer mit Maske erschien, dem eine gewaltige schwarze Perükke bis zur Brust hernieder reichte. Sein vorne geöffnetes Kleid endete bei den Füßen. Mein Nachbar erklärte mit Verehrung in der Stimme: ‚Das ist der unvergleichliche Dupré!‘ Ich hatte von ihm sprechen gehört und ich wartete ab, was da komme. Ich sehe heute noch, wie er mit gemessenen Schritten gegen vorne trat und wie er langsam die abgerundeten Arme hob und sie mit Grazie bewegte. Er breitete sie aus und schloß sie wieder, bewegte die Füße mit Exaktheit und Leichtigkeit, tanzte einige kleine Schritte, einige Battements in halber Höhe, einige Pirouetten, um dann wie ein Zephir zu verschwinden. Das Ganze hatte keine halbe Minute gedauert. Applaus und Bravorufe erklangen von allen Rängen. Ich war etwas erstaunt und befragte meinen Nachbarn. Man applaudiere die Grazie von Dupré und die göttliche Harmonie seiner Bewegungen, erhielt ich zur Antwort. Er sei 60 Jahre alt, und jene, die ihn schon mit 40 tanzen gesehen haben, fänden ihn noch gleich. Er kann früher nicht besser getanzt haben, denn was er jetzt getanzt hat, war perfekt. Am Ende des zweiten Aktes erschien Dupré wieder mit einer Maske bedeckt. Er tanzte angeblich anders, doch für meine Augen wie vorher. Da plötzlich erklangen aus dem Parterre Rufe: er entwickelt sich, er steigert sich noch! Und tatsächlich, er schien noch größer zu werden. Sofort nachher erschien eine Tänzerin, die wie eine Furie links und rechts Entrechats sprang, sich dabei aber nur wenig in die Höhe bewegte. Sie wurde mit frenetischem Applaus begrüßt. Es war die berühmte Camargo. Mein Nachbar beglückwünschte mich, rechtzeitig nach Paris gekommen zu sein, um sie zu sehen, da sie schon 60 Jahre zähle. Sie ist die erste Tänzerin, die auf unserem Theater gesprungen ist.“ (Die Camargo war übrigens, als Casanova sie sah, nicht etwa 60, sondern nur 40 Jahre alt. Sie trat ein Jahr später von der Bühne ab.)

Zu der Riege der herausragenden Tänzer gehört auch der bereits genannte Jean-Baptiste Landé (Geburtsdatum unbekannt, gest. 1748). Er war es, der 1738 in Sankt Petersburg die Ballettschule des Marinskij-Theaters gründete. Sie ist nach der bereits 1713 gegründeten Schule der Pariser Oper die zweitälteste der Welt.

Von fast sagenhafter Berühmtheit waren die beiden Vestris, Vater und Sohn, Gaëtano (1729 - 1808) und Auguste (1760 - 1842). Vater Vestris, als „Gott des Tanzes“ bezeichnet, stammte aus Florenz. Abgesehen von kürzeren Aufenthalten in Berlin, Warschau und Stuttgart, hat er aber den größten Teil seines Lebens in Paris verbracht. Der Verbindung mit seiner Partnerin, Mademoiselle Allard entsprang der Sohn Auguste Vestris, der einen neuen Tänzertypus, den komischen Charaktertänzer schuf. Noverre nannte ihn den erstaunlichsten Tänzer Europas und bewunderte seine Equilibre. Noch im Alter von 75 Jahren tanzte Auguste Vestris, mit der berühmten Maria Taglioni als Partnerin, öffentlich ein Menuett.

Als erster Tänzer ohne Maske trat 1772 Maximilien Gardel (1741 - 1787) auf. Er folgte damit einem Appell Noverres, der Natürlichkeit des Tanzens, ohne die übliche Maske verlangte.

Die interessanteste Persönlichkeit war aber zweifellos der sich Dauberval nennende Tänzer und Choreograph Jean Bercher (1742 - 1806). Er war nicht nur ein blendend guter Tänzer - davon gab es einige. Er verfügte über eine so ungewöhnliche Ausstrahlungskraft, daß er, auch durch die beachtlichen Leistungen seiner Partnerin und Frau, Mademoiselle Théodore, zum Idol von ganz Paris wurde. Dauberval ist in die Ballettgeschichte als Schöpfer des Balletts „La Fille mal gardée“ (Das schlecht behütete Mädchen) eingegangen. Im Zeichen der Aufklärung und der nahenden französischen Revolution hatte sich schon seit einiger Zeit eine Abkehr von den mythologischen Gestalten des Klassizismus bemerkbar gemacht. Man war nun bestrebt, ‚Menschen aus Fleisch und Blut’ auf die Ballettbühne zu bringen. Noverres Ballett „La Rosière de Salancy“ (Die Rosenkönigin von Salancy), 1775 in Mailand aufgeführt, hatte den Weg zu realistischem Geschehen auf der Ballettbühne geebnet. Ein anderes Ballett, „Mirza“ von Maximilien Gardel, das 1779 in Versailles zur Aufführung kam, spielte gar unter Franzosen, Negern, Kreolen in Louisiana.

In „La Fille mal gardée“ geht es bereits um soziale Ideen. Die einfachen jungen Liebenden siegen über die sture Absicht der älteren Generation, eine Vernunft- und Geldehe des Mädchens gegen die Stimme ihres Herzens zu erzwingen. Es wäre aber bestimmt falsch, in der „Fille mal gardée“ ein Revolutionsballett zu sehen. Tatsache ist hingegen, daß in einer der Wiederholungsvorstellungen in Bordeaux ein begeisterter Zuschauer ein Hoch auf den „dritten Stand“ ausrief.

Sowohl die Originalchoreographie als auch die Originalmusik der „Fille mal gardée“ sind verloren gegangen. Die Partitur des Originals, volkstümliche Weisen und beliebte Opernmelodien, muß einfach gewesen sein. Auf jeden Fall sah man sich in Paris zu Beginn des 19. Jahrhunderts gezwungen, durch den Komponisten Herold (1791 - 1833) eine neue Partitur schreiben zu lassen. Diese entlieh einen Teil der Musik bei damals beliebten Komponisten wie etwa Rossini (1792 - 1868). 1864 entstand dann anläßlich der Wiedergabe des Balletts durch Paul Taglioni in Berlin eine weitere Version durch den Komponisten Peter Ludwig Hertel. Frederick Ashton, Direktor des englischen Royal Ballet ließ schließlich 1960 für seine choreographische Neufassung durch den Dirigenten John Lanchbery eine wiederum auf Herold zurückgehende Partitur schreiben. 1981 endlich hat der französische Komponist Jean-Michel Damase nochmals eine musikalische Neufassung erstellt.

„La Fille mal gardée“ oder wie der ursprüngliche Titel des Werkes lautete „Es ist nur ein Schritt vom Bösen zum Guten“ („Il n'est qu'un pas du mal au bien“) bzw. „Ballet de la paille“ („Strohballett“) ist im 19. Jahrhundert in erster Linie, weil es zum russisch-zaristischen Repertoire gehörte, zu einem der beliebtesten Handlungsballette geworden. Die Rolle der Lise wurde von vielen berühmten Ballerinen getanzt, und es ist bestimmt der gelungenen, choreographischen Fassung Ashtons zu verdanken, daß dieses Ballett beim Publikum außerordentlich beliebt ist.

Zur Zeit vor und nach der französischen Revolution haben in Paris die Brüder Gardel, Maximilien (1741 - 1787) und Pierre (1758 - 1840), eine bedeutende Rolle gespielt. Der jüngere hat dem französischen Ballett während der Revolutionszeit und in der Zeit Napoleons I. den Stempel seiner Persönlichkeit aufgedrückt. Sein Ruhm wurde nicht unwesentlich durch die Persönlichkeit seiner Frau, Marie Miller, verstärkt. Pierre Gardel ist noch im alten Jahrhundert mit seinen Balletten „Télémaque“ (1790), „Psyché“ (1790) und einem „Jugement de Paris“ (Das Urteil des Paris, 1793) an die Öffentlichkeit getreten. Das neue Jahrhundert zeigte ihn vor allem als Ballettdirektor der Pariser Oper. Sein nach dem berühmten Roman von Bernardin de Saint-Pierre (1737 - 1814) „Paul et Virginie“ geschriebenes Ballett (1806) darf jedoch als einer der ersten Erfolge des 19. Jahrhunderts gepriesen werden. Neben Gardels Gattin trat damals in Paris besonders die Italienierin Emilie Bigottini (1784 - 1858) ins Rampenlicht, die sich der Gunst Napoleons I. erfreute.

Frankreich besaß neben den Gardels und Dauberval in der Person des Tänzer-Choreographen Charles Louis Didelot (1767 - 1837) einen weiteren großen Vertreter der Ballettkunst. Didelot war in Paris von Auguste Vestris und Noverre, der ihn wahrscheinlich nach London empfahl, ausgebildet worden. Bei seinem zweiten Besuch in der Themsestadt brachte er sein bestes Ballett „Flore et Zéphire“ heraus. Dabei erfand er eine neuartige aufsehenerregende Maschinerie: Um fliegende Tänzerinnen vorzutäuschen, wurden sie in Flugkorsetts eingekleidet und an einem über die Bühne gespannten Drahtseil durch die Luft gezogen.

Im Jahre 1801 erhielt Didelot die Einladung des Zaren Paul I., in der dreifachen Stellung als Tänzer, Pädagoge und Choreograph nach Sankt Petersburg zu kommen. Er fand dort, vorbereitet durch Landé, Hilverding, Angiolini und andere, geordnete Ballettverhältnisse vor. Nach nur kurzem Aufenthalt kehrte er jedoch nach Paris zurück. Erst 1816 ließ er sich dauerhaft in Rußland nieder und wurde zum eigentlichen Begründer jener russischen Ballettkunst, die sich bis heute erhalten hat. Didelot griff in seinen Handlungsballetten bald auch literarische Themen auf. Sein 1823 entstandenes Ballett „Die Gefangene im Kaukasus“ nach Puschkin ist das erste einer längeren Reihe russischer Literaturballette. Zu Beginn des 19. Jahrhunderts begann sich das Schwergewicht der europäischen Ballettarbeit von Paris nach Italien zu verlagern. Im Zentrum des italienischen Ballettlebens stand Mailand, wohin der italienische Choreograph Salvatore Viganò aus Neapel gekommen war. Viganò (1769 - 1821) stammte aus einer bekannten Künstlerfamilie. Er war der Neffe und Schüler des berühmten Komponisten Luigi Boccherini (1745 - 1805). Aufgrund seiner musikalischen Schulung konnte er die Partitur seiner Ballette selbst zusammenstellen und sogar einrichten. Noch gegen Ende des 18. Jahrhunderts

Die Darstellung der Bühnenlandschaft zum Ballett „Mirra“ oder „Die Rache des Zeus“ stammt von dem italienischen Bühnenarchitekten und Bühnenbildner Alessandro Sanguirico, der zahlreiche grandiose Bühnenbauten zu den Choreographien von Salvatore Viganò schuf.
Viganò gilt als Schöpfer des „Dramas auf der Ballettbühne“, mit dem er Mailand zum Zentrum der italienischen Ballettszene machte. Er war musikalisch so geschult, daß er die Partituren seiner Ballette selbst zusammenstellen und einrichten konnte. (Bühnenlandschaft von Alessandro Sanguirico zu Viganòs Ballett „Mirra“)

besuchte Viganò Wien, wo er mit seiner aus Spanien stammenden Frau Maria Medina Triumphe feierte. Die Medina war eine Sensation – wagte sie es doch tatsächlich, in einem fleischfarbenen Trikot zu tanzen!

In der Wiener Zeit der Viganòs entstand 1801, in Zusammenarbeit mit Ludwig van Beethoven, das Ballett „Die Geschöpfe des Prometheus". Erhalten ist jedoch nur die Partitur. Viganò, der als Schöpfer des „Choreodrama" bezeichnet werden darf, entnahm seine Themen häufig Werken der Literatur. Sein 1804 in Mailand aufgeführtes Ballett „Coriolan" gehört zu den frühesten Shakespeare-Balletten. (Das erste überhaupt ist Noverres „Antonius und Kleopatra" aus dem Jahre 1761.)

Viganò verstand es, seinen Balletten dank der Zusammenarbeit mit dem Bühnen- und Kostümbildner Alessandro Sanguirico, gewaltige Dimensionen zu verleihen. Das bestätigt auch der französische Dichter Stendhal in seinen Reiseberichten der Jahre 1817 und 1818: „Ich habe nur 3 oder 4 Ballette von Viganò gesehen. Er besitzt eine Phantasie in der Art von Shakespeare, dessen Größe er wahrscheinlich gar nicht erfaßt hat; er besitzt das Genie eines Malers und es ist auch musikalisches Genie, das diesem Kopf entspringt. Oft, wenn er die ihm passende Musik nicht finden kann, so komponiert er sie ganz einfach selbst. Ganz bestimmt gibt es im „Prometheus" absurde Stellen, und trotzdem bleibt dieses Ballett so frisch wie am ersten Tag. Eine weitere Qualität des Genies Viganòs ist seine Geduld. Umgeben von 80 Tänzern auf der Bühne in Mailand, zu seinen Diensten ein Orchester von 60 Musikern, läßt er sich unbarmherzig einen ganzen Vormittag zwei Takte wiederholen, die seiner Idee nicht ganz entsprechen." Nicht immer hat Viganò die Zustimmung Stendhals gefunden. So schlägt dieser in einer Art öffentlichem Brief dem Choreographen dramaturgische Änderungen des Othello-Balletts vor – ein Beweis für das ballettdramaturgische Gespür des Dichters. Viganò scheint vor allem der Pantomime eine große Bedeutung beigemessen zu haben – zumindest beschuldigt der Komponist Rossini Viganò, in seinen Balletten gebe es zu viel Pantomime und zu wenig Tanz.

Nun wäre es freilich falsch zu glauben, die Mailänder Scala von damals sei ein Musterbetrieb gewesen. Man gab dort nicht nur geschlossene Vorstellungen, sondern auch Theaterabende mit höchst eigenartiger Mischung. Nach Stendhal eröffnete man eine Vorstellung des 1. Februar 1818 mit dem 1. Akt der Oper „Die diebische Elster" von Rossini (etwa von 19 bis 21 Uhr). Es folgte dann, bis um 22 Uhr, Viganòs Ballett „Die Vestalin", gefolgt vom 2. Akt der „Diebischen Elster", der bis gegen Mitternacht dauerte. Den Abschluß bildete eine kleine Ballett-Buffonade von Viganò „Des Schusters Weib" – eine merkwürdige Mischung.

Der Ballettpublizist André Levinson (1887 - 1933) beschreibt in seinem viel beachteten Buch „Meister des Balletts" die Zustände an der Scala jener Jahre so: „Die Theater Italiens waren Orte des Zusammentreffens der oberen Gesellschaftsschichten, die klubartigen Charakter aufwiesen. Man besuchte sich gegenseitig in den Logen und die Unterhaltungen wurden keinesfalls im Flüsterton geführt. Es war auch üblich, in den Logen dem beliebten Tarock-Kartenspiel zu frönen und zu speisen und zu trinken. Einigermaßen Ruhe kehrte nur bei Auftritten besonders beliebter Stars ein, wenn diese eine ihrer Prunkarien sangen oder wenn jemand von Bedeutung einen Pas zu tanzen hatte."

Vigano war nicht nur Choreograph und Regisseur; er war auch ein Pädagoge von Format. Es ist in erster Linie ihm zu verdanken, daß die Ballettschule der Mailänder Scala bald zum ersten Ausbildungsinstitut für Tänzer wurde, das ganz Europa, bis ins 20. Jahrhundert hinein, mit hervorragenden Technikern des Tanzes versorgte.

Was Viganò in Mailand begonnen hatte, ist von seinem Landsmann Carlo Blasis (1795 - 1878) weitergeführt worden. Im Unterschied zu seinen Vorgängern sind seine theoretischen Ausführungen nach wie vor voll gültig. Die ganze Technik des klassischen Tanzes geht direkt oder indirekt auf Blasis zurück.

Blasis war Neapolitaner und kam schon früh nach Frankreich, wo er mit Dauberval und Pierre Gardel zusammenarbeitete. Er siedelte nach Mailand über, um Unterricht bei Viganò zu nehmen, und stieg dort rasch zum ersten Solotänzer auf. Gelegentlich tanzte Blasis auch in London, damals neben Paris und Mailand die dritte Hauptstadt des europäischen Balletts. Schon 1820 veröffentlichte er in Mailand sein erstes theoretisches Werk „Traité élémentaire théorétique et pratique de la Danse" (Elementarlehrbuch theoretischer und praktischer Art für den Tanz). Es folgte ein in englischer Sprache abgefaßter „Code of Terpsichore" und 1830 schließlich sein „Manuel complet de la Danse". Blasis, der sich „Erster Tänzer des Königs von England" nannte, geht in diesem Werk verstärkt auf die Entwicklung des Balletts ein und gibt praktische Ratschläge, die auch heute noch beachtenswert und von Gültigkeit sind: „Der Erfolg oder der Mißerfolg im Studium des Tanzes hängt weitgehend davon ab, wie diese Studien begonnen werden: darum muß man der Wahl des Lehrers größte Aufmerksamkeit schenken und verhindern, daß man sich in ihm täusche. Nicht alle Lehrer gehen selbst aus einer guten Schule hervor und es gibt derer nur wenige, die sich in ihrer Kunst, die sie lehren wollen, wirklich auszeichnen. Viele unter ihnen verfügen zwar über ein gewisses Geschick, sie sind jedoch weit entfernt davon, die Zahl guter Tänzer vermehren zu können. Ja, sie vermindern deren Zahl täglich dadurch, daß sie ihnen schlechte

Die Festfreudigkeit des französischen Rokoko beschränkte sich nicht auf den königlichen Hof. Auch im Vorort, in Vincennes, waren Tanzvergnügen im Freien äußerst beliebt. Es handelt sich, wie die Figuren zeigen, um ein Fest der gehobenen bürgerlichen Schicht, nicht also um ein eigentliches Volksfest. Dennoch lassen sich in der Parole „Weg von Paris und dem Hof" bereits Anzeichen kommender sozialer Umwälzungen erkennen, nachdem im 17. und 18. Jahrhundert Tanz und Ballett fast ausschließlich Angelegenheiten des Hofes waren.
(Ball von Vincennes)

Nach der Französischen Revolution verlagerte sich der Schwerpunkt der Ballettentwicklung nach Mailand, London und St. Petersburg. Doch auch die Bürger Frankreichs stürzten sich mit Begeisterung in Tanzvergnügen, für die eine ganze Reihe alter Tänze wiederentdeckt wurden. Das Paar der Abbildung tanzt in typischer Kleidung der Zeit des „Direktoriums" (1795-99) die beliebte Allemande – ein Tanz, der den etwas später aufkommenden Walzer vorwegnimmt.

Gewohnheiten beibringen. Es ist meist schwer, ja unmöglich, ihnen diese später wieder auszutreiben. Die Schüler sollten nie Theoretikern unter den Lehrern folgen, weil sie das Richtige nicht zu zeigen fähig sind ... Ich empfehle vor allem eine seriöse Prüfung der körperlichen Eignung, aber auch eine solche, welche die Moral betrifft ..."

Blasis mahnt schließlich eindringlich: „Bleibt nie 24 Stunden ohne zu üben, aber fallt auch nicht ins Gegenteil, denn Übertreibungen sind überall gefährlich. Und zum Schluß möchte ich noch darauf hinweisen, wie wichtig das Studium des Zeichnens und der Musik sind. Das Zeichnen gibt die Gabe, graziöse und elegante Posen festzuhalten, und dies besonders dann, wenn das schöne Ideal gesucht wird. Die Musik wird die Bewegungen präziser werden lassen, die Ohren werden sich an die Tempi und die Begleitung gewöhnen und die Bewegungen werden in Übereinstimmung mit dem Rhythmus sein." An die Adresse der Ballettmeister, wir würden heute Choreographen sagen, richtet Blasis die folgenden Worte: „Ein Ballettmeister muß perfekte Kenntnisse der Kunst, des Tanzes und der Pantomime mit denjenigen der Musik und des Zeichnens verbinden. Auch das Studium der Literatur und die Lektüre der großen Meister wäre für ihn ein Gewinn. Er muß Kenntnisse der verschiedenen mechanischen Künste besitzen und auch über solche der Geometrie verfügen können. Erfahrung in Mathematik verschafft Klarheit der Gedanken und Exaktheit in den

Ausführungen. Ein guter Ballettmeister ist gleichzeitig Autor und Maschinist des Theaters. Zur universellen Erfahrung muß sich fruchtbare und reiche Phantasie gesellen."

Eine große Zahl berühmter Tänzerinnen und Tänzer sind aus der Schule von Blasis an der Mailänder Scala hervorgegangen. Nicht zuletzt ist auch der große Ballettpädagoge an der Schwelle vom 19. zum 20. Jahrhundert, Enrico Cecchetti (1850 - 1928), indirekt ein Schüler von Blasis gewesen. Er war es, der während seiner Jahre in Sankt Petersburg, um die Jahrhundertwende, die großen Tänzerinnen und Tänzer der „Ballets Russes" geformt hat. Von Blasis verläuft über Cecchetti eine direkte Linie zur Pawlowa, zur Karsavina, zur Preobrajenska, zu Fokine, Nijinsky und Massine.

In Frankreich hatte die Revolution verhindert, daß das Ballett richtig gepflegt werden konnte. Das Ballettgeschehen verlagerte sich daher mehr und mehr auf Mailand, London und Sankt Petersburg. So gab es kaum nennenswerte Neuerungen, und wenn Ballette aufgeführt wurden, so standen sie thematisch im Dienst der revolutionären Ideen. Zum Beispiel brachte man ein Ballett zu Ehren der Göttin der Vernunft zur Aufführung, das angeblich - aber nicht erwiesen - vom Revolutionsführer Robespierre stammen soll. Erst die Rückkehr zu ruhigeren Zeiten und das mächtige Aufkommen der Romantik haben Paris die alte Stellung als Zentrum des Balletts zurückgegeben. Das große Zeitalter des romantischen Balletts mit seinen großen Ballerinen und ihrem Tanz auf den Spitzen begann sich schon im alten Jahrhundert abzuzeichnen. Der Durchbruch vollzog sich aber erst in den dreißiger Jahren des neuen Jahrhunderts.

Wenn in einem Ballett des Jahres 1661 der Engel eindeutig auf Spitzen tanzt, so ist das mit Sicherheit der Phantasie des Kupfersteckers zu verdanken; denn Spitzentanz im modernen Sinne ist das Resultat einer Entwicklung, die sich am Ende des 18. Jahrhunderts abzuzeichnen begann. Erst als ein spezieller Tanzschuh entwickelt worden war, konnten große Ballerinen den Spitzentanz seinem Sieg zuführen. Seine Hochblüte erlebte er im romantischen Ballett des 19. Jahrhunderts.
(Szenenbild aus „Der Garten der Venus", 1661)

Rollenbildnis der italienischen Ballerina Barberina Campanini (1721–1799), ein Werk des nach seiner Übersiedlung nach Berlin als Hofmaler Friedrichs des Großen tätigen Franzosen Antoine Pesne (1683–1757). Die Schülerin des Tänzers Rinaldo Fossano trat ab 1739 in der Pariser Opéra auf, ab 1744 in der Berliner Oper. Die „Barberini“, wie die Tänzerin zumeist genannt wurde, genoß die besondere Gunst des preußischen Königs (ihr Porträt schmückte das Arbeitszimmer Friedrichs II.), gewann eine beherrschende Stellung im Ballettleben Berlins und gelangte als Gräfin de Campanini in den Adelsstand.
(Berlin, Schloß Charlottenburg)

Abbildungen S. 82:
Die beiden oberen Bilder zeigen die berühmten Ballerinen Carlotta Grisi und Maria Taglioni, erstere im Ballett „Paquita“, Paris 1846, letztere in einem Pas de deux mit ihrem Partner Joseph Mazilier im Ballett „La Fille du Danube“, Paris 1836. Unter dem Einfluß der „Spanierin aus dem Norden“, wie man die Wienerin Fanny Elßler nannte, wurden häufig spanische Tänze mit Kastagnetten-Begleitung in die Ballette eingebaut. Unsere Bilder (unten) zeigen das spanische Tänzerpaar Dolores Serral und Mario Camprubi.

Ballett von der Romantik bis zum Ende des 19. Jahrhunderts

In den skandinavischen Ländern, in England und Schottland, aber auch sehr ausgeprägt in Deutschland, begann sich die Romantik im ausgehenden 18. Jahrhundert in Malerei, Musik und Dichtung abzuzeichnen. Es sollte jedoch Frankreich vorbehalten sein, das romantische Ballett – wenn auch mit Hilfe ausländischer Kräfte – hervorzubringen.

Schon im vorangegangenen Jahrhundert hatte es Anzeichen gegeben dafür, daß das sich überwiegend mit mythologischen Themen beschäftigende Ballett neuen Horizonten entgegenging. Noverres „Rose von Salancy“ (1775) und besonders „Das schlecht behütete Mädchen“ (1789) von Dauberval zeigen dies recht deutlich. Auch in Charles-Louis Didelots Flugmaschinerien (Ballets volants) muß der Wunsch gesehen werden, die Tänzerinnen durch Höhenflug zu übersinnlichen, romantischen Wesen werden zu lassen.

Die Geburt des romantischen Balletts ist eng mit dem Aufkommen des Spitzentanzes verbunden. Man begegnet immer wieder der Meinung, der Spitzentanz sei eine Erfindung der großen Tänzerin Maria Taglioni (1804–1884) gewesen. Richtig ist, daß sie als erste große Tänzerin den Spitzentanz zum Sieg geführt hat. Die Technik des Spitzentanzes ist jedoch das Resultat einer Entwicklung, die schon sehr viel früher einsetzte.

Bereits im Jahre 1661 zeigt ein Szenenbild des Balletts „Der Garten der Venus“, das sich in der Nationalbibliothek in Paris befindet, einen Engel, der unverkennbar auf der Spitze steht (Abb. S. 79). Es muß jedoch bezweifelt werden, daß sich schon damals der Spitzentanz abzuzeichnen begann. Es wird sich vielmehr um das Produkt eines phantasievollen Stechers handeln, der seiner Zeit weit voraus war.

In einigen theoretischen Abhandlungen zum Ballett begegnet man etwa dem Begriff „sur la pointe“ (auf der Spitze) – es darf jedoch auch hier als sicher vorausgesetzt werden, daß damit lediglich die halbe Spitze gemeint war. Von verschiedenen Tänzerinnen wird behauptet, sie hätten als erste auf den Spitzen getanzt. Zu ihnen gehören Geneviève Gosselin (1791–1818), sodann die Italienerin Amalia Brugnoli (um 1800–1830) und schließlich die von Puschkin besungene Russin Awdotja Istomina (1799–1848), die schon 1820 Spitzentanz vorgeführt haben soll.

Die Geburtsstunde des romantischen Balletts fällt in das Jahr 1831. In Giacomo Meyerbeers (1791–1864) Oper „Robert der Teufel“, die an der Pariser Oper uraufgeführt wurde, tanzte Maria Taglioni in einer der Tanzeinlagen eine Äbtissin, die mit ihren Nonnen aus den Gräbern des Klosterkreuzganges aufersteht. Die Taglioni erregte mit ihrem Spitzentanz, das Ballett aber wegen seiner typisch romantischen Handlung, ungeheures Aufsehen. „Robert der Teufel“ wurde zu einem Erfolg, der bestimmt mehr den äußeren Umständen, dem Thema und eben der Taglioni, als der Musik zuzuschreiben war. Ein Gewährsmann hierfür ist Heinrich Heine, der in seinem am 23. März 1832 datierten Bericht der Artikelserie „Französische Zustände“ die tagespolitische Bedeutung der historischen Opernhandlung aus der Sicht des Publikums erläutert.

Imp. J. Rigo et Cie
262.

Oben: Das 1776–78 erbaute Teatro della Scala in Mailand während einer Aufführung von Gaspare Spontinis Oper „Die Vestalin“ (1824).

Unten: Eine der früher seltenen Freilichtaufführungen, das Ballett „Nella“ oder „La Naïade“, beide aus dem Jahr 1857, die in Paris im „Théâtre des Fleurs“ im „Pré Catalan“ aufgeführt wurden.

„Bei des Feuers mattem Flimmern,
Geister, Elfen, stellt euch ein!
Tanzet in den bunten Zimmern
Manchen leichten Ringelreihn!
Singt nach meiner Lieder Weise."
Oberons Aufforderung setzt Titania fort:
„Singet! hüpfet! lose! leise!
Wirbelt mir mit zarter Kunst
Eine Not' auf jedes Wort;
Hand in Hand, mit Feengunst,
Singt, und segnet diesen Ort."
Diese Verse eröffnen (in der Übersetzung August Wilhelm von Schlegels) das getanzte Finale des „Sommernachtstraums" von William Shakespeare. Eine erste musikalische Bearbeitung des Dramas, Henry Purcells Oper „The Faerie Queen" (Die Feenkönigin, 1692) gehörte noch der Epoche des Barock an. Zu einem der meistgespielten Werke Shakespeares wurde „A Midsummer Night's Dream" durch die Romantik.
In diesem Zusammenhang stehen die 1843 in Potsdam uraufgeführte, ebenso stimmungsvolle wie tänzerische Bühnenmusik von Felix Mendelssohn-Bartholdy, die mit weiteren Werken des Komponisten verschiedenen „Sommernachtstraum"-Balletten zugrunde gelegt wurde, und das hier wiedergegebene Aquarell von William Blake (1757–1827). Es zeigt links den Feenkönig Oberon und seine Gemahlin Titania, neben ihnen Puck, rechts den beschwingten Feenreigen.
(London, Tate Gallery)

Ausschnitt aus dem Gemälde „Tänzerinnen im Foyer“ (1887/90) von Edgar Degas. Schon Mitte des 18. Jahrhunderts wurde das den Tänzerinnen als Aufenthaltsort verfügbare Foyer de la Danse der Académie Royale de Musique (frühere Bezeichnung der Opéra de Paris) für Besucher geschlossen, um die hier gepflegten Kontakte mit Verehrern zu unterbinden. Dennoch wurde auch in der heutigen Opéra, dem Palais Garnier, ein (inzwischen anderweitig genutztes) Foyer eingerichtet, in dem die Herren ihre Tänzerinnen treffen konnten. Degas' Gemälde nimmt hiervon allerdings keine Notiz, sondern beschäftigt sich aus der „Schlüsselloch-Perspektive“ mit den zwanglosen Posen der Tänzerinnen.
(Kopenhagen, Ny Carlsberg Glyptotek)

Tänzerinnen haben in ganz besonderem Ausmaß das künstlerische Interesse des Impressionisten Edgar Degas (1834–1917) geweckt. Sein Gemälde „La Classe de Danse“ (Die Tanzklasse, 1874; 85 x 75 cm) zeigt inmitten der Tänzerinnen den „Maître de Ballet“. Sein Stock dient ihm dazu, den Rhythmus zu taktieren. Tänzer waren zu jener Zeit wenig gefragt, und Männerrollen wurden, wie etwa 1870 bei der Uraufführung des „Coppelia“-Balletts, von Tänzerinnen „en travesti“ verkörpert. (Paris, Musée d’Orsay)

1836 erlebte in Wien das Ballett „La Fille du Danube“ (Die Tochter der Donau) seine Uraufführung (Abb. S. 82). Wieder war es die Taglioni, die eine Einlage auf Spitzen tanzte. Dennoch ist es falsch, diese Aufführung als Geburtsstunde des Spitzentanzes zu bezeichnen. Der eigentliche Spitzentanz war vorerst schon deshalb unmöglich, weil die zum Tanzen verwendeten Schläppchen ein Verharren auf der Spitze keinesfalls erlaubt hätten. Um die Mühen zu verringern, stopften die Tänzerinnen Baumwolle in die Kappen. Erst nach und nach verstand man es, die Spitzen durch härteres Material zu verstärken. Der Spitzentanz entwikkelte sich mit dem Fortschritt in der Herstellung der Schuhe.

Ein wichtiges Datum in der Entwicklungsgeschichte des Balletts ist der 12. März des Jahres 1832. Mit „La Sylphide“ kam damals an der Pariser Oper das erste große romantische Ballett zur Uraufführung. Für die Choreographie zeichnete Filippo Taglioni. Seine Tochter Marie, von einer schwedischen Mutter in Stockholm zur Welt gebracht, tanzte die Sylphide, während der später als Choreograph bekannt gewordene Joseph Mazilier (1801–1868) die männliche Hauptrolle des James verkörperte. Die Musik der Pariser Aufführungen stammt von dem heute fast vergessenen Komponisten Jean-Madeleine Schneitzhoeffer (1785–1852). Seine Partitur ist später, als der französische Choreograph und Begründer des dänischen Nationalballetts, Auguste Bournonville (1805–1879), das Ballett in Kopenhagen neu einstudierte, durch eine schlechtere des einheimischen Komponisten Løvenskjold (1815–1870) ersetzt worden. Mit seiner Musik wird „La Sylphide“ heute mehrheitlich aufgeführt. Das Ballett – und das ist bezeichnend für die Zeit – ist ganz auf die Ballerina zugeschnitten. So konnte Marie Taglioni als Sylphide einen unbeschreiblichen Erfolg erringen. Sie wurde fast über Nacht zum Inbegriff der Ballerina. Ihr Kostüm mit eng anliegendem Mieder und Gazerock, ihre in der Mitte gescheitelten Haare wurden zum Symbol, die Figur der Sylphide zur Traumrolle aller großen Tänzerinnen. Eine Ära begann, in der die Ballerina über ihren Partner dominierte.

Das romantische Ballettzeitalter in Paris ist undenkbar ohne den Dichter und Essayisten Théophile Gautier (1811–1872). Ihm verdanken wir nicht nur Berichte über das damalige Pariser Geschehen im Bereich des Balletts und der Künste. Seine Meinung war maßgebend, seine Position so stark, daß er sich selbst einen gravierenden Meinungsumschwung leisten konnte. Gautiers Berichte von 1836 bis 1848 sind Dokumente mit unschätzbarem Wert. Sie ermöglichen uns, ein gutes Bild des romantischen Balletts im Paris jener Epoche zu gewinnen. Seine Kritiken lassen eine Bewunderung erkennen, die später, bei der Beurteilung anderer Ballerinen, zu romantischen Schwärmereien werden sollte.

In den ersten Jahren des romantischen Balletts war die Taglioni eine Art „Alleinherrscherin“: In Paris und überall, wohin sie auf ihren zahlreichen Gastspielreisen kam, war sie die ungekrönte Königin des Balletts. Der Vater war ihr stets beim Choreographieren und Einstudieren ihrer Rollen und nicht zuletzt bei ihrer ballettpädagogischen Betreuung ein unermüdlicher Helfer. Er verstand es, ihre Technik auf einen solchen Stand zu bringen, daß man ihre Figur, die für den Tanz nicht unbedingt prädestiniert war, übersah – die unerhörte Leichtigkeit ihrer Erscheinung ließ körperliche Mängel in den Hintergrund treten.

Im 19. Jahrhundert gehörte es zum guten Ton, eine „höhere Tochter“ in der Kunst des Tanzens ausbilden zu lassen. In Gegenwart der Anstandsdame scheint der Tanzmeister dem Mädchen zu erklären, daß Tanzen elegant und erdenfern zu wirken habe, so wie er es mit seinem Spitzentanz demonstriert. Der Karikaturist hat vermutlich nicht gewußt, daß der Spitzentanz ausschließlich Tänzerinnen vorbehalten ist. (Deutsche Karikatur, um 1860/79)

Die Abbildung aus dem vergangenen Jahrhundert zeigt eine Welt, von der wohl Kinder aller Zeiten, auch wenn sie selbst keine Tänzer oder Ballerinen werden wollen, begeistert und fasziniert sind. In England erkannte man den erzieherischen Wert einer tänzerischen Ausbildung sehr früh, so daß Ballettschulen durchaus nicht nur der Ausbildung von Berufstänzern dienten. (Englische Ballettschule, Mitte 19. Jahrhundert)

Im Laufe ihrer Karriere hat die Taglioni zahlreiche Ballette, die später von ihren Rivalinnen nachgetanzt wurden, aus der Taufe gehoben. Unter ihnen ist zunächst das bereits 1821 aufgeführte Ballett „Nathalie“ oder „Das Schweizer Milchmädchen“ zu erwähnen. Später folgten „Danina oder Jocko, der brasilianische Affe“ (1826), „Die Revolte im Serail“ (1833), „La Gitana“ (1838). Nachdem sie das Tanzen aufgegeben hatte, ist die Taglioni auch als Choreographin hervorgetreten. Sie schuf 1860 in Paris für die früh verstorbene Emma Livry, nach der Musik von Jacques Offenbach, das Ballett „Le Papillon“ (Der Schmetterling).

Doch zurück zu Gautier. „Wenn sie“ [die Taglioni], so schrieb er, „sich durch einen vorwärts strebenden Sprung bewegt, so scheint sie in der Luft aufgehängt zu sein, um schwebend wieder niederzusinken. Die gleich Stoßfedern wirkenden Knie werfen sie dabei gleichermaßen nach oben zurück. Die Elastizität ihres Knies und besonders ihres Fußgelenks scheint die Wirkung der Stoßkraft aufzufangen, so daß sie völlig lautlos niederspringt“.

Ein anderes Mal urteilte er: „Mademoiselle Taglioni ist eine christliche Tänzerin, wenn es statthaft ist, diesen Ausdruck auf eine Kunst anzuwenden, die von der katholischen Kirche nicht anerkannt wird; sie schwebt wie ein Geist inmitten der Durchsichtigkeit ihres weißen Musselins, mit dem sie sich zu umgeben liebt. Sie ist mit einem seeligen Schatten zu vergleichen, unter dessen rosigen Fingerspitzen sich die Gewinde der himmlischen Blumen kaum neigen.“

Zweifellos ist Maria Taglioni als die romantische Ballerina schlechthin in die Geschichte eingegangen. Ohne Konkurrentinnen ist sie deswegen nicht geblieben. Jahrelang war sie der Inbegriff einer lyrischen, ätherisch schwebenden Tänzerin; in der Wienerin Fanny Elßler, einer Gegenspielerin von dramatischer Aussagekraft (1810 - 1884) hatte sie ab 1834 eine ernstzunehmende Konkurrentin. Die Elßler tanzte, natürlich in Wien, aber auch in Neapel, London und Berlin, wo sie triumphale Erfolge erzielte. Im Unterschied zur Taglioni, aus deren Privatleben außer einer unglücklichen Ehe mit dem Grafen Gilbert de Voisins, keine nennenswerte Vorkommnisse bekannt sind, hatte die Elßler ein bewegtes Leben.

Sie ist in die Ballettgeschichte als großartige Verkörperin der wichtigen Ballerinarollen eingegangen. Den stärksten Erfolg hatte sie mit ihren Charaktertänzen, die sie in die Ballette einbrachte. Die berühmte Cachucha im Ballett „Der hinkende Teufel“ im Jahre 1836 und die Cracovienne im Ballett „La Gitana“ 1839 trugen wesentlich zum sich von Jahr zu Jahr ausweitenden Ruhm der Elßler bei. Den größten Triumph aber errang sie 1840/41 auf einer Reise durch Nordamerika. Man erzählt, daß sogar der Kongreß in Washington seine Sitzung um einen Tag verschoben habe, damit die Abgeordneten dem Elßler-Gastspiel beiwohnen konnten. Auch finanziell muß sich die Amerikareise gelohnt haben. Die Tänzerin kehrte mit mehr als nur ansehnlichen Mitteln nach Europa zurück, um sich immer wieder in fast allen großen Städten der alten Welt zu zeigen.

Aufschlußreich sind die Beschreibungen der Zeitgenossen. Zunächst Théophile Gautier: „In einem rosaseidenen, mit breiten, schwarzen Spitzenvolants besetzten spanischen Rock, der, unten mit Blei beschwert, an den Hüften eng anliegt, tritt sie auf. Ihre Wespentaille ist kühn geschweift und auf ihrem Leibchen blitzt als Schmuck ein mit Diamanten besetztes Stäbchen; ihr Bein, blank wie Marmor, scheint durch das zarte Netz ihrer Seidenstrümpfe, und ihre Füße lauern nur auf ein Zeichen der Musik, um anzufangen. Wie reizend ist sie mit ihrem großen Kamm, der Rose über dem Ohr, ihren flammenden Augen und ihrem funkelnden Lächeln. In ihren rosigen Fingern zittern die Kastagnetten aus Ebenholz. Nun schnellt sie vor, aus den Kastagnetten tönt das helle Geplauder, ganze Büsche von Rhythmen scheint sie aus den Händen zu schütteln. Wie sie sich windet, wie sie sich biegt! Welches Feuer! Welche Wonne! Welche Glut! Ihre Arme bewegen sich ohnmächtig um ihr geneigtes Haupt, ihr Leib biegt sich nach rückwärts, fast berühren ihre weißen Schultern den Boden. Welch reizende Gebärde! Könnte man nicht meinen, daß sie mit ihrer Hand, die am leuchtenden Band der Rampe entlang fährt, alle Wünsche und die ganze Begeisterung des Hauses einsammelt?“

In einer anderen seiner zahlreichen Kritiken schreibt Gautier: „Sie tanzt mit ihrem ganzen Körper, beginnend mit den Haarspitzen hinab bis zu den äußersten Zehenspitzen; dazu ist sie auch eine wirklich schöne Tänzerin, während die anderen nur ein Paar Füße sind, die sich unter einem beweglichen Rumpf abzappeln.“

In der alten Pariser Opéra hielten die jungen Tänzerinnen sich im Foyer de la Danse auf.
Auf der Abbildung probt eine „Ballettratte“ nochmals ihren Auftritt, begleitet von den wohlgefälligen Blicken ihrer Verehrer.
Der Beiname „Le Rat“ (die Ratte) entstand im Frankreich des 19. Jahrhundert für Tanzelevinnen und junge Mitglieder des Corps de ballet.
(‚Les Rats‘ im „Foyer de la Danse“ der Pariser Oper)

Etwas nüchterner äußert sich der Landsmann der Elßler, der Dichter Franz Grillparzer (1791 - 1872): „Fanny hat nicht das Ätherische, Luftige, das mir den Tanz allein zum Genuße macht. Ein tanzender Körper mit Begierde statt Seele und Leidenschaften. Die Füße mehr Kraft als Elastizität. Arme und Hände wirken oft wirklich graziös, die Büste ohne Geschmeidigkeit. Das Ganze sich zum Derben hinneigend. Vielleicht zeigt nichts mehr den Verfall der schönen Tanzkunst in Paris als der ungeheuere Beifall, den ich übrigens meinen Landsmänninnen von Herzen gönne."

Zu den Balletten, die untrennbar mit Fanny Elßler verknüpft sind, gehören „Das schlecht behütete Mädchen" (1833), „La Tarentule" (1839), „Giselle" (1843) und vor allem das nach Victor Hugos Vorlage geschaffene „Glöckner-von-Notre-Dame"-Ballett, genannt „Esmeralda" (1851). Es ist erstaunlich, wie häufig die Ballerinen jener Zeit auf Reisen gingen: London, Sankt Petersburg, die Städte Italiens, aber auch Deutschland waren immer wieder ihre Reiseziele. So hat sich die Elßler auch längere Zeit in Hamburg aufgehalten. Ebenso war Berlin, wo Paul Taglioni eine beachtliche Ballettpflege verwirklichen konnte, einer der Orte ihrer Triumphe. Noch einmal sei Gautier zitiert: „Fanny Elßler ist eine ganz heidnische Tänzerin; die erinnert an die Muse Terpsichore mit ihrem Cymbal, mit ihrer Tunika - das Gewand bis an die Hüften geschlitzt, mit einer goldenen Fibel gerafft; wenn sie die Hüfte kühn vorbeugt und ihre trunkenen, in Wollust ersterbenden Arme zurückwirft, so glaubt man, man habe eine dieser wunderbaren Figuren aus Herculaneum oder Pompeji vor sich".

Die „Entführungsszene" stammt aus einer Reihe von Ballettdarstellungen vom Ende des 19. Jahrhunderts. Der Herr in der Mitte wird von einer Anzahl verführerischer junger Tänzerinnen umschwärmt, die von einem Herrn mit Zylinder und Stock offensichtlich dazu angetrieben werden, ihre Ver- und Entführungskünste mit tänzerischen Mitteln erfolgreich einzusetzen. Als dieses Bild entstand, war die Glanzzeit des Balletts in Europa – mit Ausnahme von Dänemark und dem zaristischen Rußland – vorbei und diese Kunst im Verfall begriffen.
(„Wie man ein Ballett aufführt", Ende 19. Jh.)

Ein Ereignis hat Gautier mit einem Schlag sowohl die Taglioni als auch die Elßler vergessen lassen. In Italien war am Ballettshimmel ein neuer Stern aufgegangen: Carlotta Grisi (1819 - 1899). Sie war schon als Kind durch ihr Talent in der Ballettschule der Mailänder Scala aufgefallen. In Neapel lernte sie den französischen Tänzer und Choreographen Jules Perrot (1810 - 1892) kennen und verband sich mit ihm zu einer fast lebenslänglichen Gemeinschaft. Nach anfänglich nur geringen Erfolgen in Paris, der Heimatstadt Perrots, erhielt sie 1841 die einmalige Chance, in der Uraufführung der „Giselle" die Titelrolle zu tanzen. Gautier scheint alles vergessen zu haben, was er vorher über die Taglioni oder die Elßler geschrieben hatte.

Auch Heinrich Heine, der als geistiger Urheber der „Giselle" eng mit der Grisi verbunden war, stimmte in die Lobeshymnen Gautiers ein. Er schrieb: „Wenn man sie sieht, so vergißt man, daß die Taglioni in Rußland und die Elßler in Amerika ist, man vergißt Amerika und Rußland selbst, ja die ganze Erde, und man schwebt mit ihr empor in die hängenden Zaubergärten jenes Geisterreichs, worin sie als Königin waltet. Sie hat ganz den Charakter jener Elementargeister, die wir uns immer tanzend denken, und von deren gewaltigen Tanzweisen das Volk so viel Wunderbares fabelt".

Tatsache ist, daß die damalige Ballettwelt durch die Grisi um eine dritte, großartige Ballerina bereichert wurde. Sie scheint die Synthese der lyrischen Taglioni und der dramatischen Elßler gewesen zu sein.

Der Name Carlotta Grisi ist wohl für immer untrennbar mit der von ihr kreierten „Giselle" verbunden. Noch heute ist es der Wunsch aller Ballerinen, diese „Rolle aller Rollen" tanzen zu dürfen, die ganz ungewöhnliche Anforderungen stellt. Im ersten Akt wird die tänzerische Verkörperung eines einfachen Winzermädchens verlangt. Doch schon das Aktende, so wie es heute gewöhnlich dargeboten wird, stellt die Giselle-Darstellerin auf eine harte schauspielerische Probe: die Darstellung der berühmten Wahnsinnsszene. Dazu ist zu sagen, daß die Grisi sie getanzt wiedergab, und erst etwas später Fanny Elßler sie in der heute üblichen pantomimischen Art eines aus Liebesnot wahnsinnig gewordenen Mädchens spielte. Der zweite Akt zeigt eine unwirklich gewordene, ätherisch leicht und schwebende Giselle, die an die Darstellerin der Rolle wieder andere, unendlich schwere und hohe Anforderungen stellt.

Als Librettist der Giselle nannte das Programm der Uraufführung am 28. Juni 1841 neben Vernoy de Saint-Georges auch Théophile Gautier. Als Choreograph zeichnete Jean Coralli. Neuere Forschungen haben jedoch ergeben, daß zumindest die Rolle der Giselle choreographisch vom Lebensgefährten Carlottas, Jules Perrot geschaffen wurde. Die in sehr kurzer Zeit komponierte Musik stammt von Adolph Adam (1803-1856), der es verstanden hat, eine zu Unrecht gelegentlich verkannte Partitur zu schaffen. Es ist wieder Heinrich Heine, dem wir eine hervorragende Charakterisierung der Adamschen Musik verdanken:

„Entspricht die Musik dem abenteuerlichen Stoff jenes Balletts? War Herr Adam, der die Musik geliefert, fähig Tanzweisen zu dichten, die, wie es in der Volkssage heißt, die Bäume des Waldes zum Hüpfen und einen Wasserfall zum Stillstehen zwingen? Herr Adam war, so viel ich weiß, in Norwegen, aber ich zweifle, ob ihm dort irgend ein runenkundiger Zauberer jene Strömkarlmelodien gelehrt, wovon man nur zehn Variationen auf-

Nathalie Fitzjames gehörte zwar nicht zu den berühmtesten Ballerinen der Pariser Oper, tanzte aber dennoch bedeutende Rollen. Die Abbildung zeigt sie in der Hauptrolle des Balletts „Das hübsche Mädchen von Gent", in dem sie – dem Beispiel ihrer großen Kollegin Fanny Elßler folgend – eine ‚Cracovienne' tanzt, die trotz ihrer Stilisierung die Herkunft aus dem polnischen Volkstanz nicht verleugnen konnte. „La Jolie Fille de Gand" nach der Musik von Adolphe Adam wurde 1842 an der Pariser Oper uraufgeführt. (‚Cracovienne' aus „La Jolie Fille de Gand", getanzt von Nathalie Fitzjames)

zuspielen wagt; es gibt nämlich eine elfte Variation, die größtes Unglück anrichten könnte: Spielt man diese, so gerät die ganze Natur in Aufruhr, die Berge und Felsen fangen an zu tanzen, und die Häuser tanzen und drinnen tanzen Tisch und Stühle, der Großvater ergreift die Großmutter, der Hund ergreift die Katze zum Tanzen, selbst das Kind springt aus der Wiege und tanzt. Nein, solch gewalttätige Melodien hat Herr Adam nicht von seiner nordischen Reise heimgebracht; aber was er geliefert, ist immer ehrenwert, und er behauptet eine ausgezeichnete Stellung unter den Tondichtern der französischen Schule".

Getreu den Bräuchen der Zeit hat man sich nicht gescheut, Adams Partitur durch fremde Zutaten zu ergänzen. So stammt die Musik des

Zur Zeit der Romantik spielten Tänze in Theaterstücken eine große Rolle, etwa in den sogenannten Vaudevilles. Auf der Abbildung tanzen Fräulein Rivière in der Rolle der Madame Polignac und Herr Seveste in der Partie des Gavotino einen Pas de deux aus „Le Procès du Fandango". Das Paar begleitet seinen Tanz mit Kastagnetten, die aus spanischen Tänzen nicht wegzudenken sind. Die Darstellung macht deutlich, welch starken Einfluß der Volkstanz auf den Bühnentanz in Theaterstücken nahm. (Tanz aus dem Bühnenstück „Le Procès du Fandango")

„Bauern-Pas de deux" der Giselle von Burgmüller, anderes, in Rußland dazugekommenes von Riccardo Drigo. Bekanntlich gab es zur Zeit der Giselle-Uraufführung weder eine brauchbare Tanznotation, noch irgendwelche technischen Hilfsmittel zur Darstellung einer Choreographie. Diese wurden von Choreographen und Tänzern von einer Generation an die nächste weitergegeben. Es ist darum nicht erstaunlich, wenn sich im Verlauf der Zeit choreographische Veränderungen, ja Entstellungen, ergeben haben. Umso größer ist das Verdienst des französischen Tänzers, Choreographen und Pädagogen Pierre Lacotte (geb. 1932), der in mühevoller Forschungsarbeit die choreographischen Urtexte der „Giselle" (und auch die der „Sylphide") so genau wie möglich rekonstruiert hat.

Das spanische Tanzpaar Dolores Juanita Serral und Mariano Camprubi – heute längst vergessen – gab Mitte des 19. Jahrhunderts so manches Gastspiel in den Hauptstädten Europas. Die Abbildung zeigt das Paar bei einem Auftritt im Pariser Théâtre du Palais Royal mit einem Pas styrien – einem Charaktertanz aus der Steiermark. Dieser ist ein weiteres Beispiel für die Beliebtheit stilisierter Volkstänze zur Zeit der Romantik. (Dolores Juanita Serral und Mariano Camprubi im Théâtre du Palais Royal Paris, um 1862)

Zu den drei großen Ballerinen, Taglioni, Elßler und Grisi stießen bald zwei weitere, die neben den erstgenannten wohl zu bestehen vermochten, ja sie, wenigsten was Fanny Cerrito (1817-1909) angeht, an Popularität noch übertrafen.

Die in Neapel geborene Tänzerin, die später den französischen Choreographen und Tänzer Arthur Saint-Léon heiratete, muß tanztechnisch nicht über jeden Zweifel erhaben gewesen sein. Kritiker schalten immer wieder ihre etwas mangelhafte Technik. Die Cerrito muß jedoch über eine unerhörte Ausstrahlung verfügt haben. Sie erzielte Beifallsstürme, die der Massenhysterie beim Auftritt gewisser Stars des Schaugeschäfts unserer Zeit vergleichbar sind.

Eine der großen Cerrito-Rollen war die Esmeralda. Kreiert hat sie darüber hinaus die Hauptrollen in den Balletten „Alma" (1842), wo sie zusammen mit Perrot auch für die Choreographie zeichnete, „La Vivandière" (Die Marketenderin, 1844), „Le violon du Diable" (Des Teufels Geige, 1849) und „Gemma" (1854).

Eine weitere Tänzerin von Format war die Dänin Lucile Grahn (1819 - 1907). Sie war Schülerin von Auguste Bournonville und debütierte bereits als kleines Mädchen in Kopenhagen. Von Dänemark aus bereiste sie ganz Balletteuropa, war, wie schon die Elßler zuvor, einige Zeit in Hamburg tätig. Die Grahn hat fast alle großen Ballerinenrollen der Romantik getanzt. In der zweiten Hälfte ihres Lebens war sie häufig in Deutschland zu treffen, so z. B. einige Jahre in Leipzig als Ballettmeisterin und später auch in München in gleicher Funktion.

Ein bemerkenswertes Ereignis fällt in das Jahr 1845. Die Pflege des Balletts war damals in London besonders ausgeprägt. Der Direktor des königlichen Theaters, Benjamin Lumley, beauftragte im Namen der Königin Victoria den Choreographen Jules Perrot, mit den Ballerinen Taglioni, Grisi, Cerrito und Grahn einen Pas de quatre einzustudieren. Das ist bestimmt kein leichtes Unterfangen gewesen! Perrot hat aber das Kunststück fertiggebracht, einen Pas de quatre, übrigens mit einem Riesenerfolg, auf die Bühne zu bringen.

Nicht unerwähnt sollen schließlich zwei italienische Ballerinen, beide Schülerinnen des großen Blasis, Carolina Rosati (1826 - 1905) und Sofia Fuoco (1830 - 1916) bleiben.

Die großen Choreographen jener Zeit, zu welchen auch Louis Mérante (1828 - 1887) gezählt werden darf, sind alle auch Tänzer gewesen. Sie haben, dem Zug der Zeit folgend, den Ballerinen die Hauptrollen großzügig zugestanden, denn Männertanz war damals nicht gefragt. So schrieb z.B. Gautier, man würde gut tun, einige Tänzer an der Oper zu entlassen,

Am 26. Juni 1847 wurde in Her Majesty's Theatre das Ballett „Les Eléments" uraufgeführt, das als Attraktion der Londoner Saison galt. Jules Perrot, der Librettist und Choreograph vereinigte darin alle großen Tänzerpersönlichkeiten der Epoche. Für drei Ballerinen fügte Perrot einen ‚Pas de trois' ein, getanzt von den Darstellerinnen von Feuer, Luft und Wasser: Carlotta Grisi, Fanny Cerrito und Carolina Rosati. (‚Pas de trois' aus dem Ballett „Les Eléments", London Illustrated News, 1847)

damit man mit dem eingesparten Geld eine Tänzerin mehr verpflichten könne. Das würde wohl überall Freude auslösen. Seine heftige Antipathie gegen Tänzer, gegen fette oder dünne, gegen kleine oder große, sei nun einmal unüberwindbar.

Beschäftigt man sich mit Rezensionen und Kritiken der Zeit des romantischen Balletts, so fällt auf, daß wohl die Tänzerinnen der großen Rollen, bis zu einem gewissen Grade auch die Tänzer gewürdigt werden. Hinweise auf die Leistungen des Corps de Ballet aber fehlen fast ganz. Einzig Heinrich Heine hat sich einmal über das Ensemble der Pariser Oper geäußert: „Da müssen wir nun zunächst von der „Académie royale de Musique" (gemeint ist die Oper) reden, wo noch immer jenes ehrwürdige Corps de ballet existiert, das die choreographischen Überlieferungen treulich bewahrt und als die Prairie des Tanzes zu betrachten ist. Auch sie zählt unter ihrem Personal recht viele Perücken und Mumien. Nur von Carlotta Grisi will ich nun reden, die in der respektablen Versammlung der Rue Lepelletier [Standort der alten Pariser Oper] gar wunderlich hervorstrahlt wie eine Apfelsine unter Kartoffeln".

Wie der Standort des europäischen Balletts, außerhalb der Ballettmetropolen Paris, Mailand, London und Sankt Petersburg gewesen sein mag, darüber besitzen wir nur spärliche Angaben. Die großen Ballerinen haben

Fanny Cerrito gastierte als eine der berühmtesten Ballerinen der Romantik häufig in London und rief dort Begeisterungsstürme hervor, die der Nachwelt als „Cerritomanie" überliefert wurden. Zu dieser Zeit nahm außer der Hofgesellschaft auch eine an Ansehen gewinnende bürgerliche Schicht an Theateraufführungen im Königlichen Theater Londons teil, da Gastspiele großer Ballerinen stets ein herausragendes festliches Ereignis waren.
(Fanny Cerrito beim Auftritt in Her Majesty's Theatre London, London Illustrated News)

ja solche Städte wieder und wieder besucht, und so müssen wohl auch die ihrem Niveau einigermaßen entsprechenden Gruppentänzer und Halbsolisten vorhanden gewesen sein. Unter den Städten des deutschen Sprachgebiets sind jene besonders hervorgetreten, in denen die regierenden Häupter für die materielle Grundlage der Theater- und Ballettpflege sorgten. So hat z.B. das Ballett am österreichischen Hof eine angemessene Pflege erfahren. Wir begegnen in Wien in regelmäßigen Abständen den großen Choreographen und Tänzern der Romantik. Für den Stil und die Art der Aufführungen war das Vorbild Paris auch in Wien maßgebend. In Berlin wiederum war es der Bruder der Taglioni, Paul Taglioni (1808 - 1884), der ein Ballett aufzubauen verstand, das höheren Ansprüchen zu genügen vermochte.

Dennoch wurde das Ballett in Deutschland im 19. Jahrhundert nicht zu einer Kunstgattung, die mit der Oper oder dem Schauspiel hätte konkurrieren können. Die Ensembles waren bis in die Zeit nach 1945 in aller erster Linie dazu da, um in Opern und Operetten die zahlreichen Tanzeinlagen zu übernehmen.

In der zweiten Hälfte des Jahrhunderts degenerierte das europäische Ballett mehr und mehr. Einige Lichtblicke können nicht darüber hinwegtäuschen, daß sowohl die übermäßige Technisierung des Tanzes, als auch der Mangel an echter künstlerischer Substanz im Begriff waren, der Kunst des Balletts den Todesstoß zu versetzen.

In Frankreich lebte das Ballett dank der überdurchschnittlichen kompositorischen Fähigkeiten eines Léo Delibes (1836 - 1891) noch einmal auf. Seine erste Bekanntschaft mit dem Ballett machte der Komponist zwar in Zusammenarbeit mit dem erfahrenen Kompositionspraktiker Ludwig Minkus. Ihr Gemeinschaftsballett „La Source“ (Die Quelle) kam 1866 in einer Choreographie von Saint-Léon in Paris heraus. Weit bedeutender aber war die 1870 uraufgeführte „Coppélia“, für die ebenfalls wieder Saint-Léon die Choreographie erstellt hatte. Der überwältigende Erfolg der Uraufführung wurde allerdings vom deutsch-französischen Krieg überschattet.

Als indirekte Kriegsfolge verstarb bald nach der ersten Aufführung die Tänzerin der Swanilda, die hochbegabte 17 jährige Italienerin Giuseppina Bozacchi an der im belagerten Paris ausgebrochenen Cholera. Das nachfolgende Ballett „Sylvia“ vermochte trotz seiner gefälligen Musik nicht an den Erfolg der „Coppélia“ anzuknüpfen.

Paris verlor damals nicht nur die hoffnungsvolle junge Nachwuchsballerina Bozacchi sondern, schon etwas früher, die Lieblingsschülerin der großen Taglioni, die junge Französin Emma Livry. Sie verstarb, kaum 21jährig an den Folgen der Verbrennungen, die sie während einer Generalprobe 1862 erlitten hatte. Die Livry hatte schon 1858 in einer durch die Taglioni betreuten Neueinstudierung der „Sylphide“ Erfolge erzielen können, die Frankreichs Hoffnung auf eine ganz große, diesmal einheimische Ballerina zu Recht genährt hatten. Was in Paris nach der „Coppélia“ an neuen Balletten herauskam, gab jedoch kaum Anlaß, an die Zukunft des Kunstwerks Ballett zu glauben. Eine Ausnahme bildete höchstens das 1886 an der Pariser Oper herausgebrachte Ballett „Les trois pigeons“ mit Musik von André Messager. Nicht viel besser waren die Verhältnisse in Italien. An der traditionsreichen Scala in Mailand hatte man die schwartigen

Monsterballette entdeckt. „Excelsior" des Choreographen Luigi Manzotti (1835 - 1905) hatte dort 1881 ungewöhnliche Erfolge aufzuweisen. Für die Weiterentwicklung der Ballettkunst blieb es hingegen gegenstandslos.

Österreich bot im Bereich des Balletts einen bescheidenen Beitrag mit dem pantomimischen Divertissement „Die Puppenfee" der beiden Choreographen Haßreiter und Gaul, für dessen Uraufführung 1888 der sonst unbekannt gebliebene Komponist Joseph Bayer (1852 - 1913) die Musik geschrieben hatte. Das Werk ist in jener Zeit an vielen Bühnen nachgespielt worden.

Wer in Grafikgeschäften oder auf den Quais in Paris bei den „Bouquinistes" nach Stichen und Lithographien sucht, begegnet mit einigem Glück den bekannten Karikaturen von Daumier oder Gavarni, die sich gelegentlich auch mit den Sitten und Gebräuchen der Pariser Oper beschäftigten. Meist geht es dann um Tänzerinnen, die im „Foyer de la Danse" der Oper mit einem Verehrer zu sehen sind.

Das „Foyer de la Danse" hat in der Sittengeschichte des Balletts tatsächlich eine nicht unbedeutende Rolle gespielt. Es war ein Raum hinter der Bühne, in welchem die Tänzerinnen vor dem Auftritt oder in den Pausen sich aufhalten und sich auf die nächsten Pas vorbereiten konnten. Bald konnte man im Foyer mehr Verehrer als Tänzerinnen selbst zählen. Auch in der 1875 eröffneten heutigen Opéra wurde das Foyer de la Danse recht prunkvoll ausgestattet und war lange Zeit Treffpunkt der vornehmen und begüterten Herren des bekannten Jockeyclubs. Dessen Mitglied mußte man sein, um Zutritt zum Foyer zu erlangen. Die damaligen Zustände

Der französische Maler und Lithograph Eugène-Louis Lami schuf reizvolle Darstellungen aus dem Pariser Gesellschaftsleben unter den verschiedenen Staatsformen acht aufeinanderfolgender Regierungen. Im Œuvre dieses Künstlers spiegeln sich die gesellschaftlichen Ereignisse eines halben Jahrhunderts: der Besuch einer Theateraufführung war aus diesem Gesellschaftsleben nicht wegzudenken. Die Abbildung zeigt Besucher in einer Loge der alten Pariser Oper. (Logengäste in der alten Pariser Opéra, Lithographie von Eugène-Louis Lami)

mögen mitverantwortlich sein dafür, daß der Berufsstand der Tänzer allgemein als moralisch anrüchig beurteilt wurde. Erst Diaghilews Erfolge mit seinen „Ballets Russes“ haben das angeschlagene Renommee wieder aufzubessern vermocht.

War das Ballett in Mitteleuropa in jeder Beziehung im Niedergang begriffen, so bildeten sich in Nordeuropa zwei Enklaven, Dänemark und Rußland, die zur Ehrenrettung des Balletts ganz wesentlich beigetragen haben. Für Frankreich mag es eine Genugtuung sein, daß es in beiden Ländern Franzosen waren, welchen der Fortbestand der Ballettkunst zu verdanken war.

Der Schüler Noverres, Antoine Bournonville, hatte es übernommen, das von seinem Landsmann Des Larche gegründete und vom Italiener Vincenzo Galeotti erfolgreich weitergeführte Königliche Ballett zu leiten. Auf Vater Bournonville folgte 1829 sein rasch zu Berühmtheit gelangender Sohn Auguste Bournonville (1805 - 1879). Er ist es gewesen, der das dänische Ballett zu Weltgeltung brachte und ihm den Stempel seiner Persönlichkeit als Balletterzieher und Choreograph aufdrückte. Die Bournonville-Ballette „La Sylphide“ (Neufassung 1836), „Napoli“ (1842), „Konservatorium“ (1849), „Kirmes in Brügge“ (1851), „La Ventana“ (1854), „Blumenfest in Genzano“ (1858) und „Fern von Dänemark“ (1860) stehen auch heute noch auf dem Programm des Königlich-Dänischen Balletts. Bournonvilles Arbeit ist später von seinem Mitarbeiter Hans Beck (1861 - 1952) und von Harald Lander (1905 - 1971) in die Gegenwart hinübergerettet worden.

Von noch größerer Bedeutung ist, was Generationen von französischen Ballettmeistern und Choreographen für das zaristische Ballett in Sankt Petersburg geleistet haben. Der erste bedeutende Choreograph in Rußland war der Franzose Charles Didelot, der ab 1801 das zaristische Ballett zu formen begann und dabei sein bereits in Frankreich begonnenes Werk, besonders die „Ballets volants“ (fliegende Ballette) fortsetzte. Nach der Zeit des weniger bedeutenden Alexis Blache, der Sankt Petersburg bald wieder verließ, folgten die bereits in der französischen Geschichte des romantischen Balletts häufig genannten Ballettmeister und Choreographen Jules Perrot und Arthur Saint-Léon. Im Ballett des Zaren wirkte damals auch, zuerst als Tänzer, dann als stellvertretender Ballettmeister der in Marseille geborene Marius Petipa (1818 - 1910). Er ist zum großen „Baumeister“ des Balletts in Rußland geworden, und er war es auch, der das in Europa fast überall im Zerfall befindliche Ballett ins neue Jahrhundert erfolgreich hinüberrettete.

Petipa, dessen Bruder Lucien sich die Ballettgeschichte als des ersten Albert in „Giselle“ erinnert, entstammt einer alten Tänzerfamilie. Er wuchs in Brüssel auf, wo sein Vater Ballettdirektor des bekannten „Théâtre de la Monnaie“ war. Diesem folgte er etwas später nach Bordeaux und Nantes. Bald findet man Petipa in Spanien, wo er erste choreographische Versuche unternahm, ab 1847 in Sankt Petersburg, wo er als Partner der großen Ballerinen jener Zeit, der Grisi und der Cerrito, Aufsehen erregte. Neben der Tätigkeit als Tänzer war Petipa auch als Pädagoge tätig und unterrichtete an der berühmten Schule des Marinskij-Theaters.

Petipa scheint in den Balletten, die er herausbrachte, den Geschmack des russischen Publikums voll getroffen zu haben. Er wertete die Virtuosi-

Die Tänzerin auf der Karikatur des französischen Grafikers Paul Gavarni überläßt es ihrem Partner, den Applaus des Publikums entgegenzunehmen, während sie selbst ihrem Verehrer zugewandt ist. Als Meister der Buch- und Zeitschriftenillustration war Gavarni einer der namhaftesten Sittenschilderer seiner Zeit, widmete sich dabei besonders dem eleganten Pariser Leben.

(Theaterkarikatur von Paul Gavarni aus Charivari)

Der Spitzentanz war in der Karikatur ein beliebtes und unerschöpfliches Thema. Unsere Abbildung karikiert einen Pas de trois: Für den Tänzer bedeutet es eine Erholungspause, allein hochzuspringen statt sich mit zwei Partnerinnen abzumühen, von denen eine obendrein schwergewichtig ist. („Erholungspause" – 300 000 Pfund Entschädigung ..., Karikatur um 1840)

tät des Tanzes mehr und mehr auf, und man konnte sagen, daß seine großen Ballette im Grund „Tanzschauspiele" spektakulärster Art waren. Besonders der Virtuosität der Ballerina brachte er auf Kosten der dramatischen Gestaltung seiner Werke Opfer. Es ist darum nicht erstaunlich, daß wir, abgesehen von den Balletten zur Musik von Tschaikowsky, heute kaum die vielen Petipa-Ballette als Ganzes, sondern lediglich die Glanzstücke, die ihnen entnommen wurden, die berühmten Pas de deux kennen.

Die wichtigsten Ballette, deren Choreographie von Marius Petipa stammen, sind „La fille du Pharaon" (Die Tochter des Pharao, 1862), „Don Quixote" (1869), „La Bayadère" (1877) sowie diejenigen, die Petipa in engster Zusammenarbeit mit den Komponisten Tschaikowsky und Glasunow choreographierte. „Dornröschen" (1890), „Nußknacker" (1892) und „Schwanensee" (endgültige Fassung 1895) bilden auch heute noch das stolze Dreigestirn im Kreis der großen Handlungsballette. Dazu ist allerdings zu sagen, daß sowohl „Nußknacker" als auch „Schwanensee" in Zusammenarbeit mit Petipas Assistenten Lew Iwanow choreographiert worden sind. In den letzten Jahren seiner Tätigkeit in Sankt Petersburg entstanden dann die beiden Glasunow-Werke „Raymonda" (1898) und „Die Jahreszeiten" (1900).

Was nun die Zusammenarbeit Petipas mit den Komponisten auszeichnete, war der Umstand, daß der Choreograph den Komponisten genaue Angaben vorlegte, wie die Partitur zu schreiben sei. So unterscheiden sich die Ballette von Tschaikowsky und Glasunow deutlich von den Werken der damaligen „Fabrikanten" von Ballettpartituren, die ihre Werke, losgelöst vom Inhalt und Gehalt eines Balletts, zusammengeschrieben oder gegebenenfalls lediglich aus ihrem Vorrat hervorholten. Daß sowohl Tschaikowsky als auch Glasunow, obwohl sie von Petipa sehr eingeengt waren, Partituren von größter Bedeutung zu komponieren verstanden, ist bemerkenswert. Was in der Zusammenarbeit von Choreograph und Komponist entstanden ist, spricht für die Größe aller Beteiligten.

Das zaristische Ballett hat bis etwa zum Jahr 1885 in erster Linie mit Gastballerinen und Gasttänzern gearbeitet. Waren es teilweise die großen Stars wie die Taglioni, die Cerrito, die Elßler und die Grisi, so kamen gegen Ende des Jahrhunderts die Italienerinnen zum Zug. Sie waren noch virtuoser und boten ein wahres Feuerwerk an bravourösen Tänzen. Die bekanntesten waren Pierina Legnani (1863 - 1923), deren Fouettés immer wieder erwähnt wurden, und Virginia Zucchi (1847 - 1930), deren Rücken, einem zeitgenössischen Urteil zufolge, „mehr Poesie ausgestrahlt haben soll als alle italienischen Dichter ihrer Zeit zusammen“!

Neben den Ausländerinnen traten aber damals auch zwei Russinnen ins Rampenlicht. Die eine, Olga Preobrajenska (1870 - 1962), klein von Wuchs, war nicht nur eine große Ballerina des Zaren. Sie wurde, nach ihrer Flucht in den Westen nach der russischen Revolution, zur vielleicht größten Ballettpädagogin ihrer Zeit. Im berühmten „Studio Wacker“ in Paris sind fast alle großen Tänzer und Tänzerinnen der ersten Hälfte unseres Jahrhunderts von der Preobrajenska geschult worden. Die andere der beiden berühmten Russinnen war Mathilda Kschessinskaja (1872 - 1971), die ebenfalls in Paris als Pädagogin wirkte. Sie heiratete im Exil den Großfürsten Andrej.

Die Arbeit der Ballettschule am Marinskij-Theater begann ihre Früchte zu tragen. Hervorragende russische Tänzer schossen wie Pilze aus dem Boden. Sie waren es, die später im Gefolge von Serge Diaghilew mit den „Ballets Russes“ nach Westeuropa kamen und das Ballett aus seiner Phase der völligen Degeneration befreiten.

Mitte des 19. Jahrhunderts wurde ganz Europa von einer Walzerseligkeit ja sogar Walzerwut erfaßt, die ihren Niederschlag in zahlreichen Karikaturen fand. Der „Karneval der Tiere“ ist dafür ein hübsches Beispiel.
(Neuester Favorit Walzer oder „Esels Galoppade“, kolorierter Stich „Anno 1829“ aus Deutschland)

Ballett im Umbruch (1900 - 1929)

Isadora Duncan, geboren 1878 in San Francisco und auf tragische Weise 1927 in Nizza ums Leben gekommen, hat auf ihre Art dem stagnierenden und degenerierten Ballett einen wesentlichen Dienst geleistet: sie bezeichnete es als unnatürlich und sagte ihm den Kampf an. Es ist aber falsch, der mit sehr wirren Ideen aufwartenden Duncan das Verdienst der Befreiung des Tanzes aus den akademischen Fesseln zuzuschreiben.

Es war der Franzose François Delsarte (1811 - 1871), der für sich beanspruchen darf, den Tanz und die Bewegung im allgemeinen als Erster erforscht und analysiert zu haben. Er hat ein System geschaffen, das die Prinzipien des modernen Tanzes weitgehend vorweggenommen hat. Die Gesetze des körperlichen Ausdrucks begann er frühzeitig zu erforschen, indem er genauestens notierte, wie sich Menschen verschiedenster Herkunft und unterschiedlicher sozialer Stellung bei ganz bestimmten verbalen Aussagen verhielten. Auf dieser Grundlage erstellte er ein Raster, wie sich Menschen in bestimmten Situationen bewegen und wie sie gestikulieren. Er untersuchte auch, wie Bewegungen von Geisteskranken sich von denen der Gesunden unterschieden. Aus diesen Beobachtungen erstellte er eine Klassifikation der Bewegungen und legte als Erster die Zusammenhänge zwischen Psyche und Bewegung offen.

Delsarte blieb nicht in seiner Forschung verhaftet, sondern versuchte vielmehr, die gewonnenen Erkenntnisse praktisch zu nutzen. Bald fanden sich Schüler, die den Forscher in seiner Arbeit unterstützten. Das für den Bereich des Tanzes Wesentliche an Delsartes Arbeit ist, daß er den Tänzern zeigte, wie mit jedem Körperteil kontrollierte Bewegungen in Übereinstimmung mit Gefühlen und Gedanken ausgeführt werden können. Noch bevor der moderne Tanz entdeckt war, bestand dank Delsarte seine wissenschaftlich fundierte Theorie.

Auch der Schweizer Emile Jaques-Dalcroze (1865 - 1950) wird zu den Pionieren des modernen Tanzes gezählt. Sein System der Rhythmik ermöglicht eine stärkere Rhythmisierung, übersetzt Klang in körperliche Bewegung. Es basiert, wie auch die Arbeit von Delsarte auf wissenschaftlichen Erkenntnissen, nicht auf Emotionen, wie das bei Isadora Duncan der Fall war, die sich haßerfüllt in einen Kampf gegen den klassischen Tanz und das Ballett stürzte. Die Duncan behauptete, einzig der ekstatische Tanz vermöge den Menschen zu befreien. Sie war davon überzeugt, so den Tanz der alten Griechen neu zu beleben. Das war sicher ein Irrtum: Der griechische Tanz fußte auf einem festen System, wie es etwa dem klassischen Tanz eigen ist. Höchstens die dionysischen Tänze mochten eine gewisse Ähnlichkeit mit dem Tanz der Duncan aufgewiesen haben. Isadora Duncan war wohl instinktiv auf dem richtigen Weg, sie verstrickte sich jedoch bald in ihren wirren Theorien. Von den Zeitgenossen ist sie deshalb recht unterschiedlich beurteilt worden. Viele waren von ihren Ideen begeistert und sahen in ihnen die Befreiung von künstlerischem Zwang. Andere, wie zum Beispiel George Balanchine, zeigten wenig Verständnis dafür, daß die Duncan „auf Geheiß ihrer Seele tanzte". So schrieb er: „Für mich war das völlig unbegreiflich – eine betrunkene, dicke Frau, die sich vier Stunden wie ein Schwein herumtollte"!

Zweierlei hat die Duncan mit ihren Theorien erreicht: Sie hat einerseits einem fast epidemisch aufkommenden regellosen Tanz des Ausdrucks den Boden bereitet; andererseits hat sie den erstarrten klassischen Tanz daran erinnert, daß das von ihr kämpferisch geforderte Gefühl auch mit klassischer Technik, oder gerade trotz dieser Technik aufs Schönste erreicht werden kann. Ohne die Duncan wäre Laban nicht, oder zumindest nicht so bald, auf seine Theorien gestoßen. Ohne sie wäre der im deutschen Sprachgebiet bald dominierende Ausdruckstanz nicht so bald zu der populären Art des Schautanzes geworden.

Es war Rudolf von Laban (1879–1958), der die Gedanken von Isadora Duncan in ernstzunehmende Theorien umwandelte. Labans Prinzipien von Raum, Zeit und Energie haben den später von den Amerikanern geprägten Modern Dance auf fruchtbare Weise beeinflußt.

Die großen Pioniere des Ausdruckstanzes Mary Wigman (1886–1973), Kurt Jooss (1901–1981), Rosalia Chladek (geb. 1905), Harald Kreutzberg (1902–1968), Yvonne Georgi (1903–1975), Gret Palucca (geb. 1902), Dore Hoyer (1911–1967) und vor allem die für den amerikanischen Modern Dance bedeutungsvolle Hanya Holm (1898–1992) wären ohne Isadora Duncan, Jaques-Dalcroze oder Rudolf von Laban nicht denkbar.

Der deutsche Ausdruckstanz hat allerdings, ausgeführt von armseligen Dilettantinnen, dem Ansehen des Tanzes auch schweren Schaden zugefügt. Helmut Schmidt-Garre z. B. spricht in seinem Buch „Vom Sonnenkönig bis Balanchine“ von epidemischen Seelenzuckungen, die junge Mädchen dem Publikum körperlich aufdrängen wollten. Er beruft sich auch auf Mary Wigmans Äußerungen Marcellus Schiffer gegenüber (Weltbühne, 1926). Gefragt nach ihren „Jüngerinnen“ sagt die Wigman: „Hart müssen sie werden, herb und hart und hungrig! Wenn ich tanze, muß ich vor allem hungrig sein. Dann kommt am leichtesten die Ekstase über mich und meine Gruppe ... Meine Schülerinnen müssen so sein, daß jeder Mann hingerissen ausruft: ‚Ich möchte keine von Ihnen zur Frau haben!‘“ Daraufhin fragte Schiffer die Wigman, ob sie je in ihrem Leben gelacht habe. Die Reaktion beschreibt er so: „Sie blickte mich erstarrt an, düster, ernst. Sie schien zu leiden.“

All das mögen Auswüchse und Fehlüberlegungen gewesen sein. Sicher ist, daß, beginnend mit Isadora Duncan, der moderne Tanz zu dem geworden ist, was an ihm schätzenswert ist: Ein Komplement zur Klassik, eine neuere Form körperlichen Agierens, das aus dem Ballettleben unserer Zeit nicht mehr wegzudenken ist. Wenn auch die Duncan nicht als „Erfinderin“ der tänzerischen Moderne bezeichnet werden darf, so war sie doch als „Revolutionärin“ gegen die überkommene Klassik des Balletts erfolgreich. Unterstützt wurde sie dabei von einer anderen Amerikanerin: Loie Fuller (1862–1928). Sie war keine geschulte Tänzerin, hat aber schon Jahre bevor die Duncan ihre Idee verbreitete einen freien Tanz vorgeführt. In ihren Darbietungen arbeitete sie mit schleierartigen Gewändern und mit damals neuartigen Lichteffekten (Abb. S. 113).

Für das Ballett, ja für die moderne Kunst ganz allgemein, ist der Russe Serge (de) Diaghilew (den Adelstitel hat er sich übrigens selbst zugelegt!) von überragender Bedeutung (1872–1929). Um Diaghilew angemessen würdigen zu können, müssen seine Herkunft und sein Leben im vorrevolutionären, zaristischen Rußland berücksichtigt werden.

Er kam in der ländlichen Abgeschiedenheit des Distrikts Nowgorod zur Welt. Wie überall in jenen weiten Regionen Rußlands bildeten die wenigen Begüterten und Intellektuellen einen Kreis für sich. In ihm wuchs Diaghilew in gewissem Sinn zum geistigen Reaktionär heran. Bald findet man ihn in Sankt Petersburg, wo er in den Kreis junger, kritischer und zu geistigem Aufstand bereiter junger Leute aufgenommen wurde. Diaghilew war der Mitbegründer der Zeitschrift „Mir Iskusstwa" (Welt der Kunst), die 1899 erstmals erschien. Zur gleichen Zeit ließ er sich zum künstlerischen Berater des Marinskij-Theaters berufen.

Das eigenartige an Diaghilew ist, daß er nie selbst künstlerisch hervorgetreten ist. Er war Anreger und Organisator. Er bezeichnete sich selbst als einen Mäzen ohne Geldmittel. Seine organisatorischen Gaben machten sich erstmals im Jahr 1905 bemerkbar, als er Ausstellungen russischer Kunst nicht nur in seiner Heimat, sondern auch in Paris durchführte. 1908 dann brachte Diaghilew in Paris auch eine russische Oper, den „Boris Godunow" von Mussorgski mit dem großen Sänger und realistischen Darsteller Fjodor Schaljapin zur Aufführung, und ein Jahr später folgten die ersten Ballettaufführungen, wofür Diaghilew die Tänzer des Sankt Petersburger Balletts mitbrachte. Der Erfolg war umwerfend. Wohl nie zuvor und danach hat das Ballett mit einem Schlag die ganze westliche

Anna Pawlowa, eine Pionierin des Balletts, die Tourneen selbst in die entlegensten Gebiete unternahm, zeichnete sich bereits zu Beginn ihrer Tanzkarriere durch die Poesie ihrer Bewegungen und ihre stilistische Sensibilität aus. Allen Ballettreformen abhold verfolgte sie eine strikt konservative Ästhetik.

Welt so im Sturm erobert. Ganz Paris wollte die Russen sehen. Anna Pawlowa (1881 - 1931), Tamara Karsawina (1885 - 1978) und vor allem der fabelhafte Springer Vaslaw Nijinsky (1889 - 1950) waren in aller Munde. Nicht weniger als die Tänzer machten die Bühnendekorationen von Alexander Benois (1870 - 1960) und Leon Bakst (1866 - 1924) Furore. Da hingen plötzlich nicht mehr verstaubte Prospekte auf der Bühne, sondern künstlerisch wertvolle Dekorationen.

Auch die Ballette erstaunten und begeisterten. Da waren „Le Pavillon d'Armide" mit Musik von Nikolas Tcherepnine und vor allem die Polowetzer Tänze aus Borodins Oper „Prinz Igor". Was der Choreograph der ersten Ballets Russes-Jahre, Michail Fokine, zeigte, das hatte man noch nie gesehen! Besonders die Polowetzer Tänze entfalteten ein wildes tänzerisches Geschehen, das unfaßbar erschien.

Wenn hier nicht einfach eine Chronik geschrieben werden soll, so ist das Geschehen der Diaghilew-Zeit bis zu seinem Tode im Jahr 1929 in die Zeiten der jeweiligen Choreographen zu unterteilen. Unter ihnen war Michail Fokine (1880 - 1942) der erste. Er ist für die choreographische Entwicklung der ersten Jahrzehnte von ausschlaggebender Bedeutung gewesen. Im Jahre 1914 verfaßte er ein „Choreographisches Manifest" für die englische Zeitung „The Times", das auch heute noch lesenswert ist. In ihm erklärte Fokine:

1. Für jeden Einzelfall muß, statt daß man lediglich die bereits feststehenden und bewährten Schritte miteinander kombiniert, eine neue Bewegungsform gefunden werden, die dem Gegenstand, der Zeit und dem Charakter der Musik entspricht.
2. Solange Tanz und Musik kein Ausdrucksmittel der Handlung sind, haben sie im Ballett keinen Sinn.
3. Die konventionellen Bewegungen sind nur dann angebracht, wenn es der Stil des Balletts erfordert; die Bewegungen der Hände sind auf jeden Fall durch Bewegungen des ganzen Körpers zu ersetzen. Ein Tänzer kann und soll von den Händen bis zu den Füßen ausdrucksvoll sein.
4. Das Ensemble ist kein bloßes Ornament. Das neue Ballett geht von der Ausdruckskraft des Gesichts und der Hände zu der des ganzen Körpers über und von dieser zu einer Gruppe von Körpern: zu der Ausdruckskraft ihres gemeinsamen Tanzens.
5. Die Verbindung des Tanzes mit den anderen Künsten: das neue Ballett lehnt es ab, der Sklave des Bühnenbilds und der Musik zu sein und es erkennt die Zusammenarbeit der verschiedenen Künste nur unter der Voraussetzung ihrer vollkommenen Gleichberechtigung an. Damit gibt es sowohl dem Musiker, wie auch den Bühnenkünstlern ihre vollkommene Freiheit".

Eine neue Zeit der Ballettkunst war angebrochen.

Als eine Großtat Diaghilews muß seine „Entdeckung" des Komponisten Igor Strawinsky (1882 - 1971) bezeichnet werden. Mit dem Ballett „Feuervogel", uraufgeführt 1910, leitete Strawinsky eine längere Reihe von Ballettkompositionen ein, die ihn zu einem der bedeutendsten Komponisten des 20. Jahrhunderts gemacht haben. Mehrere der von Fokine choreographierten Ballette sind zu Repertoire-Werken geworden: „Les Sylphides" (1909) zum Beispiel, für das verschiedene Komponisten Klavierkompositionen von Chopin instrumentiert hatten. Der Choreograph hatte dieses Werk in Rußland bereits unter dem Titel „Chopiniana" herausgebracht. Die Erstaufführung im Pariser Châtelet-Theater mit der Karsavina, der Pawlowa und mit Nijinsky hätte nicht besser besetzt werden können!

Den berühmten „Sterbenden Schwan" nach einer Musik von Camille Saint-Saëns hatte Fokine schon 1905 in Sankt Petersburg für die Pawlowa zur Aufführung in einer Galavorstellung choreographiert. 1910 folgte wiederum ein Ballett, dessen Musik der Klaviermusik entnommen und das von verschiedenen Komponisten instrumentiert worden war, Robert Schumanns „Carnaval". Die großen Tänzer und Tänzerinnen, die Karsavina, Fokines Frau Vera Fokina und Nijinsky tanzten zusammen mit Fokine die wichtigsten Rollen. Auch „Scheherazade", ein Ballett unter Verwendung der sinfonischen Dichtung von Rimskij-Korsakow, wurde zu einem Erfolg der Russen. Zur gleichen Zeit griffen Diaghilew und Fokine auf eines der großen Ballette des vorhergegangenen Jahrhunderts, auf die „Giselle" zurück. Dieses Ballett wird an der Pariser Oper auch heute noch in den Original-Bühnenbildern und Kostümen von Alexander Benois gegeben. Eine dekorative Neugestaltung durch den Maler Carzou konnte die alten, vielen Ballettfreunden so vertrauten Bilder von Benois nicht verdrängen.

Das Jahr 1911 brachte den Russen einen neuen Erfolg: „Spectre de la Rose" (Der Geist der Rose) mit Musik von Carl Maria von Weber und Choreographie von Fokine. Der von Nijinsky in diesem Ballett ausgeführte Sprung durch ein Fenster wurde zu einer unglaublichen Sensation, die jedermann miterleben wollte.

Der durchschlagende Erfolg des „Feuervogel" veranlaßte Diaghilew, bei Strawinsky eine neue Partitur zu bestellen: „Petruschka". Als die Schauspielerin Sarah Bernhardt (1844 - 1923) Nijinsky in der Titelrolle dieses Balletts sah, erklärte sie, er sei der größte Schauspieler aller Zeiten.

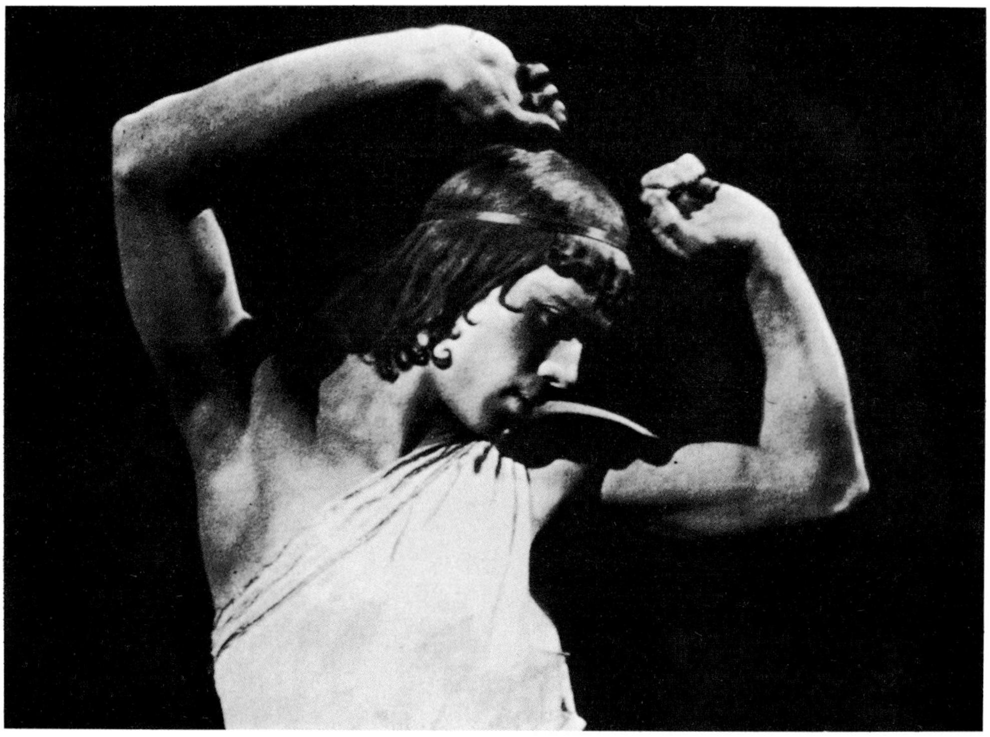

Vaslaw Nijinsky, mit Serge Diaghilew menschlich wie künstlerisch eng verbunden, wurde in Paris - und nicht nur dort - als tänzerisches Weltwunder gefeiert. Seine technischen wie auch seine interpretatorischen Fähigkeiten machen ihn zu einer der größten Tanzpersönlichkeiten unseres Jahrhunderts.

Eine der letzten Aufnahmen des 1929 verstorbenen Diaghilew - rechts hinter Tamara Karsavina. Rechts neben der Tänzerin der zu dieser Zeit bereits kranke Nijinsky, daneben der Tänzer Serge Lifar. Als zweiter von links ist der berühmte Bühnenbildner Alexander Benois zu sehen. Das Bild entstand nach der Wiederaufnahme des Petruschka-Balletts mit Musik von Strawinsky im Jahre 1929.

Auch das Jahr 1912 brachte den Russen einen Erfolg. Fokine choreographierte die alte griechische Hirtensage von „Daphnis und Chloe“ nach einer Partitur von Maurice Ravel. Dieses Ballett gibt bis heute den Choreographen eine schwere Aufgabe auf, denn trotz der wundervollen Musik hat es keine restlos befriedigende choreographische Lösung erfahren.

Zwischen Fokine und Diaghilew entstanden mehr und mehr Meinungsverschiedenheiten. Der geistige Führer der Russen versteifte sich darauf, aus dem Wundertänzer Nijinsky auch einen Choreographen zu machen. Er beauftragte ihn, nach der Partitur von Claude Debussy (1862 - 1918) „L'Après-midi d'un faune“ (Nachmittag eines Fauns) ein Ballett zu gestalten. Die Uraufführung im Jahre 1912 brachte Paris einen der größten Theaterskandale aller Zeiten. Die Zuschauer spalteten sich in solche, die das Ballett in sittlicher Entrüstung ablehnten und andere, die in dem von Nijinsky selbst getanzten Faun eine künstlerische Offenbarung sahen. Der Skandal um den Faun wurde 1913 anläßlich der Uraufführung des „Sacre du printemps“ (Frühlingsweihe), diesmal allerdings wegen der Musik von Strawinsky, noch überboten. Das Théâtre des Champs-Elysées erlebte einen Tumult, der in eine Schlägerei auszuarten drohte. Zwischen der Musik und der Choreographie, für die wiederum Nijinsky gezeichnet hatte, schien eine breite Kluft zu bestehen. Nijinsky hatte versucht, sie zu überbrücken, indem er vom klassischen Schrittvokabular teilweise abge-

Die Amerikanerin Loie Fuller (1862–1928) war keine Tänzerin im eigentlichen Sinne, sondern eher eine Bewegungsgestalterin. Sie gelangte zu Weltruf, ausgehend von ihrem Serpentinentanz (1890). Das neu entdeckte elektrische Licht benutzte sie, um den Eindruck ihrer in ständiger Bewegung kreisenden farbigen Schleier zu steigern.
Mit diesen Darbietungen entsprach Loie Fuller einem Ideal des „Art Nouveau" bzw. des „Jugendstils": Farb- und Lichteffekte, verbunden mit ständig wechselnden fließenden Bewegungen, schufen eine Atmosphäre kultivierter Ekstase.
Dies verheißt das Plakat (1892/93; 118,5 x 82 cm) von Jules Chéret (1836–1932), dem Erfinder der Farblithographie.

gangen war. Unterstützt wurde er bei den Proben durch eine ehemalige Schülerin von Jaques-Dalcroze, der späteren Begründerin des Ballet Rambert, Marie Rambert. Die Partitur des „Sacre" ist ein Beispiel dafür, daß einer Ballettmusik im Konzertsaal ein größerer Erfolg beschieden sein kann als auf der Ballettbühne. Es ist erst dem großen französischen Choreographen Maurice Béjart (geb. 1928) im Jahre 1959 gelungen, eine Choreographie zu schaffen, die der ihrer Zeit um gute 50 Jahre vorauseilenden Musik entsprach. Ebenfalls in das Jahr 1913 fällt die Uraufführung des Balletts „Jeux" mit der Musik von Debussy. Hier wurde zum ersten Mal eine Alltagsszene zum Ballettstoff. Obwohl Debussys Partitur zum besten gehört, was der große Meister der französischen Musik geschrieben hat, vermochte Nijinsky wiederum nicht, sie angemessen umzusetzen. Der Erfolg war nur mäßig. Als sich Nijinsky, ohne Diaghilew vorher darüber zu informieren, verheiratete, war der Bruch zwischen den beiden Russen unvermeidlich. Gemeinsame Pläne, so die Choreographie eines Balletts mit Musik von Bach und diejenigen der „Josephslegende", wurden aufgegeben. Auch seine letzte Choreographie, nach dem „Till Eulenspiegel" von Richard Strauss, blieb ohne Resonanz. Nijinsky gründete eine eigene Truppe, der jedoch kein Erfolg beschieden war. Er fiel mehr und mehr in geistige Umnachtung, aus der ihn erst der Tod im Jahre 1950 erlöste. Nijinskys Tagebuch „Der Clown Gottes", 1955 in deutscher Sprache erschienen, ist ein erschütterndes Dokument.

Kurz vor Ausbruch des Ersten Weltkrieges brachten die Russen ein weiteres neues Ballett heraus. Dieses Mal, und das einzige Mal in der Geschichte des Russischen Balletts überhaupt, waren es deutschsprachige Autoren: Richard Strauss und Hugo von Hofmannsthal. Ihr Werk, die „Josephslegende", an deren Libretto auch Harry Kessler mitgearbeitet hatte, fand jedoch keine große Anerkennung. Als Joseph trat erstmals ein neuer, junger russischer Tänzer, Leonide Massine (1895–1969), auf die Bühne. Er sollte schon bald eine bedeutende Rolle bei Diaghilew spielen. Ähnlich wie beim „Sacre" (Béjart) blieb es hier einem zeitgenössischen Choreographen, John Neumeier, vorbehalten, eine richtungweisende choreographische Lösung für das Werk zu finden.

Die Kriegsjahre schränkten die Tätigkeit der Russen stark ein. Trotz vieler Schwierigkeiten kam aber im Jahre 1917 ein neues Ballett, „Parade" heraus. Dieses Werk ist dadurch gekennzeichnet, daß erstmals der Name Pablo Picasso im Zusammenhang mit Bühnenbildern und Kostümen auftrat. Nach einer Idee des Allroundkünstlers Jean Cocteau, mit Musik von Eric Satie und in einer Choreographie von Massine, war „Parade" ein heute eher harmlos wirkendes, damals jedoch mit Tumult begrüßtes Werk. Picassos Mitarbeit in einem Künstlerkollektiv, das an einem Ballett arbeitete, leitete eine lange Reihe von Werken ein, in welchen Diaghilews Idee vom „Gesamtkunstwerk Ballett" verwirklicht wurde. Librettist, Choreograph, Komponist und Bühnenbildner schufen unter der geistigen Leitung von Diaghilew ihre Ballette. Diese waren nicht mehr in erster Linie getanzte Kunstform. Dichtung (Idee), Musik, Malerei und tänzerische Gestaltung (Choreographie) waren gleichberechtigte Beiträge an Werken, die zur Spezialität der Russen wurden. Massine aber hatte sich mit seiner Choreographie von „Parade" jene Stellung erobert, die vor ihm Fokine und Nijinsky inne gehabt hatten.

FOLIES-BERGÈRE
La Loïe Fuller

Henri de Toulouse-Lautrec (1864–1901), „Jane Avril dansant" (Die Tänzerin Jane Avril, um 1892; Öl auf Pappe, 85,5 x 45 cm). Von früher Jugend an verfolgte Jane Avril (1868–1943), die Tochter einer geisteskranken Kokotte und eines italienischen Aristokraten, ihr Ziel, Tänzerin zu werden. Als solche trat sie ab 1890 im Moulin Rouge auf, und in den folgenden drei Jahren widmete ihr Toulouse-Lautrec eine Reihe von Plakaten (z. B. „Le Divan Japonais", 1892/93). Dank ihrer intellektuellen Fähigkeiten und ihrer „langage d'âme" (Sprache der Seele) bildete sie eine Ausnahmeerscheinung im Pariser Nachtleben.
Eine nur zehnjährige Karriere führte Jane Avril in die Folies-Bergère, ins Casino de Paris, in das Londoner Palace Theatre und durch die USA. Ab 1900 lebte sie als Hausfrau; 1926 kam Jane Avril in ein Altersheim, in dem sie arm und vergessen starb. (Paris, Musée d'Orsay)

Gegenüberliegende Seite: Léon Bakst (1866–1924), einer der bedeutendsten Bühnen- und Kostümbildner aller Zeiten, gehörte zu den frühesten Mitarbeitern und Mitstreitern Serge Diaghilews, des Begründers der „Ballets Russes".
Sein Aquarell „Die rote Sultanin" aus dem Jahr 1910 bezieht sich auf kein konkretes Bühnenprojekt, sondern steht im allgemeinen Zusammenhang der orientalischen Thematik, die Diaghilew 1910 mit dem Ballett „Scheherazade" erfolgreich auf die Bühne brachte.

BAKST

F.LEGER

Abbildung links oben:
Bühnenbild von Léon Bakst zu „Cléopatre“, Ballett in 1 Akt, Musik Alexander Artensky, Serge Tanejew, Nikolai Rimskij-Korsakow, Alexander Glasunow, Modest Mussorgsky und Nikolai Tscherepnine, zweite Fassung 1909. Erstaufführung in der Choreographie von Michael Fokine durch die „Ballets Russes“ mit u. a. Tamara Karsavina, Anna Pawlowa, Vazlaw Nijinsky und Michael Fokine. Trotz dieser Starbesetzung erreichte das Ballett keinen anhaltenden Erfolg.

Abbildung links unten:
Bühnenbild von Fernand Léger (1881–1955) zum Ballett „Création du Monde“ (Erschaffung der Welt) der „Ballets Suédois“.
Auch dieses Ensemble verschrieb sich in den zwanziger Jahren dem „Gesamtkunstwerk Ballett“, in dem sich Choreograph, Komponist, Librettist und Ausstatter zu einem gemeinsamen Werk verbinden. Zum größten Erfolg der „Ballets Suédois“ wurde die negroide Schöpfungsgeschichte „Création du Monde“ nach einem Libretto von Blaise Cendrars. Erstmals in der Geschichte der Ballettmusik bezog Darius Milhaud Elemente des Jazz in seine Partitur ein.
(Biot, Musée National Fernand Léger)

Abbildung oben:
Pablo Picasso (1881–1973), „La Course“ (Der Lauf, 1922; Tempera auf Holz, 32,5 x 41 cm). Die Darstellung der beiden am Meeresufer entlangstürmenden Frauen wurde 1924 für den Bühnenvorhang des Balletts „Le Train bleu“ wiederverwendet und steht somit im Zusammenhang der zahlreichen Arbeiten Picassos für die Bühne.
Das Szenario zu „Le Train bleu“ stammte von Jean Cocteau, die Musik von Darius Milhaud. Für die Dekorationen war Henri Laurens, für die Kostüme die Modekünstlerin Coco Chanel zuständig. Das Ballett, das von den „Ballets Russes“ in erstklassiger Besetzung aufgeführt wurde, hat mit dem gleichnamigen Luxuszug Paris–Französische Riviera nicht unmittelbar zu tun. Es schildert vielmehr das sorglose Urlaubsvergnügen der gehobenen Gesellschaft. Ein Wort des Dichters Guillaume Apollinaire trifft das Wesen dieses Balletts: „Es war die Zeit des Glücks, wir waren an den Stränden. Hinaus in aller Frühe, barfüßig und barhäuptig“ („Les Saisons“, 1915).
(Paris, Musée Pablo Picasso)

Der Maler und Bildhauer Oskar Schlemmer (1888–1943) wollte ursprünglich Tänzer werden. Dies erklärt zumindest teilweise die Tatsache, daß er mit seinem „Triadischen Ballett“ einen im wahrsten Sinne avantgardistischen Beitrag zum modernen Ballett geleistet hat.
Schlemmer verstand sein 1922 am Landestheater in Stuttgart uraufgeführtes Bühnenwerk als metaphysische Huldigung an die Zahl Drei: „Warum triadisch? Weil die Drei eine eminent wichtige, beherrschende Zahl ist, bei der das monomane Ich und der dualistische Gegensatz überwunden sind und das Kollektive beginnt ... Abgeleitet von Trias – Dreiklang, ist das Ballett ein Tanz der Dreiheit zu nennen, des Wechsels und der Variation der Eins, Zwei, Drei. Solche Dreiheiten sind zum Beispiel Form, Farbe, Raum; oder die drei Dimensionen des Raums: Höhe, Tiefe, Breite; oder die drei geometrischen Grundformen: Quadrat, Kreis, Dreieck (Kugel, Kegel, Kubus); oder die drei Grundfarben: Blau, Rot, Gelb. Weiterhin die Dreiheit von Tanz, Kostüm und Musik, usw.“
Abgebildet sind „Der Abstrakte“ sowie die Figurinen „Goldkugel“, „Spirale“, „Tänzer, türkisch“, „Drahtfigur“, „Der Taucher“, nochmals „Der Abstrakte“ und „Scheibentänzer“. Insgesamt umfaßt das in zwölf Tanznummern gegliederte „Triadische Ballett“ 18 Kostüme; Akteure waren bei der Uraufführung eine Tänzerin und zwei Tänzer. (Installation Kunstmuseum Basel, Ausstellung „transForm“, 1992)

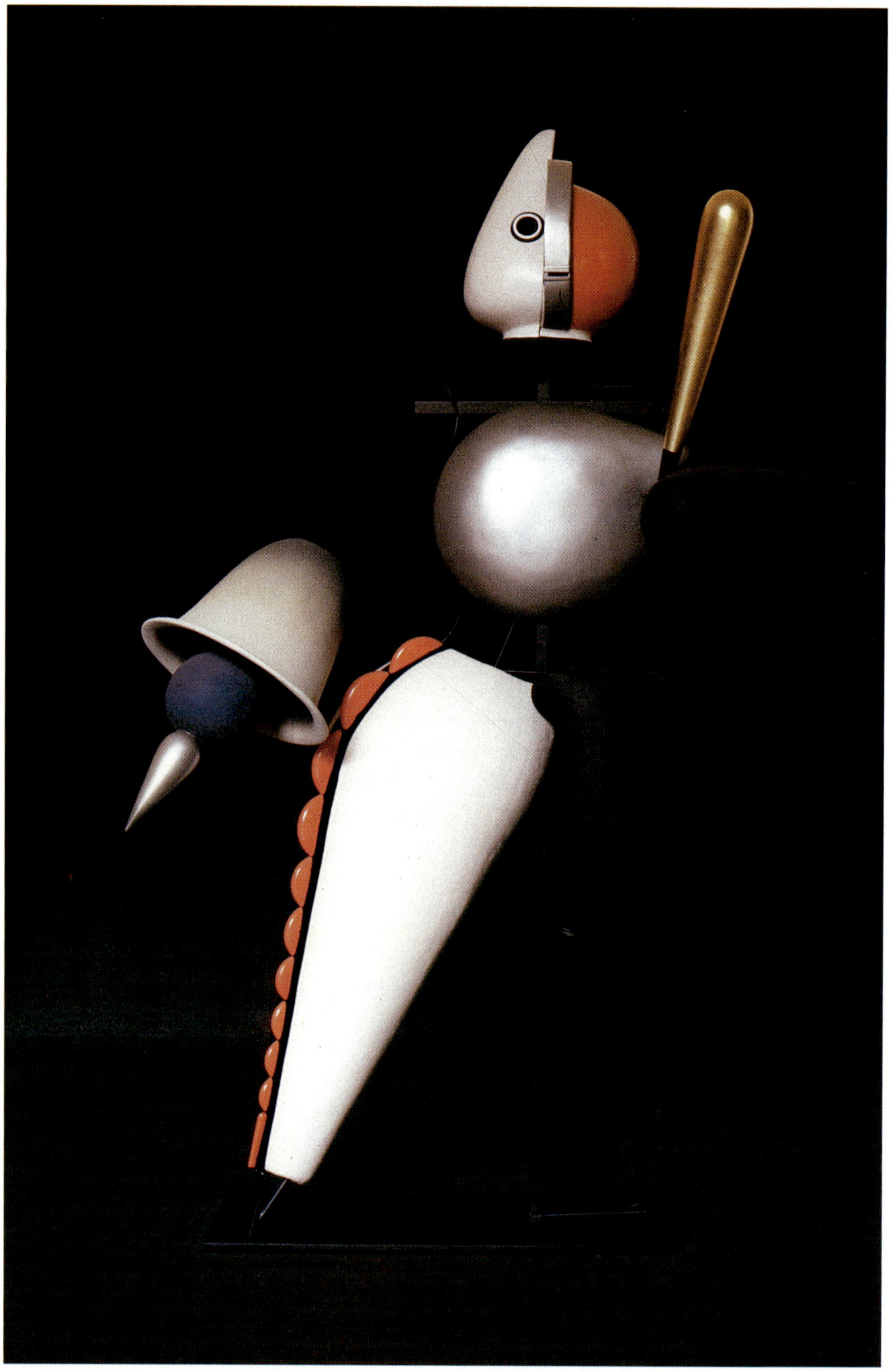

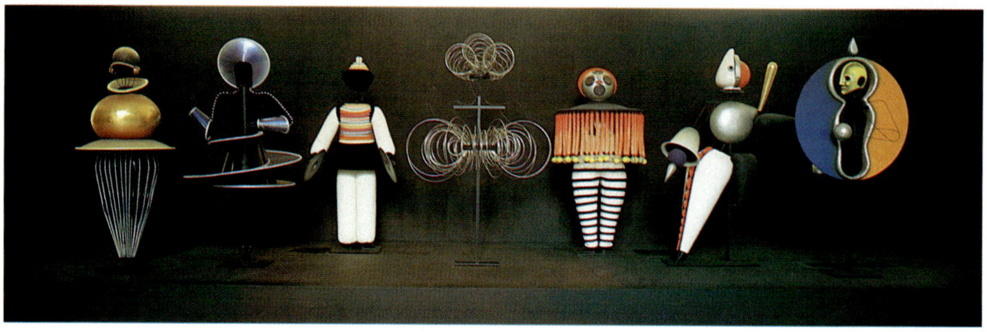

Ernst Ludwig Kirchner (1880–1938), „Maskentanz“ (1927; 82 x 73 cm). Kirchner war zwar nie für die Bühne tätig, doch gehört der Tanz zu den zentralen Themen seiner Malerei und Graphik. Persönliche Bekanntschaft verband ihn mit den Pionierinnen des Ausdruckstanzes Mary Wigman und Gret Palucca. Sein an einen Pas de deux erinnernder „Maskentanz“ opfert in gewissem Sinne die schöne Form dem expressionistischen Ausdruckswillen. (Campione d'Italia, Galleria Henze)

Die Zeitspanne zwischen dem Ende des Ersten Weltkrieges und dem Tod Diaghilews 1929 ist dadurch gekennzeichnet, daß die Ballettausstattungen fast nur noch von bedeutenden Malern übernommen wurden. Choreographisch gehören die ersten Jahre noch ganz Massine, mit der Zeit erscheint Georges Balanchine, dessen erste Werke noch in die Zeit des Russischen Balletts fallen. Auch Nijinskys Schwester Bronislawa Nijinska (1890–1972) begann eine große Rolle zu spielen.

Das Jahr 1919 begann mit einem großen Erfolg. Diaghilew hatte den italienischen Komponisten Ottorino Respighi beauftragt, Musik von Rossini für das gute alte „Puppenfee"-Ballett umzugestalten. Unter dem Namen „Boutique fantasque" (Der gespenstische Laden) kam das verspielte Werk in einer Ausstattung des Malers André Derain heraus. Noch während des Krieges, als Diaghilew und seine Leute in Spanien im Exil waren, wurde der nächste Großerfolg der Russen, der „Dreispitz" (Tricorne) vorbereitet. Als Komponist konnte der Spanier Manuel da Falla gewonnen werden. Für die Dekoration zeichnete wieder Picasso, Massine tanzte die Rolle des Müllers und übernahm auch die Choreographie.

Das Jahr 1920 brachte wieder Strawinsky auf die Bühne: Sein „Chant du Rossignol" (Gesang der Nachtigall) wurde von Massine choreographiert, während für die Ausstattung Henri Matisse gewonnen wurde. Auch „Pulcinella", dessen Musik Strawinsky nach Motiven von Giovanni Battista Pergolesi (1710–1736) eingerichtet hatte, war ein Werk von Massine, dieses Mal unter Mitarbeit von Picasso.

Das Jahr 1921 machte einen neuen Komponisten bekannt, der für das Ballett zu einem der Großen werden sollte: Serge Prokofjew mit „Chout", einer russischen Clownsfigur. Zur gleichen Zeit hatte sich Diaghilew mit einer aufwendigen Neueinrichtung des Dornröschen-Balletts in London fast ruiniert. Strawinsky hatte es übernommen, die Partitur Tschaikowskys zu ergänzen. Auch die Choreographie erfuhr eine teilweise Veränderung durch Nijinskys Schwester Bronislawa Nijinska. „Le Renard" (Der Fuchs) war ein reizvolles Stück von Strawinsky, für das Diaghilew Larionov als Ausstatter zurückholte. Dasselbe Jahr brachte auch die Uraufführung der Buffo-Oper „Mavra" von Strawinsky, bei der Bronislawa Nijinska für die Choreographie zeichnete, ebenso wie im Ballett „Noces" (1923). Zu erwähnen ist auch „Les Biches" mit Musik von Francis Poulenc (1899–1963), zu welchem Marie Laurencin die Kostüme und die Bühnenbilder schuf.

Für die Entwicklung des Balletts war die im Jahre 1661 kreierte Ballettkomödie „Les Fâcheux" von Lully und Molière von großer Bedeutung gewesen. Das Werk wurde 1924 mit neuer Musik von Georges Auric (1899–1983) in einer Ausstattung von Georges Braque wieder auf die Bühne gebracht. Sowohl „Les Biches" (Die Hindinnen) als auch „Les Fâcheux" waren von der Nijinska choreographiert worden. Sie übernahm auch die Choreographie des 1924 uraufgeführten „Train bleu" (der bekannte Luxuszug, der Paris mit der Côte d'Azur verbindet). Erstmals erscheint hier der Name des wie Poulenc, Auric und Arthur Honegger zur Gruppe der Sechs gehörenden Darius Milhaud als Komponist. Die Ausstattung übernahm Pablo Picasso (Abb. S. 117).

1925 brachte die erste Zusammenarbeit zwischen Diaghilew und seinem russischen Landsmann George Balanchine, der schon früher in

In der Nachfolge der „Ballets Russes" gelangten die „Ballets de Monte Carlo" zu eigenständiger Bedeutung. Ihr Ballett „L'Etranger Farandol" (Eigenartiger provenzalischer Tanz), ursprünglich „Le Rouge et Noir" genannt, war insofern eine kühne Tat, als die verwendete Musik, die 1. Symphonie von Dimitri Schostakowitsch, als unverständlich abgelehnt wurde. Sie kam jedoch dem Bestreben Léonide Massines entgegen, symphonische Musik zu choreographieren. Verantwortlich für die Gestaltung der Bühnenbilder und Kostüme war Henri Matisse (1869–1954). In diesem Zusammenhang entstand die hier wiedergegebene Farb- und Bewegungsstudie. Die Uraufführung des Balletts fand kurz vor Ausbruch des Zweiten Weltkriegs, im Mai 1939, in Monte Carlo statt.

„Zigarettenbilder“ mit den bekanntesten Tänzerpersönlichkeiten der Zeit waren in den zwanziger und dreißiger Jahren beliebte Sammelobjekte. Von links oben nach rechts unten sind zu sehen: Anna Pawlowa, Vera Fokina, Tamara Karsavina, Bronislava Nijinska, Alexandra Danilova, Felia Doubrovska, Leonid Massine und Tatiana Riabouchinska, Alice Nikitina, Serge Lifar. (Zigaretten-Sammelbilder der dreißiger Jahre zum Thema „Der künstlerische Tanz“)

Rußland, damals aber unter dem Namen Balantschiwadse, als Choreograph hervorgetreten war. Sein Ballett „Barabou“ blieb ohne Nachhall, obwohl der berühmte Maler Maurice Utrillo für die Ausstattung verantwortlich zeichnete. Eine Ballettversion von „Romeo und Julia“, die Balanchine zusammen mit der Nijinska schuf, blieb ebenfalls ohne Nachwirkung. Hier waren gleich zwei große Maler, Max Ernst und Joan Miró, für Kostüme und Bilder zuständig. Die Musik hatte Constant Lambert geschrieben.

Mehr Erfolg hatte, nicht zuletzt wegen der Erstlingsballettmusik von Henri Sauguet (1901–1989), das Balanchine-Ballett „La Chatte“ (Die Katze). Auf den Programmen begegnet man in dieser Zeit auch erstmals dem Namen des Tänzers Serge Lifar (1905–1986), der bald eine führende Rolle im französischen Ballett spielen sollte. Der erste große Erfolg Balanchines aber war sein 1928 auf die Musik Strawinskys choreographiertes Ballett „Apollon musagète“ (Apollo, Anführer der Musen). Es leitete eine langjährige Zusammenarbeit der beiden Künstler ein. Das

Unter dem Stichwort „Der künstlerische Tanz“ wurden auch die Vertreter der nicht-klassischen Richtungen, des modernen amerikanischen Tanzes und des deutschen Ausdruckstanzes, zu „Sammelobjekten“. Zu ihnen gehörten Adolf Bolm, Ted Shawn, Martha Graham, Doris Humphrey, Rudolf von Laban, Niddy Impekoven, Kurt Jooss, Harald Kreutzberg und Rosalia Chladek. (Zigaretten-Sammelbilder der dreißiger Jahre zum Thema „Der künstlerische Tanz“)

letzte bedeutende Balanchine-Ballett vor Diaghilews Tod war 1929 „Le Fils prodigue“ (Der verlorene Sohn) mit der Musik von Prokofjew, für das Georges Rouault herrliche Bühnenbilder entwarf.

Diaghilew starb 1929 in Venedig. Er hat zweifellos eine nicht auszufüllende Lücke hinterlassen. Mit ihm ist einer der großen Meister der Kunst aus dem Leben geschieden. Die heutige Kunstwelt wäre auf den Gebieten Ballett, Malerei und Musik ärmer ohne ihn!

Außer den bereits erwähnten Tänzerinnen und Tänzern seien auch jene genannt, die in den späteren Diaghilew-Jahren von Bedeutung waren: Leon Wójcikowski (der noch blendender gesprungen sein soll als Nijinsky!), Lydia Sokolova, Olga Spessiwtzewa, Lubov Egorova, Vera Trefilova, Ida Rubinstein, Felia Doubrovska, Alexandra Danilova und Alice Nikitina.

Ein weiterer Name ist bis jetzt unerwähnt geblieben: Enrico Cecchetti (1850–1928). Seine tänzerische Ausbildung ging noch auf Carlo Blasis zurück. Cecchetti kam 1887 als Tänzer, etwas später als Stellvertreter von

Marius Petipa nach Sankt Petersburg an das Marinskij-Theater. Dort wirkte er nicht nur als Tänzer, sondern auch als Pädagoge. Er vertrat als Italiener die eher harte, virtuose Tanztechnik, Petipa aber lehrte die weichere französische Technik des klassischen Tanzes. Als eine Art Synthese entwickelte sich der typisch russische Stil, den die Diaghilew-Tänzer aus Rußland in den Westen brachten. Wir stehen hier vor einem der schönsten Beispiele der Internationalität des Balletts mit seinen Möglichkeiten der Wechselbeziehungen und der Beeinflussung über die Sprachgrenzen hinweg. Auch hier sind - wenn auch unbeabsichtigte - große Verdienste Diaghilews zu verzeichnen. Eines aber stimmt nachdenklich: Diaghilews Idee eines Balletts als Gesamtkunstwerk, als Treffpunkt der Künste Literatur (Libretto), Musik, Malerei (Ausstattung) und Choreographie, ist nur vereinzelt über die Grenzen des deutschen Sprachgebietes hinaus gedrungen. Er hat nie die Bedeutung erlangt, die ihm tatsächlich zukommt. Diaghilew ist mit seinen Überlegungen, die zum Gesamtkunstwerk Ballett führten, nicht allein geblieben. In den frühen Zwanziger Jahren entstand in Paris das Schwedische Ballett (Les Ballets Suédois), das unter der Leitung des Choreographen Jean Börlin (1893 - 1930) und unter der Protektion des schwedischen Mäzen Rolf de Maré ausgesprochen avantgardistisches Ballett schuf. Die bedeutendsten Werke der Schweden zwischen 1920 und 1925 sind:

„Les Mariés de la Tour Eiffel" (Die Brautleute vom Eiffelturm): Libretto - Jean Cocteau, Musik - die Gruppe der Sechs (Auric, Honegger, Milhaud, Poulenc, Durey, Tailleferre), Ausstattung - Irene Lagut.

„L'Homme et son désir" (Der Mensch und seine Begierde): Libretto - Paul Claudel, Musik - Darius Milhaud, Ausstattung - Andrée Parr

„Skating Ring" (Eisbahn): Musik - Arthur Honegger, Ausstattung - Fernand Léger

„Création du Monde" (Erschaffung der Welt): Libretto - Blaise Cendrars, Musik (die erste Verwendung von Jazzmusik im Ballett) - Darius Milhaud, Ausstattung - Fernand Léger

In die Ära Diaghilew fällt, wenn auch unabhängig vom Russischen Ballett, ein Ballett, das ähnlich wie der „Sacre" seiner Zeit weit voraus war: Béla Bartóks „Wunderbarer Mandarin". Das Werk wurde 1926 in Köln uraufgeführt, kurz darauf jedoch vom damaligen Oberbürgermeister der Stadt, Konrad Adenauer, verboten. Auch „Der wunderbare Mandarin" ist bis heute kaum in befriedigender Weise auf die Ballettbühne gebracht worden. Gute Lösungen wurden zwar gefunden, trotzdem wartet die Ballettwelt noch immer auf eine Choreographie, die der Größe der Bartókschen Musik entspräche.

Ballett zwischen 1929 und 1939

Frankreich

Nach dem Tod Diaghilews zerfielen die "Ballets Russes" sehr bald. Es fehlten der schöpferische Kopf und die ordnende Hand. Es entstanden unter der Leitung von Colonel de Basil und René Blum die „Ballets Russes de Monte Carlo". Mehrere Mitglieder aus Diaghilews engerem Stab schlossen sich der neuen Truppe an, als Choreographen wirkten sowohl Massine als auch Balanchine mit. Bald gab es jedoch Streit, und Blum versuchte einen Neubeginn mit den „Ballets de Monte Carlo". Basil seinerseits versuchte Diaghilews Erbe mit den „Ballets Russes du Colonel de Basil" anzutreten. Einige Ballette von Bedeutung:

1932 „La Concurrence": Choreographie - George Balanchine, Musik - Georges Auric, Ausstattung - André Derain

1933 „Jeux d'enfants" (Kinderspiele): Choreographie - Massine, Musik - Georges Bizet, Ausstattung - Joan Miró

„Beach" (Strand): Choreographie - Massine, Musik - Jean Françaix, Ausstattung - Raoul Dufy

„Présages" (Vorzeichen): Choreographie - Massine, Musik - Tschaikowsky (5. Sinfonie), Ausstattung - André Masson

„Choreartium": Choreographie - Massine, Musik - J. Brahms (4. Sinfonie)

„Die sieben Sünden des Kleinbürgers": Libretto - Bertolt Brecht, Musik - Kurt Weill, Choreographie - Balanchine.

1936 „Symphonie fantastique": Choreographie - Massine, Musik - Hector Berlioz, Ausstattung - Christian Bérard.

1938 „Siebente Sinfonie": Choreographie - Massine, Musik - L. van Beethoven, Ausstattung - Christian Bérard.

„Nobilissima Visione": Choreographie - Massine, Musik - Paul Hindemith (einer der wenigen Ballettbeiträge eines deutschen Komponisten jener Zeit).

1939 „Rouge et Noir" (Rot und Schwarz): Choreographie - Massine, Musik - Dimitri Schostakowitsch (1. Sinfonie), Ausstattung - Henri Matisse. Dieses Ballett ist auch unter seinem Titel „Etrange farandole" (Eigenartige Farandole) bekannt geworden.

Parallel zu den verschiedenen Anstrengungen, die Tätigkeit Diaghilews fortzusetzen, verliefen die Bestrebungen von Balanchine, der 1934 einer Einladung nach New York Folge leistete, und jene von Serge Lifar, der ab 1929 seine Tätigkeit ausschließlich an die Pariser Oper verlegte.

Ursprünglich war Balanchine für den Direktorenposten der Opéra vorgesehen gewesen. Eine Erkrankung hinderte ihn jedoch an der Aufnahme seiner Tätigkeit, und Lifar sprang mit seiner Choreographie der „Geschöpfe des Prometheus" mit Musik von Beethoven in die Bresche. Es wurde ein solcher Erfolg, daß man Lifar die Leitung des Pariser Opernballetts anvertraute. Es gelang ihm, aus dem vorher eher schwachen Ensemble in kurzer Zeit eines der besten der Welt zu machen.

Auch Lifar hat 1935, wie vor ihm Fokine, ein „Traité de Chorégraphie" betiteltes choreographisches Manifest veröffentlicht, das folgende Gedanken enthält:

1. Wir können und sollen nicht alles tanzen.
2. Das Ballett muß seinem Ursprung, dem Tanz, verhaftet bleiben.
3. Das Ballett soll nicht eine andere Kunstart illustrieren.
4. Das Ballett soll sein rhythmisches Schema nicht der Musik entnehmen.
5. Das Ballett kann ganz auf Musik verzichten.
6. Das Ballett kann und soll schriftlich festgehalten werden.
7. Falls das Ballett sich mit Musik verbindet, soll der Rhythmus Sache des Choreographen und nicht jene des Musikers sein.
8. Das Ballett braucht ein eigenes Orchester.
9. Der Choreograph soll nicht der Diener des Ausstatters sein.
10. Es ist notwendig, ein eigenes, unabhängiges Ballett-Theater zu schaffen.

Bis zum Ausbruch des Zweiten Weltkriegs trat Lifar mit den folgenden Balletten an die Öffentlichkeit:

1931 „Bacchus et Ariane" mit Musik von Albert Roussel
1932 „Giselle", eine viel beachtete, angeblich dem Original weitgehend entsprechende Neufassung mit Lifar in der Rolle des Prinzen
1935 „Salade" mit Musik von Darius Milhaud
„Icare" mit Rhythmen und Choreographie von Lifar
1938 „Suite en blanc" (Suite in Weiß): Musik Edouardo Lalo
„Cantique des Cantiques" (Das Hohe Lied): Musik Arthur Honegger
1950 „Phèdre": Musik Georges Auric, Ausstattung Jean Cocteau

Deutschland

In einer Zeit, in der die Schrecken des Ersten Weltkriegs noch im Gedächtnis waren, gleichzeitig schon wieder von einem neuen Konflikt gesprochen wurde, gewann der Deutsche Kurt Jooss 1932 in Paris mit seinem Ballett „Der grüne Tisch" einen internationalen Choreographie-Wettbewerb. Dieses Ballett ist in der ganzen Welt nachgespielt worden, und man begegnet ihm auch heute noch auf den Spielplänen. Es ist das einzige Werk des der Folkwang Schule in Essen nahestehenden Jooss geblieben, das als Meilenstein in der Geschichte der Choreographie angesehen werden kann. „Der grüne Tisch" ist zweifellos – abgesehen vielleicht von der „Josephslegende" – zusammen mit dem nach Kriegsende entstandenen Abraxas-Ballett mit der Musik von Werner Egk (1901 - 83) der wichtigste Beitrag, den Deutschland zur Entwicklung des internationalen Balletts geleistet hat.

Im ganzen deutschen Sprachgebiet dienten die Ballettensembles in erster Linie der Aufführung von Balletteinlagen in Opern und Operetten. Eigentliche Ballettabende oder Abende mit gemischtem Programm bestehend aus Ballett und Oper, bildeten die Ausnahme. Die Tänzer waren vielfach nicht klassisch geschult und darum eigentlich für Ballettdarbietungen ungeeignet. Deutschland, Österreich und die Schweiz standen fast völlig im Bann des Kammertanzes. Abende mit dem deutsch-russischen Tänzerpaar Clothilde und Alexander Sakharoff oder solche mit Harald Kreutzberg erfreuten sich großer Beliebtheit und Verbreitung. Je einflußreicher die Nazis wurden, desto mehr wandte sich das Publikum gezwungenermaßen vom angeblich undeutschen klassischen Tanz ab. Ballett, das sich des klassischen Tanzes bediente, schien jegliche Überlebenschance verloren zu haben.

England

Ballett ist im 19. Jahrhundert in England und natürlich besonders in dessen Hauptstadt London sehr gepflegt worden. Doch auch hier verfiel die Tanzkunst um die Jahrhundertwende. London kannte allerdings durch viele Gastspiele die „Ballets Russes“. Ein englisches Ballett aber begann sich erst ab 1928 abzuzeichnen, als Ninette de Valois (geb. 1898) das Ballett neu zu beleben verstand, so daß im Jahre 1931 der erste Ballettabend im „Old Vic Theatre“ durchgeführt werden konnte.

Im Vordergrund des Interesses standen vorerst die großen Klassiker des Balletts. Mehr und mehr trat das damals noch „Old Vic Ballet“ genannte spätere „Sadler's Wells Ballet“ (aus dem dann das Royal Ballet wurde) auch mit eigenen Schöpfungen vor ein Publikum, das sich in zunehmendem Maße für das Ballett begeisterte.

Die eigentlichen Begründer des englischen Balletts neben Ninette de Valois, Frederick Ashton (1904–1988) und Robert Helpman (1909–1986), traten als Choreographen in Erscheinung, mit Alicia Markova und Anton Dolin (1904–1983) erhielt das Ensemble seine ersten international bekannten Solisten. Zu den besten Werken dieser Zeit gehören „The Rake's Progress“ (Leben eines Wüstlings, 1935) und „Checkmate“ (Schachmatt, 1937) der Choreographin Ninette de Valois. Ebenfalls im Jahre 1937 folgte „Dark Elegies“ nach den „Kindertotenliedern“ von Gustav Mahler in einer Choreographie von Antony Tudor (1908–1987).

Der Krieg konnte dieser hoffnungsvollen Entwicklung glücklicherweise nur ein vorübergehendes Ende bereiten.

Sowjetunion

Als im 18. Jahrhundert die Französische Revolution Frankreich erschütterte, war das Ballett als Relikt der monarchistischen Zeit wenig beliebt. Anders verhielt es sich im Anschluß an die Oktoberrevolution in Rußland. Der für kulturelle Belange zuständige Anatol Lunatscharski (1875–1933) vermochte die Regierung davon zu überzeugen, daß das Ballett ein vorzügliches Instrument der Volksbeeinflussung sei. So wurde nicht nur das aus zaristischer Zeit stammende Repertoire übernommen, sondern es entstanden auch Werke, die als sowjetrussische Ballette bezeichnet werden können.

Mit „Die Flamme von Paris“, einem Ballett, das in der Zeit der Französischen Revolution spielt, wurde 1932 in einer Choreographie von Wassilij Iwanowitsch Wainonen (1901–1964) und mit Musik von Boris Assafjew

(1884 - 1949) der Anfang gemacht. In der Gattung des Literaturballetts folgte in einer Choreographie von Rostislaw Zacharow des gleichen Komponisten „Fontäne von Bachtschissarai“, das nach einem Gedicht von Puschkin gestaltet worden war. Dieses Ballett ist in der Sowjetunion sehr populär. Es verdankt seinen Erfolg nicht zuletzt der großen Ballerina Galina Ulanowa (1910), welche die Rolle der Maria ebenso eindrücklich mimte wie tanzte. Hier wirkte sich die Vorliebe der Russen zu hochdramatischen Balletten überzeugend aus. Dieses Ballett gehört zu den Höhepunkten des „sozialistischen Realismus“ in der Kunst des Balletts. In die ersten zwanzig Jahre der Sowjetrepublik fällt eine Reihe von Werken, die außerhalb ihres Entstehungslandes kaum gespielt worden sind:
„Roter Mohn“ (1927): Choreographie Lastschilin und Tichomirow, Musik Reinhold Glière (1874 - 1956)

„Das goldene Zeitalter“ (1930): Choreographie E. I. Kaplan und W. Wainonen, Musik Dimitri Schostakowitsch (1906 - 1975)

„Der Gefangene des Kaukasus“ (1938): Choreographie Leonid Lawrowski, Musik Boris Assafjew

„Laurencia“ (1939): Choreographie W. Tschabukiani, Musik A. Krein.

In die Zeit vor 1939 gehört auch das Prokofjew-Ballett „Romeo und Julia“ (1938), das in Brünn zu einer kaum beachteten Uraufführung gelangte. Seinen Siegeszug über die Ballettbühnen der ganzen Welt trat das Werk 1940 an, nachdem es Leonid Lawrowsky in Leningrad zur ersten sowjetrussischen Aufführung gebracht hatte. Wiederum war es Galina Ulanowa, zusammen mit Konstantin Sergejew, die diesem Ballett zum Erfolg verhalf.

Was das sowjetrussische Ballett damals auszeichnete, war sein striktes, ja fast stures Festhalten am klassischen Tanz. Das Erbe der ehemaligen Marinskij-Schule blieb dem Land als eiserne Reserve für die Vervollkommnung dieses auch heute noch in Vollendung gebotenen Tanzstils. Durch Agrippina Waganowa, die große Pädagogin, wurden diese Erkenntnisse in einem der besten Pädagogikbücher, der „Grundlage des klassischen Tanzes“ festgehalten.

In den meisten europäischen Ländern spielte das Ballett in den Jahren zwischen den beiden Weltkriegen keine bedeutende Rolle. Es wurden zwar Ballette aufgeführt, größere Erfolge aber blieben aus. Einzig in Italien war es dem ungarischen Tänzer und Choreographen Aurel von Milloss (geb. 1906) zu verdanken, daß das Ballett überdurchschnittliches leistete. Mit Balanchines Übersiedlung nach Amerika begann sich das Schwergewicht auf die neue Welt zu verlagern. Es ist darum angezeigt, die Entwikklung des amerikanischen Balletts von seinen Anfängen um die Jahrhundertwende bis in die neueste Gegenwart gesondert zu behandeln.

Die Entwicklung des modernen Tanzes und Balletts in den USA

Da Amerika nicht zu den Kriegsschauplätzen des Zweiten Weltkriegs gehörte, konnte sich das Ballett, im Gegensatz zu Europa, auch in den Jahren zwischen 1939 und 1945 weiterentwickeln. Deshalb soll das amerikanische Ballettgeschehen im Zusammenhang, d. h. bis in unsere Zeit behandelt werden, ohne im Jahre 1939 eine Zäsur anzubringen.

George Balanchine war 1934 auf Einladung von Lincoln Kirstein als Leiter der neu gegründeten „School of American Ballet" nach New York gekommen, aus der später das „New York City Ballet" hervorgegangen ist. Hier ist also die umgekehrte Entwicklung zu beobachten: Nicht die Kompanie bestand zuerst, sondern die Schule. Die bekanntesten Ballette jener Zeit in Choreographien von Balanchine sind:

„Serenade" (1934): Musik P.I. Tschaikowsky
„Jeu de cartes" (1937): Musik Igor Strawinsky
„Concerto Barocco" (1940): Musik J.S. Bach
„Ballet Impérial" (1941): Musik P.I. Tschaikowsky
„Danses concertantes" (1944): Musik Igor Strawinsky
„Symphony in C" (auch „Palais de Cristal" genannt, 1947): Musik von G. Bizet

Zu den besten Balletten anderer Choreographen jener Kriegs- und Nachkriegsjahre zählen ferner „Pillar of Fire" 1942, Choreographie von Antony Tudor, Musik Arnold Schönberg, „Rodeo", ein Ballett typisch amerikanischer Thematik, Choreographie von Agnes de Mille, Musik von Aaron Copland. In Mexico City ist 1942 das Ballett „Aleko" mit Musik von Tschaikowsky in einer Choreographie von Massine uraufgeführt worden. Es wird deshalb erwähnt, weil Marc Chagall zu diesem Ballett meisterhafte Bühnenbilder und Kostüme entworfen hat.

Von späteren, meist in Amerika entstandenen Balletten von Balanchine sind besonders „Orpheus" (1948) mit Musik von Strawinsky, „Western Symphony" (1954), „Agon" (1957), Musik von Strawinsky, „Liebeslieder-Walzer" (1960), Musik J. Brahms, „Symphony in three Movements" und „Duo concertante", beide 1972 mit Musik von Strawinsky zu nennen.

Eng mit Balanchines „New York City Ballet" verbunden ist sein Assistent und später Kodirektor Jerome Robbins (geb. 1918), der zweifellos zu den stärksten Choreographenpersönlichkeiten der Gegenwart zählt. Seine bedeutendsten Ballette sind „Fancy Free" (1944), Musik L. Bernstein, „Age of Anxiety" (1950), Musik L. Bernstein, seine Nachschöpfung des „Nachmittag eines Fauns" (1953), mit der Musik von Debussy, „Dances at a Gathering" (1969), Musik nach Chopin und „Goldberg Variationen" (1971), Musik J.S. Bach. Einer breiten Öffentlichkeit ist Robbins besonders auch als Choreograph verschiedener Musicals bekannt geworden: Dazu gehören „Fiddler on the Roof" (1964) genauso wie „West Side Story", ebenfalls mit Musik von Bernstein (1957).

Es wurde bereits erwähnt, daß sowohl der Franzose François Delsarte, der Schweizer Emile Jaques-Dalcroze als natürlich auch die Amerikanerin Isadora Duncan und die Vertreter des „German Dance" Verdienste um den modernen Tanz für sich in Anspruch nehmen dürfen. Die gerade-

Ruth Saint Denis, die Pionierin des amerikanischen Modern Dance, ließ sich zu Beginn ihrer Laufbahn sehr stark von exotischen Bilddarstellungen beeinflussen. Zusammen mit ihrem Mann Ted Shawn gründete sie 1915 die Denishawn-Schule, welcher der Modern Dance wesentliche Impulse verdankt. (Postkarte aus dem Jahre 1907)

zu stürmische Entwicklung, die der moderne Tanz und mit ihm das Ballett in Nordamerika genommen hat, wäre jedoch nie möglich gewesen, wenn nicht eine Mary Wigman, ein Rudolf van Laban und andere den Boden vorbereitet hätten.

Eine überragende Gestalt des modernen Balletts in den USA war Ruth Saint Denis (1878–1968). Sie begann schon sehr jung instinktiv und inspiriert zu tanzen. Ein Plakat mit Zigarettenreklame regte sie zu einem rasch berühmt gewordenen ägyptischen Tanz an. Er stand am Anfang einer Reihe von Tänzen, in denen exotische, besonders fernöstliche Gestalten verkörpert werden sollten. Der Zuspruch des Publikums war so groß, daß Ruth Saint Denis bald ihre erste Europareise antreten konnte. Ihre Begegnungen mit dem amerikanischen Tänzer Ted Shawn im Jahre 1914 war von schicksalhafter Bedeutung für die Tänzerin, aber auch für den modernen Tanz. Die „mystische“ Tänzerin verband sich mit dem in erster Linie auf den Männertanz fixierten Tänzer. Aus einer Partnerschaft wurde eine Verbindung fürs Leben. Es entstand das unter dem Namen „Denishawn“ firmierende Unternehmen, das eine eigene Truppe und eine die Tänzer formende und ausbildende Schule umfaßte. Die Tätigkeit von „Denishawn“ reichte von 1915 bis 1931. Zahlreiche Reisen durch Amerika trugen zur Verbreitung der neuen Ideen bei, und bald schlossen sich die beiden kommenden Pionierinnen des modernen Tanzes amerikanischer Prägung, Doris Humphrey (1895–1958) und Martha Graham (1894–1991), „Denishawn“ an.

Von beiden Tänzerinnen, Choreographinnen und Pädagoginnen ist die Graham die in Europa bekanntere, vielleicht weil sie die stärkere der beiden Persönlichkeiten ist. Pädagogisch kommt beiden das gleich große Verdienst um eine Gestaltung des Modern Dance zu. Choreographisch darf der Graham ein Übergewicht zugebilligt werden.

Martha Graham war im Jahre 1911, nachdem sie in einer Vorstellung Ruth St. Denis gesehen hatte, fest entschlossen, Tänzerin zu werden. Sie schloß ihre Ausbildung an der Denishawn Schule mit einem Diplom ab und wurde 1919 Assistentin von Shawn und bedeutende Interpretin seiner Werke.

In der Denishawn Schule hat Martha Graham auch mit dem Pädagogen Louis Horst (1884 - 1964) Kontakt aufgenommen. Er war es, der sie erstmals auf den von Mary Wigman vertretenen Ausdruckstanz (den German Dance) aufmerksam machte. Martha Graham verstand es, die von Mary Wigman ausgehenden Impulse aufzunehmen und zu einem eigenen Stil zu gelangen.

Die von Martha Graham entwickelte Technik des Modern Dance beruht auf den Prinzipien „Contraction" (Zusammenziehen) und „Release" (Entspannung). Die Humphrey bezeichnete diese beiden Gegenpole der Bewegung mit „Fall" (Senken) und „Recovery" (Aufrichten). Größere Unterschiede zwischen den Auffassungen der beiden Pädagoginnen bestehen nicht. Wesentlich ist, daß beide auch für den Modern Dance eine gewisse Regelhaftigkeit gefordert und erreicht haben. Nicht übersehen werden darf auch, welche Bedeutung beide der Kontrolle des Atmens beimessen. Zahlreich sind die von Martha Graham choreographierten Werke; zu den bekanntesten zählen:

1931 „Primitive Mysteries" (Urmysterien)
1940 „Letter to the World" (Brief an die Welt)
1944 „Appalachian Spring" (Appalachischer Frühling), „Herodiade" mit Musik von Paul Hindemith
1946 „Dark Meadow" (Dunkle Wiese)
1947 „Night Journey" (Reise durch die Nacht)
1955 „Seraphic Dialogue" (Sapphisches Gespräch)
1962 „Legend of Judith" (Judith-Legende)

Martha Graham hat es verstanden, namhafte Komponisten für eine Zusammenarbeit zu gewinnen. So choreographierte sie u.a. auf Partituren von Copland, Hindemith, Barber, Menotti und Webern. Sie fand immer wieder die Zusammenarbeit mit begabten Bühnengestaltern, so daß viele ihrer Werke den Rahmen des Alltäglichen sprengten. Die von ihr gewählten Themen sind meist ungewöhnlich, doch psychologisch durchdacht.

Doris Humphrey ist in Europa als Choreographin weniger bekannt geworden. Sie hat die meisten ihrer Werke in Zusammenarbeit mit dem die Mimik stark betonenden Tänzer Charles Weidmann (1901 - 1975) geschaffen. Ihre Auffassung über Choreographie hat sie in dem Buch „The Art of Making Dances" veröffentlicht. Charles Weidmann, ebenfalls aus der Denishawn Schule hervorgegangen, verband achtzehn Jahre lang eine enge Zusammenarbeit mit Doris Humphrey, mit der er eine gemeinsame Truppe führte. Er unterschied sich von der Tänzerin dadurch, daß er in erster Linie ein Mann des Theaters war. So haben sich beide ergänzt bei dem Versuch, soziale Beziehungen im Ballett zur Darstellung zu bringen.

Zur gleichen Generation der Schöpfer und Wegbereiter des typisch amerikanischen Tanzes gehören auch José Limón (1908–1972), die deutsche Wigman-Schülerin Hanya Holm (1898–1992), Lester Horton (1906–1953), Erick Hawkins (1906) und Anna Sokolow (1912). Der Bedeutendste unter den Genannten ist wohl José Limón, ein gebürtiger Mexikaner. Er kam erst nach Abschluß eines Kunststudiums zum Tanz. Unter dem Einfluß seiner Lehrerin Humphrey erkannte er, daß er nicht seinem Vorbild Harald Kreutzberg nacheifern, sondern einen eigenen Stil des Ausdrucks finden müsse. Für die Pädagogik des Modern Dance ist er von nicht zu unterschätzender Bedeutung. Er unterrichtete auf meisterliche Art, und zahlreichen Schülern nützten seine pädagogischen Fähigkeiten.

Seine bekanntesten Werke sind „La Malinche" (1949), „The Moor's Pavane" (ein Othello-Ballett mit Musik von Henry Purcell) und „Carlota" (1972). Die Inhalte dieser Ballette wurden stets vom Geschehen in seiner mexikanischen Heimat beeinflußt. In der Nachfolge Limóns steht der 1942 geborene Louis Falco. Er versucht die Mitglieder seiner Truppe im Sinne eines natürlichen und selbstverständlichen Tanzens zu erziehen. Er hat es aber auch verstanden, die Einflüsse seiner Mitarbeiter zu assimilieren und so zu einem eigenen, persönlichen Stil zu finden. Nicht nur für seine Truppe hat Falco choreographiert, sondern auch für eine Reihe anderer Ensembles: für das Ballet Rambert, das Boston Ballet, das Nederlands Dans Theater und die Truppe von Alvin Ailey.

Zu einer anderen Richtung der amerikanischen Choreographie gehören Merce Cunningham, Paul Taylor und Alwin Nikolais. Ihr Einfluß auf die Entwicklung des neuen Balletts reicht weit über die Grenzen Amerikas hinaus. Merce Cunningham (geb. 1919) zeichnete sich dadurch aus, daß seine Bewegungen stets unvermittelt wirken, da sie auf den alltäglichen Bewegungen der Menschen basieren. Er betrachtet den Tanz als eng verbunden nicht nur mit der Musik sondern auch mit Geräuschen und akustischer Untermalung verschiedenster Art. Er arbeitete regelmäßig mit dem Komponisten John Cage (1912–1992) zusammen, bei der Gestaltung der Bühne mit dem Avantgardisten Robert Rauschenberg.

Ein Choreograph, der seinen eigenen Stil gefunden hat und sich trotzdem nicht wiederholt, ist der 1930 geborene Paul Taylor. Er gibt sich bald gemäßigt, fast traditionell, um bald darauf in wirklich avantgardistische Versuche vorzudringen. Was ihn auszeichnet, ist die ständige Präsenz des Tanzes, der Bewegung. Er verzichtet jedoch darauf, sich in irgendwelchen Bewegungen zu verlieren und diese vom Tanzen selbst zu isolieren.

Eine ganz besondere interessante Erscheinung ist Alwin Nikolais (geb. 1912). Er ist nicht nur ein erfindungsreicher Choreograph und Bewegungskünstler, sondern in erster Linie ein überragender Bühnengestalter. Dabei arbeitet er mit vielen auf den ersten Blick ballettfremden, ja ballettfeindlichen Medien. Seine Lichtregie aber gehört zum schönsten, was das mit dem Tanz verbundene Theater zu leisten vermag. Nikolais hat als einer der ersten auch die technischen Möglichkeiten des Films, des Fernsehens und des Video entdeckt und bei seinen Arbeiten magische Effekte zu erzielen gewußt. Unter seiner Anleitung und Führung vermag sich die Kreativität seiner Schüler hervorragend zu entwickeln. Er hat als Choreograph und Bühnengestalter einen eigenen, stark beachteten Stil gefunden.

Der amerikanische Tänzer und Pädagoge Merce Cunningham arbeitet seit 1952 mit einer eigenen Truppe. Auf dem Gebiet des avantgardistischen Balletts kommt ihm eine führende Rolle zu. Die Szenenbilder entstammen den Balletten „Locale" aus dem Jahre 1979 (oben) und „Channels/Inserts" (1981).

Im Kreis der heutigen Ballettgestalter in den Vereinigten Staaten vertritt Murray Louis (geb. 1926) die von Hanya Holm eingeführte, vom deutschen Ausdruckstanz beeinflußte Stilrichtung. Louis hat lange Zeit an der Seite von Nikolais gearbeitet, ja er darf in gewissem Sinn dessen Schüler genannt werden. Er zeichnet sich durch hohe Musikalität seiner Choreographien aus. Eines seiner jüngsten Ballette ist die „Strawinsky-Montage", 1982 an der Staatsoper Hamburg uraufgeführt.

In Europa, wo die amerikanische Tanzszene mit lebhaftem Interesse verfolgt wird, sind verständlicherweise in erster Linie jene Choreographen bekannt, die auf Europa-Gastspielen beobachtet werden können. Da ist einmal der Graham-Schüler John Butler (geb. 1920), der besonders in einer interessanten Fassung der „Carmina Burana" von Carl Orff und einem wunderschönen Pas de deux „After Eden" aufgefallen ist. Den 1926 geborenen Glen Tetley kannte man in Europa seit seiner Direktionszeit in Stuttgart, wo er eher glücklos die Nachfolge Crankos hätte sichern sollen. Sein „Sacre du printemps" steht in Stuttgart und auch in München noch immer auf den Spielplänen. Seine Version des gewaltigen Strawinsky-Balletts stellt, neben derjenigen von Béjart, eine der besten dar.

Der am meisten mit dem klassischen Tanz verbundene amerikanische Choreograph ist Lar Lubovitch (geb. 1945). Sein wahrscheinlich bestes Werk „The Time before the Timeafter" (Die Zeit vor der Zeit danach), hat Lubovitch 1972 nach einer Partitur von Strawinsky choreographiert. Er leitet ein eigenes Ensemble und ist auch als Gastchoreograph tätig.

Zu den interessantesten Erscheinungen des Balletts in Amerika gehört Alvin Ailey (1931–1990) mit den bekannten Choreographen „Feast of Ashes" (1962) und „The Road of Phoebe Snow" (1959), die für das Joffrey Ballet geschaffen wurden. Er wird in seinen choreographischen Arbeiten, die er mehrheitlich mit seiner eigenen Truppe ausführt, stark von den Eigenheiten der schwarzen Tänzer beeinflußt. Seine Tänzer zeichnen sich durch mitreißenden Schwung und rhythmische Kraft aus, die sich auf die Schöpfungen des Choreographen übertragen. Die andere berühmte, fast nur aus schwarzen Tänzern bestehende Gruppe ist „The Dance Theater of Harlem" unter der Leitung des ehemaligen Balanchine-Tänzers Arthur Mitchell (geb. 1934). Auch hier wird hinreißend getanzt, die Körperbeherrschung der Tänzer fasziniert das Publikum. Es wäre übrigens falsch anzunehmen, daß die Mitchell-Tänzer in erster Linie nach den ihnen nahestehenden Rhythmen zu tanzen vermögen. Sie sind auch auf dem Gebiet der Klassik wahre Meister.

In Frankreich ist unter den amerikanischen Choreographen in erster Linie Carolyn Carlson (geb. 1943) bekannt. Sie leitete längere Zeit die „Groupe de Recherches Théâtrales de l'Opéra de Paris" (Experimentelle Gruppe der Pariser Oper). Ihre Arbeit bildete einen seltsamen Gegensatz zur lange Zeit fast übertrieben konservativen Spielplangestaltung dieses Hauses.

Neben den Truppen der hier genannten Choreographen gibt es in Amerika eine fast unübersehbar große Zahl weiterer mit hohem tänzerischen Niveau. So darf Robert Joffrey (1930–1988) nicht vergessen werden. In seiner Kompanie begegneten sich Klassik und Moderne in selten glücklicher Ausgewogenheit. Auch Eliot Feld (geb. 1943), der verschiedentlich in Europa als Gastchoreograph hervorgetreten ist, hat einige Zeit eine eigene Kompanie geführt.

Selbst in der amerikanischen „Ballettprovinz" bestehen Truppen, die in bezug auf Größe und Leistungsfähigkeit mit den guten europäischen ohne weiteres verglichen werden können. Unter ihnen sind das vom Engländer Stevenson geführte „Houston Ballet" und das neuerdings von der ehemaligen Ballettdirektorin der Pariser Oper, Violette Verdy, geleitete Ballett der Hauptstadt Washington besonders erwähnenswert.

Hunderte von Schulen bilden Tausende von amerikanischen Schülern aus, die in Europa in den Ensembles das Gros der Tänzer stellen. Man muß zugeben, daß die Amerikaner uns Europäer auf dem Gebiet der Tänzerausbildung nicht nur eingeholt, sondern überholt haben. Die Frage ist nun, ob es in Europa gelingt, den besser ausgebildeten Amerikanern vermehrt gute europäische Tänzer zur Seite zu stellen. Wenn man nicht an den zuständigen Stellen einsieht, daß es in Deutschland darum geht, den zwei oder drei guten Berufsschulen nicht zuletzt finanziell das Rückgrat zu stärken, und daß zum Beispiel die Schweiz eine wirklich leistungsfähige Ballett-Berufsschule dringend braucht, so wird Ballett-Amerika unser Ballett-Europa mit Recht als eine Kette von Filialbetrieben ansehen dürfen. Die wenigen guten Schulen, und solche gibt es auch bei uns, bilden ihre Tänzer in erster Linie für den Eigenbedarf aus. Nicht nur London, Paris, Kopenhagen und Mailand aber brauchen Tänzer. Das europäische Ballett benötigt solche auch in Bern, in Graz, in Ulm, Bremen und Bonn!

Genealogie des Modern Dance deutsch-amerikanischer Richtung

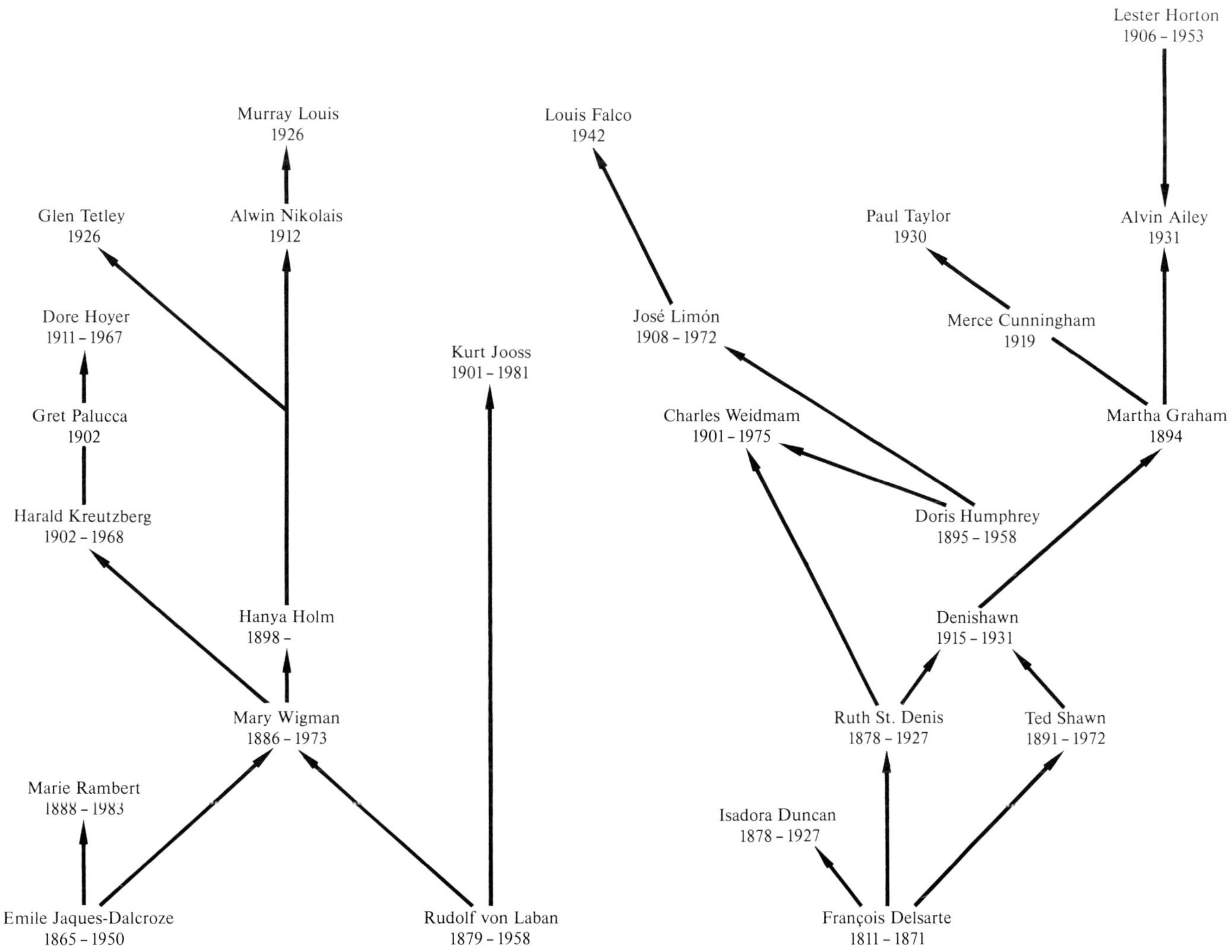

Alwin Nikolais, der vor seiner Tänzerausbildung als Klavier- und Puppenspieler arbeitete, gilt als Begründer eines neuartigen Tanztheaters. Abstrakte Formen, Farben und Muster, erzeugt durch raffinierte Lichtspiele und entsprechende Requisiten, machen seine Choreographien zum tänzerischen Totaltheater.
Szene aus dem Ballett „Guignol" („Die Gliederpuppe")

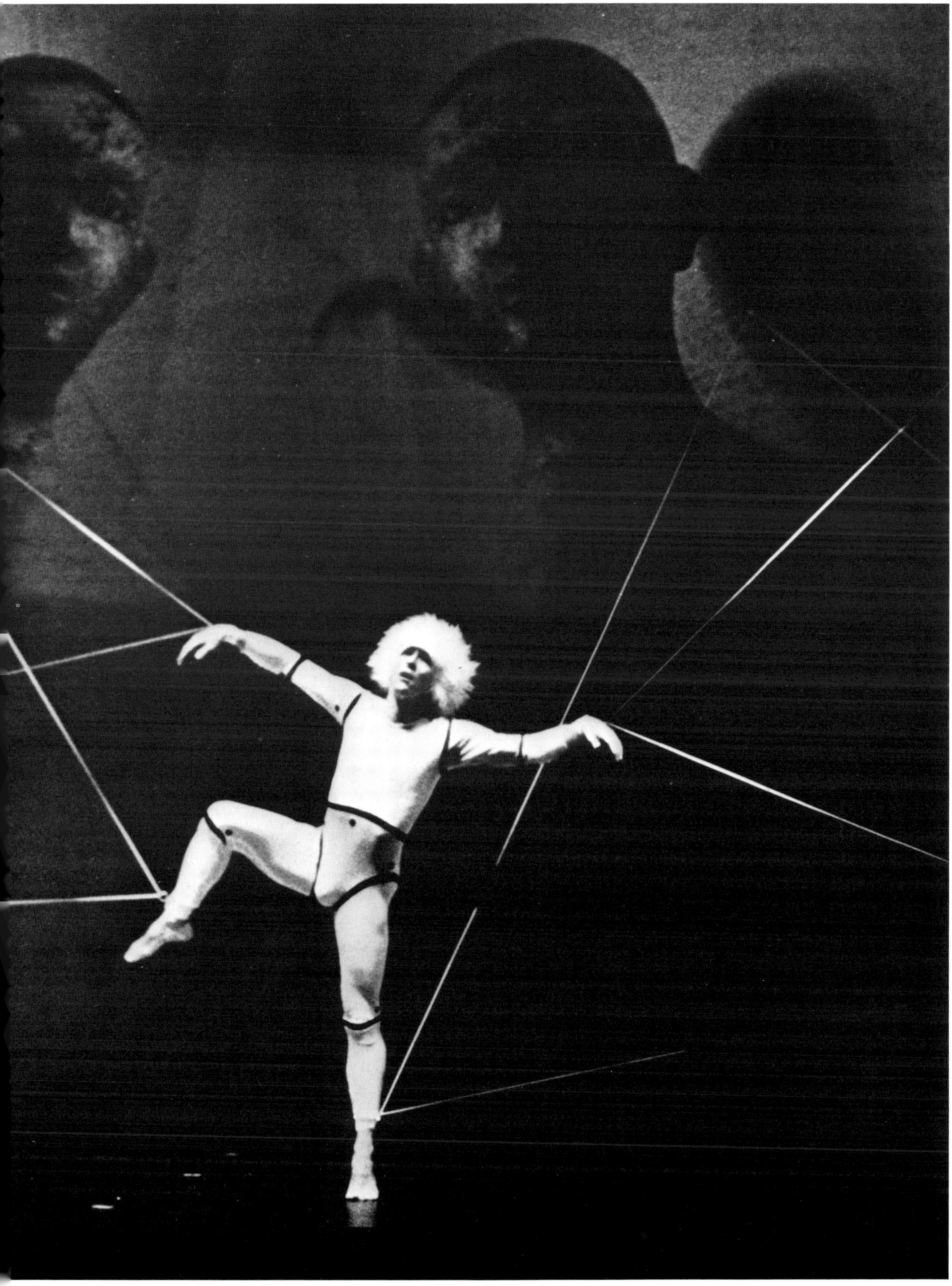

Ballett in unserer Zeit

Wenn das Gegenwartsballett einer Betrachtung unterzogen werden soll, so ergeben sich gewisse Schwierigkeiten: Selbst dem von Premiere zu Premiere reisenden Ballettomanen oder Kritiker ist es unmöglich, mehr als nur Ausschnitte aus dem Ballettschaffen der Gegenwart persönlich kennenzulernen. Der Chronist ist daher auch auf jene Informationen angewiesen, die er aus zweiter Hand bezieht und die oft subjektiv gefärbt sind. Das Ballettschaffen der Gegenwart läuft in gewissem Sinne im Zeitlupentempo vor uns ab. Erst die Zeit wird Spreu vom Weizen scheiden. Es ist zudem geboten, einen Choreographen nicht nur aufgrund eines einzelnen Werkes zu beurteilen. Gerade weil die Choreographie eine schöpferische Kunst ist, kann auch beim besten einmal ein Werk von geringerer Substanz sein. Umgekehrt gibt es Eintagsfliegen, die keine Rückschlüsse auf das Gesamtœuvre zulassen.

Was das moderne Ballett besonders auszeichnet, ist die als stur zu bezeichnende Anhängerschaft. Wenn sich die Tänzer ihrer Ballettschuhe entledigen und barfuß tanzen, so haben sie a priori ihre Freunde gewonnen. Wie sich solche Mitläuferschaft ins Groteske steigern kann, zeigt das Beispiel eines Wettbewerbs für Choreographie, bei dem in Spitzenschuhen antretende Tänzerinnen ausgepfiffen wurden, noch bevor sie nur einen Schritt ausgeführt hatten. Genauso getrübt ist das Urteil jener „Klassiker", die sich nur Ballett ansehen, das in der Technik und Stilistik eines Marius Petipa verharrt. So wird denn der ewige Kampf der beiden Anhängergruppen des Balletts erst dann enden oder wenigstens an Brisanz verlieren, wenn noch mehr Ballettfreunde zur Maxime kommen „das eine tun und das andere nicht lassen". Das wichtigste Kriterium scheint doch zu sein, daß *gutes Ballett* geboten wird. Welcher Stilmittel dieses sich bedient ist Nebensache.

Bei der Betrachtung des Ballettschaffens der Gegenwart muß dem Schreibenden ein eigenes subjektives Urteil zugestanden werden. Man wird vielleicht fragen, warum gerade dieser Choreograph erwähnt wird oder warum jenes Ballett ausgelassen wird. Aber wer vermag es hier schon jedem Leser recht zu machen?

Deutsches Sprachgebiet (Deutschland, Österreich, Schweiz)

Wenn hier Deutschland, Österreich und die Schweiz nicht zu den Ländern mit ausgesprochener Balletttradition gezählt werden, so bedarf dies einer Erklärung.

In der Zeit des Barock hat das Frankreich Ludwigs XIV. eine dominierende Rolle gespielt. Die übrigen europäischen Fürstenhöfe waren bemüht, es dem „Sonnenkönig" gleich zu tun und das Geistesleben und die Künste nach französischem Vorbild zu beeinflussen. Nun ist aber gerade das Ballett eine teure Kunst, die nur in einem absolutistisch regierten Land zur vollen Entfaltung kommen konnte. Kleine Fürsten waren in Gefahr, sich durch zu großen Aufwand finanziell zu ruinieren. Dies beweist das Schicksal des sehr bedeutenden Balletts des Herzog Karl

Reid Andersen und die Mitglieder des Balletts des Württembergischen Staatstheaters Stuttgart in Strawinskys „Sacre du printemps". Unter den zahlreichen Neuchoreographien gehört diejenige von Glen Tetley (unser Bild) zu den überzeugendsten.

Eugen von Württemberg: Er mußte das von Jean-Louis Noverre groß herausgestellte Ballettensemble von rund 60 Tänzern aus finanziellen Gründen wieder auflösen. Da nun Deutschland im 17., 18. und 19. Jahrhundert in zahlreiche kleine Füstenhöfe zerfiel, war nirgendwo genügend Geld vorhanden, um auf die Dauer mit den Höfen in Paris, Wien oder Sankt Petersburg konkurrieren zu können.

Es ist bezeichnend, daß von allen deutschsprachigen Städten Wien die größte und bekannteste Ballettvergangenheit zu verzeichnen hat. In der demokratisch regierten Schweiz hat das Ballett als typisch höfische Erscheinung ohnehin nur in der unmittelbaren Vergangenheit eine Rolle zu spielen vermocht.

Mit Ausnahme des zaristischen Rußland und Dänemarks war in ganz Europa in der zweiten Hälfte des 19. Jahrhunderts das Ballett vom Verfall bedroht. Die beiden großen „Ballettrevolutionen" zu Beginn unseres Jahrhunderts, ausgelöst von Isadora Duncan und Serge Diaghilew mit seinen „Ballets Russes", haben sich auf das deutsche Sprachgebiet recht unterschiedlich ausgewirkt: die Duncan im Übermaß, Diaghilew kaum feststellbar. Es hat doch den Anschein, als ob der streng geregelte, lineare und klare klassische Tanz wenigstens damals den deutsch-alemannischen Menschen weniger angesprochen hätte, als der mehr gefühlsbetonte, spontan ausgeführte und angeblich natürlichere Ausdruckstanz. Die von Diaghilew und seinen „Ballets Russes" ausgehende Idee des „Gesamtkunstwerks Ballett" hat sich im deutschen Theatergebiet nie richtig durchgesetzt. Wenn die „Ballets Russes" in Ausnahmefällen in Deutschland zu Erfolg kamen, so war dieser in erster Linie den großen Tänzern wie der Pawlowa zu verdanken.

Umso mehr ließ man sich durch den Ruf der Duncan „zurück zur Natürlichkeit und Kampf dem unnatürlichen Ballett" verleiten. Der aus der Duncan-Anklage hervorgehende Ausdruckstanz, in der Fachwelt auch „German Dance" genannt, hat in Deutschland, Österreich und auch in der Schweiz eine starke Verbreitung erfahren.

Wie sehr die Meinung bestand, der klassische Tanz und mit ihm das klassisch-romantische Ballett seien veraltet, geht schon aus der Tatsache hervor, daß die ersten Versuche, das hergebrachte Ballett nach dem Ende des Zweiten Weltkriegs wieder zu beleben, oft mit verächtlichem Spott quittiert wurden.

Von 1933 bis zum Ende des Zweiten Weltkriegs sind Deutschland und Österreich jeglicher künstlerischen Entwicklung beraubt gewesen. Nach Kriegsende blieb auch auf dem Gebiet des Balletts nur ein Trümmerhaufen. Es fehlte auf der ganzen Linie an Choreographen, Ballettmeistern, Pädagogen, Schulen und Tänzernachwuchs. Ein erster ernsthafter Versuch zur Wiederbelebung des Balletts in Deutschland verlief im Sande: Das von dem kürzlich verstorbenen Werner Egk komponierte und von Marcel Luipart choreographierte Faustballett „Abraxas" wurde 1948 nach wenigen Aufführungen vom Spielplan der Münchner Oper abgesetzt, weil es als anstößig galt. Erst in einer Neufassung der französischen Choreographin Janine Charrat wurde es 1949 zu einem in ganz Deutschland bejubelten Großerfolg. „Abraxas" darf als Fanal zu einer Auferstehung des Balletts in Deutschland, ja im ganzen deutschen Sprachgebiet bezeichnet werden.

Für Egon Madsen, Richard Cragun, Marcia Haydée und Birgit Keil (von links nach rechts) hat John Cranko seine „Initialen" nach der Musik des 2. Klavierkonzerts von Johannes Brahms choreographiert. Er hat so seinen vier großen Tänzern des Stuttgarter Balletts ein bleibendes Denkmal gesetzt.

Ein weiterer Beitrag zur Ballettrenaissance ist dem Exilrussen Wazlaw Orlikowsky zu verdanken. Schon etwas früher hatte Boris Pilato zaghafte Versuche unternommen, große Handlungsballette in Deutschland auf die Bühne zu bringen. Aber es war Orlikowsky, der, zuerst mit seinem Russischen Ballett in München, dann in Oberhausen und ab 1955 schließlich in Basel, die großen klassisch-romantischen Handlungsballette fast ungekürzt auf die Bühnen brachte.

Auch der Lettländer Nicholas Beriozoff hat mit den Einstudierungen der großen Handlungsballette, zuerst in Stuttgart, später in Zürich, eine solide Grundlage für das Ballettverständnis des Publikums und der Theaterdirektoren geschaffen. Es bedurfte jedoch der Persönlichkeit eines John Cranko (1927–1973), um in Deutschland ein andauerndes Gedeihen des Balletts zu erreichen. Das von ihm als Leiter des Württembergischen Staatsballetts (ab 1961) geschaffene „Stuttgarter Ballettwunder" wirkte zündend auf andere deutsche Städte. Nicht unerwähnt bleiben dürfen die Verdienste des damaligen Stuttgarter Intendanten Walter Erich Schäfer, der den Anforderungen Crankos mit großem Verständnis und Einfühlungsvermögen entgegenkam. Jeder Intendant versuchte, seinen Cranko zu finden. Und keiner hat einen zweiten Choreographen dieses, damals von der deutschen Kritik oft in Frage gestellten Formats finden können. So ist denn der Fall Cranko in der Geschichte des deutschen Balletts einmalig geblieben. Das heißt nun freilich nicht, daß nicht auch außerhalb Stuttgarts hervorragende Arbeit geleistet worden wäre und noch immer geleistet wird. Zu nennen ist etwa

Johann Sebastian Bachs „Matthäuspassion" in der Choreographie von John Neumeier wurde 1981 im Rahmen der VII. Hamburger Ballett-Tage uraufgeführt. Das gewagte Unternehmen war mit vielen Vorschußlorbeeren aber auch mit großer Skepsis bedacht worden – es wurde zu einem eindringlichen Balletterlebnis.
Das Szenenbild zeigt Max Midinet und Ronald Darden mit dem Ensemble der Hamburgischen Staatsoper.

die Tätigkeit des Choreographen Erich Walter (1927–1983) zuerst in Wuppertal, später in Düsseldorf. Er kam ursprünglich vom freien Tanz her, wendete sich aber der tänzerischen Klassik zu.

Heute stehen zweifellos John Neumeier in Hamburg und William Forsythe in Frankfurt im Vordergrund des Interesses und des Erfolgs. Beide sind aus der Choreographenschulung in Stuttgart hervorgegangen. Sie erzielten erstes Aufsehen dank der Matineen der Noverre-Gesellschaft. Neumeier begann als Ballettdirektor in Frankfurt, siedelte aber nach wenigen Jahren in gleicher Funktion nach Hamburg über. Er hat dort wie schon in Frankfurt ein umfangreiches Repertoire erarbeitet. Auch Forsythe begann in Frankfurt. Er arbeitet wie auch Neumeier auf der Basis eines erweiterten klassischen Tanzes, ohne jedoch die Moderne zu verleugnen.

Nach dem Tod Crankos übernahm zuerst der Amerikaner Glen Tetley die Leitung des Stuttgarter Balletts. Zu einer eigentlichen Arbeitsgemeinschaft kam es jedoch kaum, und Tetley schied nach zwei Jahren wieder aus, um freischaffend zu arbeiten. Auf ihn folgte die Brasilianerin Marcia Haydée, die Stuttgarter Ballerina. Sie hat es dank ihrer auch darstellerisch überragenden Fähigkeit verstanden, das Stuttgarter Ballett erfolgreich zu führen.

Von den großen deutschen Kompanien hat das heute Bayerisches Staatsballett genannte Münchner Ensemble wechselhafte Erfolge aufzuweisen gehabt. Erst seitdem die ehemalige Münchner Spitzenballerina Konstanze Vernon die Ballettführung inne hat, ist Ruhe eingekehrt.

In Düsseldorf übernahm der Schweizer Heinz Spoerli die Ballettdirektion der Deutschen Oper am Rhein. Es ist wohl noch zu früh festzustellen, ob die gegenüber Basel großzügigeren Verhältnisse seinem choreographischen Schaffen neuen Auftrieb ermöglichen.

In aller Stille leitet der Spanier Germinal Casado in Karlsruhe das Ballett am Badischen Staatstheater. Der ehemalige Premier von Béjarts „Ballet du XXe siècle“ ist sowohl Choreograph als auch ein Ausstatter von seltenem gutem Geschmack.

In Berlin haben sich die Verhältnisse seit der Wiedervereinigung stark geändert. Die Stadt verfügt heute über drei große Kompanien: jene der Deutschen Oper, der Staatsoper und das Ensemble der Komischen Oper. Es wird sich zeigen, ob der auf Tatjana Gsovsky und Gert Reinholm an der Deutschen Oper folgende Däne Peter Schaufuss neuerdings fähig ist, der Konkurrenz der beiden andern Bühnen etwas Gleichwertiges zur Seite zu stellen. An der Staatsoper hat der ehemalige Danseur Etoile der Pariser Oper, Michel Denard, die Leitung. Die Komische Oper ist in Händen des auch choreographisch erfolgreich hervorgetretenen Tom Schilling.

Die Überwindung der innerdeutschen Grenze bedeutete auch, daß nun Tänzer und Choreographen im zuvor jeweils anderen Teil Deutschlands tätig werden können. Das hat beiderseits die Konkurrenzverhältnisse verschärft. Die latente Krise vieler deutscher Theater hat zudem zu personellen Einschränkungen geführt. In Leipzig, der neben Berlin bedeutendsten Ballettbühne der ehemaligen DDR, hat der frühere Zürcher Ballettdirektor Uwe Scholz (auch er ein ehemaliger Stuttgarter) die Ballettleitung übernommen.

Szenenfoto aus dem Ballett „Kontakthof“ von Pina Bausch, Bühnenbild Rolf Borzik; Wuppertaler Tanztheater, 1978. Kennzeichnend für Pina Bauschs Bühnenwerke ist der ständige Wechsel von Ausgelassenheit und Trauer, roher Gewalt und Zärtlichkeit, der die choreographische Einheit erschwert. Über die Grundlage ihrer Arbeit sagte die Künstlerin: „Was ich tu': ich gucke. Vielleicht ist es das. Ich habe immer nur Menschen beguckt. Ich habe immer nur menschliche Beziehungen gesehen oder versucht, sie zu sehen und darüber zu sprechen. Das ist, wofür ich mich interessiere.“ (Raimund Hoghe: Pina Bausch, 1986)

In Deutschland spielt das auf den Ausdruckstanz zurückgehende Tanztheater eine bedeutende Rolle. Dessen profilierteste Vertreterin ist zweifellos Pina Bausch in Wuppertal. Sie ging aus der einst dem deutschen Choreographen Kurt Jooss nahestehenden Folkwangschule in Essen hervor. Der Hang, persönlich anmutende Probleme auf die Bühne zu bringen, stößt sowohl auf Zustimmung als auch auf heftige Ablehnung. Sie und andere Choreographinnen ihrer Richtung, wie etwa Susanne Linke, pflegen einen Stil, der oft eher den Namen Bewegungstheater statt Tanztheater verdienen würde. Am konsequentesten ist zweifellos der Österreicher Hans Kresnik in Bremen, der seine bisweilen hart an die Grenzen des Horrors gehenden Produktionen „Choreographisches Theater“ nennt.

Eine wechselhafte Entwicklung erlebte das Ballett in Bonn. Der als Tänzer einst vorteilhaft in Erscheinung getretene Peter van Dyck verharrte in einer gekonnten, aber etwas verstaubten Klassikerpflege. Sein Nachfolger Youri Vamos blieb zu kurz, um eine wirkliche Aufbauarbeit leisten zu können. Nach Vamos' Weggang nach Basel als Nachfolger von Heinz Spoerli übernahm der aus Rußland stammende Valeri Panov die Funktion eines Ballettleiters in Bonn. Er kann sich dabei auf die Zusammenarbeit mit seiner Gattin, der ausgezeichneten Ballerina Galina Panova, stützen.

In Dresden liegt beim Musiktheater der Schwerpunkt traditionell auf der Oper. Das unter Leitung von Johannes Böning stehende Ballett spielt auch heute eine untergeordnete Rolle. In Hannover arbeitet als Ballettchef seit Jahren Lothar Höfgen, der an seinen einstigen Karlsruher Erfolg mit „Polymorphya“, Musik Krzyszof Penederecki, kaum mehr anzuknüpfen verstand. In Essen versteht es die ehemalige ausgezeichnete Tänzerin Heidrum Schwaarz immer wieder durch interessante Programme aufzufallen und so Essen in den Genuß eines überdurchschnittlichen Balletts kommen zu lassen.

Zu den erwähnenswerten deutschen Ballettkompanien gehört schließlich Wiesbaden. Auf den Schweizer Pierre Wyss ist hier der Belgier Ben van Cauwenbergh gefolgt. Heute schon zeichnet sich eine bemerkenswerte Entwicklung ab. Eher unterschiedlich ist sodann das dem neueren Tanz, nicht aber dem Tanztheater zugewandte Tanzforum in Köln zu beurteilen. Neben Sehenswertem bietet das Programm immer wieder Ballett, das beim Publikum nicht unbedingt Begeisterung auslöst.

Das Bild des deutschen Tanzes und des Balletts ist durch die alljährlich in Köln abgehaltene „Internationale Sommerakademie des Tanzes“ zu ergänzen. Sie dient als Treffpunkt vieler einheimischer und auswärtiger Tänzerinnen und Tänzer.

Einen erfreulichen Schritt vorwärts können die deutschen Ballettschulen zur beruflichen Tänzerausbildung verzeichnen. Neben den Staatlichen Musikhochschulen in Essen, Frankfurt, Hannover, Heidelberg-Mannheim und Köln sind es besonders die Staatliche Ballettberufsschule Berlin, diejenige der Hamburgischen Staatsoper, jene der Heinz-Bols-Stiftung in München und die John-Cranko-Schule in Stuttgart, die einen so guten Ruf besitzen, daß sie vielfach auch von Ausländern besucht werden. Für Tanzstudierende aus Deutschland würden wohl die am besten ausgewiesenen Schulen in Berlin, Hamburg, München und Stuttgart genügen, um den Anteil deutscher Tänzer an den deutschen Theatern etwas zu erhöhen. Es soll nicht unerwähnt bleiben, daß es außer den genannten Instituten auch einige wenige privaten Charakters gibt, die einsatzfähige Tänzer heranzubilden vermögen.

Die Betrachtung des Balletts in Deutschland zeigt allerdings auch, daß sich krisenhafte Zustände materieller Art abzeichnen. Sie lassen die Zukunft des Balletts als ungewiß erscheinen. Vor allem die kleinen Theater müssen um den Erhalt ihres Balletts kämpfen.

In Österreich konzentriert sich das künstlerische Leben seit jeher stark auf die Hauptstadt Wien. Die Bedeutung Wiens als Ballettstadt ist allerdings etwas verblaßt. Einzig der ungarisch-italienische Choreograph Aurel von Milloss verstand es, die Augen der Ballettomanen vermehrt auf Wien zu lenken. Einen kräftigen Aufschwung war dem früheren Basler Ballettleiter Wazlaw Orlikowsky von 1966 bis 1971 zu verdanken gewesen. Mochten auch die Freunde modernen Balletts nicht auf ihre Kosten kommen, so erzielte der Choreograph doch mit seinen Klassikern vorher kaum festzustellende Erfolge. Orlikowskys Nachfolger, der Journalist Gerhard Brunner, schlug ins Gegenteil um, und er enttäuschte so jene, die neuerem Ballett ablehnend gegenüberstanden. Die auf Brunner folgende Russin Elena Tschernitschowa war kaum in der Lage, in Wien größere Ballettbegeisterung zu entfachen. Ab Herbst 1993 liegt die Leitung des Balletts an der Staatsoper bei Anne Woolliams. Sie ist nicht selbst Choreographin und wird daher mit Gästen auskommen müssen. Sie kann sich dabei unter anderm auf das Repertoire von Cranko stützen, das sie seinerzeit teilweise in Zusammenarbeit mit dem Choreographen mitgestaltet hat.

Dank dem von Wien nach Graz verpflichteten Wazlaw Orlikowsky wurde die Hauptstadt der Steiermark rasch eine Ballettstadt von Bedeutung. Als dort der ehemalige Wiener Ballettdirektor Brunner die Intendanz übernahm, wurden die Gegensätze zu Orlikowsky so ausgeprägt, daß sich ein Wechsel nicht mehr vermeiden ließ, und der Choreograph wandte sich erfolgreich dem Choreographieren und Inszenieren, auch von Opern, in Zagreb und Maribor zu. Was im übrigen in Österreich an Ballett geboten wird, bleibt in bescheidenem Rahmen.

Die eher puritanisch, ja pietistisch anmutende deutsche Schweiz ist nie ein Ballettland gewesen. Was noch in der ersten Hälfte unseres Jahrhunderts in der Basler Presse über Ballett berichtet wurde, wirkt heute erheiternd. Im Anschluß an ein Gastspiel der berühmten Anna Pawlowa 1928 in Basel war zu lesen: „Wir glaubten den ganzen Zauber (gemeint ist der klassische Tanz) längst im Theatermuseum. Nur in der (Pariser) Grand Opéra und im Variété könnte man verspäteten Nachzüglern begegnen, aber auch sie durch Girls und Niggers auf den Aussterbeetat gebracht.“ Als 1922 die „Josephslegende“, wohl in erster Linie der Musik von Richard Strauss wegen, zur Basler Aufführung gelangte, war man auf einen Notbehelf angewiesen: „Da Basel kein Ballett besitzt, wurden die Damen des Theaterchors und die Herren des Bürger-Turnvereins eingesetzt, wobei sich die Letzteren besser schlugen als die Chordamen.“ Dies zur Erläuterung dessen, was Ballett in der Schweiz zur Zeit der Hochblüte der „Ballets russes“ bedeutete! In den beiden größten Städten Zürich und Basel vegetierte das Ballett mehr als daß es florierte.

Die Verhältnisse im Bereich des Balletts haben sich in der deutschsprachigen Schweiz um 1960 dank Wazlaw Orlikowsky in Basel und Nikolas Beriozoff in Zürich wesentlich verändert. Im Vordergrund des Publikumsinteresses standen die großen Handlungsballette. Besonders Orlikowsky verstand es, den Spielplan durch Werke seiner russischen Heimat zu erweitern. So kam es zur mitteleuropäischen Erstaufführung der „Steinernen Blume“ (Musik Serge Prokofjew) und der „Fontäne von Bachtschissaray“ (Musik Boris Assafjew). Nach einigen für das Ballett nichtssagenden Jahren folgten die 18 Jahre, während denen der Basler Heinz Spoerli das Ballett erneut zum Publikumsliebling zu machen verstand. Nach dem Aufbau eines vielseitigen Spielplans, meist mit eigenen Choreographien, wechselte Spoerli am Ende der Spielzeit 1989/90 nach Düsseldorf. Neu kam für ihn der Ungar Youri Vamos, der aus dem vorher aufgebauten Repertoire seiner Handlungsballette auf der Basis des klassischen Tanzes schöpfen kann.

Nach dem Weggang von Nicholas Beriozoff folgten in Zürich mehrere jüngere Choreographen, von welchen einzig der ehemalige Ballettdirektor der Pariser Oper, Michel Desombey, zu interessieren vermochte. Das an die Klassik gewöhnte Zürcher Publikum hatte freilich einige Mühe, sich an seinen stark vom Modern Dance beeinflußten Stil zu gewöhnen. Ein Wagnis war es, den noch sehr jungen, in der Leitung eines größeren Ensemble unerfahrenen Uwe Scholz mit der Leitung des Balletts zu beauftragen. Der aus der Stuttgarter Schule Hervorgegangene blieb nicht erfolglos, wechselte aber, bevor seine weitere Entwicklung erkennbar

Eva Evdokimova, Ex-Ballerina der Deutschen Oper Berlin und internationale Gastballerina, verkörpert den Typus der streng klassischen Tänzerin mit romantisch-ätherischer Ausstrahlung.

wurde, nach Leipzig über. Neuerdings ist der Österreicher Bernd Roger Bienert Zürcher Ballettleiter. Er ist in gewissem Sinn ein Modellfall: Sieht man sich etwa die einst an der Wiener Staatsoper choreographierten Tänze in Mussorgskys Oper „Chowanschtschina" an, so ist man von seinem Talent überzeugt. Bei größeren Aufgaben stößt Bienert einstweilen an seine von der Kritik wie dem Publikum festgestellten Grenzen.

An den übrigen Bühnen der deutschsprachigen Schweiz, in Bern (François Klaus), in Luzern (Thorsten Kreissig) und in St. Gallen (Marianne Fuchs) sind die Verhältnisse so, daß einer positiven Entwicklung die allzu bescheidenen Verhältnisse entgegenstehen.

In der französischen Schweiz besitzt einzig Genf ein staatlich gefördertes Ensemble. Es steht unter der Führung von Gradimir Pankow, der nicht selbst choreographiert, sondern Gäste verpflichtet. Das früher in Brüssel ansässige „Ballet du XXe siècle" von Béjart hat seinen Sitz vor einiger Zeit als „Béjart Ballet" nach Lausanne verlegt. Neuerdings erfolgte eine starke Reduktion der Zahl der Tänzer, und das neue Ensemble erhielt den Namen „Rudra Ballet". Wie sich diese Veränderung in künstlerischer Hinsicht auswirken wird, läßt sich noch nicht beurteilen. Es fällt auf, daß Béjart in letzter Zeit auch in Berlin und Stuttgart als Choreograph tätig ist.

Doch zurück zur Schweiz. Auch in diesem Land gibt es gewisse Konflikte zwischen den staatlich regelmäßig subventionierten Ensembles und den Freien. Unter den Letzteren finden sich, nicht nur zum Vorteil des Bühnentanzes, nur wenig sehr positiv zu bewertende Ensemble. An ihrer Spitze dürfte das in La-Chaux-de-Fonds beheimatete Sinopia-Ensemble des ehemaligen Béjart-Tänzers Etienne Frey stehen.

Frankreich

In Frankreich ist bekanntlich alles Geschehen auf die Hauptstadt Paris ausgerichtet. Es zählt auf fast allen Gebieten nur das, was sich dort bewährt und durchgesetzt hat. Ganz besonders trifft dies, allen Dezentralisationsbestrebungen zum Trotz, auf das Gebiet des Theaters zu. Das Ballett der Pariser Oper, das tatsächlich lange Zeit für ganz Europa maßgebend war, steht darum noch immer im Mittelpunkt des französischen Ballettinteresses. In der Hauptstadt gibt es und gab es immer eine Anzahl von Ballettkompanien, die mit Recht von sich reden machten.

In erstaunlich kurzer Zeit sind gleich nach Kriegsende außerhalb der Oper Anzeichen einer wieder auflebenden Ballettpflege festzustellen gewesen. Es war ein an der Oper großgewordener Tänzer, Roland Petit (geb. 1924), der für Aufsehen außerhalb seines Stammhauses sorgte. Petit hatte die Oper schon 1944 verlassen und trat an den damals von Irène Lidova, der Gattin des bekannten Ballettphotographen Serge Lido, ins Leben gerufenen „Soirées de la Danse" (Tanzabende) im Théâtre Sarah Bernhardt auf. Bereits 1945 gründete er seine eigene Kompanie, die Ballets des Champs-Elysées, später Ballets de Paris genannt, mit welchen er bald erstaunliche Erfolge zu erzielen vermochte. Janine Charrat, die sich durch ihre Neuchoreographie des Egkschen „Abraxas" bleibende Verdienste um die Neubelebung des deutschen Balletts erworben hat,

Unter den modernen Choreographen begeistert Maurice Béjart immer wieder durch seinen unerschöpflichen Erfindungsreichtum. Zu seinen großartigen Leistungen gehört die Neuchoreographie des Strawinskyschen „Sacre du printemps", hier dargeboten vom „Ballett du XXe siècle" mit Patrice Touron.

Maurice Béjarts choreographische Fassung der 9. Sinfonie von Beethoven (unser Bild) hat unter den Musikfreunden nicht nur Zustimmung gefunden. Die Ballettanhänger hingegen begeisterte er durch seine kühne Choreographie. Wie in vielen anderen seiner „Grands spectacles“ hat es Béjart auch hier verstanden, dem Ballett durch gekonnte Beleuchtung und Dekoration eine besondere Atmosphäre zu verleihen.

Mehr und mehr entwickelt sich das alte Petipa-Ballett „Don Quijote“ zu einem der beliebtesten und erfolgreichsten Handlungsballette des 19. Jahrhunderts. Auch das unter der Leitung von Konstanze Vernon stehende Bayerische Staatsballett hat sich des Werkes angenommen und eine sehenswerte Wiedergabe geschaffen. Das Szenenfoto zeigt Christina McDermott und Jan Broeck als Kitri und Basil.

„Onegin“, Ballett in drei Akten, Libretto und Choreographie John Cranko (1927–1973), Musik P. I. Tschaikowsky, arrangiert durch K. H. Stolze. Uraufführung Stuttgart 1965. In dieser Ensembleszene ist die Huldigung an den Choreographen Marius Petipa (1818–1910) unverkennbar. Mit „Onegin“ erwies sich Cranko als der große Erneuerer des abendfüllenden Handlungsballetts. „Onegin“ ist auch eine Verneigung vor dem russischen Dichter Alexander Puschkin (1799–1837).

trat Petits Truppe bei. Irene Skorik, Nathalie Philippart, Violette Verdy, Petits spätere Gattin Zizi Jeanmaire und der Tänzer Jean Babilée schlossen sich ebenfalls an. Der hochbegabte Dekorateur Christian Bérard und der frühere Diaghilew-Mitarbeiter Boris Kochno (1904–1991) stellten sich zur Verfügung. So entstanden in den ersten Nachkriegsjahren bei Petit die folgenden Ballette: „Les Forains“ (Die Schausteller), Musik Henri Sauguet (1945), „Les Amours de Jupiter“, Musik Jacques Ibert (1946), „Le jeune homme et la mort“, Musik nach J. S. Bach (1946), „Les Demoiselles de la Nuit“, Musik Jean Françaix (1948), „Carmen“, Musik nach Bizet (1949), „Le Loup“, Musik H. Dutilleux (1953).

Petit, ein eingefleischter „Schowman“, erzielte mit seiner zum Revuestar aufgestiegenen Frau Zizi Jeanmaire beachtliche Erfolge an den Pariser Revuetheatern. In späteren Jahren – Petit steht seit einiger Zeit dem staatlichen Ballett in Marseille vor – trat er hervor mit „Notre-Dame de Paris“, Musik von Jarre (1965), „La Rose malade“, Musik G. Mahler (1973), und seinen Neufassungen der Klassiker, etwa „Coppelia“ oder „Nußknacker“. Zusammen mit Maurice Béjart gehört er noch immer zu den großen Choreographen Frankreichs.

Roland Petits „Les Amours de Franz“ (Schubert) zeigte den Choreographen 1982 auf der Höhe seiner Schaffenskraft. Unter seiner Leitung entstand in Marseille die zweite nationale Ballettschule Frankreichs. Neben Petit, und gleichzeitig mit ihm groß geworden, ist Janine Charrat zu nennen. „Adame miroir“, Musik Darius Milhaud (1945), „Le Massacre des Amazones“ (1951), „Concerto“, Musik Grieg (1951), und „Les Algues“ (1953) machten sie zu einer gefragten Choreographin. Nach einem schweren Unfall während einer Bühnenprobe, bei dem sie ähnlich wie einst Emma Livry schwere Brandwunden davontrug, ist es um sie ziemlich still geworden.

Die überragendste Figur des französischen Balletts ist zweifellos der 1928 in Marseille geborene Maurice Béjart. Schon sein Vater, Gaston Berger, verzeichnete eine außerordentliche Karriere. Er stieg vom einfachen Kaufmann zum Professor der Philosophie und zum geistigen Führer des kulturellen Nachkriegs-Frankreich auf. Béjart fühlte sich schon früh vom Theater angezogen. Er gehört zu jenen zahlreichen Fällen, wo der Arzt zur Förderung einer schwächlichen Konstitution zum Ballettunterricht rät. Und Béjart blieb dem Ballett treu! Es sollten jedoch einige Jahre vergehen, bis nach zaghaften choreographischen Versuchen sich die ersten Erfolge einstellten. Der Durchbruch gelang Béjart mit seiner „Symphonie pour un homme seul“ (Sinfonie eines einsamen Menschen) 1955 und mit „Haut voltage“ (Hochspannung) ein Jahr später. Béjarts Werk ist außergewöhnlich umfangreich, zu seinen besten Balletten gehören sicher „Orphée“ (1958), die Neufassung des „Sacre du printemps“, die sich von der Vorlage des Originals völlig löst (1959), und „Boléro“ (1960), mit dessen Neuchoreographie die geniale Musik Ravels erstmals eine angemessene Lösung fand.

Béjart wandte sich auch der Inszenierung zu. Mit seiner „Lustigen Witwe“ überwarf er sich allerdings mit den Erben des Komponisten Lehár, da seine Neufassung deutlich politische Hintergründe hat. Auch in seiner Neufassung des Strawinsky-Balletts „Feuervogel“ (1970) war die politische Aussage deutlich zu erkennen.

Gegenüberliegende Seite: Szenenefoto aus „Amaterasu“ (Strahlende Sonne), Ballett in 2 Akten, Choreographie und Ausstattung Germinal Casado, traditionelle japanische Musik. Uraufführung 1988 am Badischen Staatstheater Karlsruhe. Die Darsteller sind Florentina Cristalli, Tadeusz Matacz und Bernhard Majcen. Casado, jahrelang Erster Solist und Ausstatter bei Béjarts „Ballet du xxe siècle“, leitet das Karlsruher Ballett seit 16 Jahren und zeichnet sich immer wieder durch seinen Ideenreichtum und den erlesenen Geschmack seiner Ausstattungen aus. Eine Eigenart des Choreographen: Er verzichtet auf den Einsatz eines Orchesters und stellt seine Musik durch raffinierte Kombinationen von Tonbandmaterial zusammen.

Szenenfoto aus „Frida Kahlo“, Choreographie und Inszenierung Johannes Kresnik, Musik Kurt Schwersik, Raumkonzeption Penelope Wehrli, Bremen 1992. Die Aufnahme zeigt Amy Coleman und Henri Bailey.
In der Mitte zwischen Ballett und Tanztheater steht der Österreicher Kresnik. Er nennt seine Werke „Choreographisches Theater“ und nähert sich dem „Horror-Ballett“ in nicht von allen geschätzter, andererseits stark beachteter Art.

Szenenfoto aus „Impressing the Czar“, Ballett Frankfurt 1988, Choreographie William Forsythe, Musik von Ludwig van Beethoven, Thom Willems, Leslie Stuck und Eva Crossman-Hecht, Bühnenbild Michael Simon, Kostüme Férial Simon.
Die Abbildung zeigt eine Situation aus dem ersten Teil „Potemkins Unterschrift“. Die vier weiteren Teile des Balletts sind betitelt: „In the Middle, Somewhat Elevated“, „Le Maison de Mezzo-Prezzo“, „Bongo Bongo Nageela“ und „Mr Pnut goes to the Big Top“.

Wie John Neumeier und Jiři Kylián ist auch Forsythe aus der von Cranko begründeten Stuttgarter „Choreographenschule“ hervorgegangen. Er hat in Frankfurt eine beachtliche Selbständigkeit und eine Loslösung von der Oper erreichen können. Forsythe leugnet in seinen Choreographien trotz aller Modernität und des konsequenten Verzichts auf das traditionelle Handlungsballett nicht seine Verbundenheit mit dem klassischen Tanz.

Szenenfoto aus „Jason et Médée“ (Jason und Medea), Choreographie nach Jean-Georges Noverre von Ivo Cramer, Musik Jean-Joseph Rudolph, Ausstattung nach dem Original von Dominique Delouche. Wiedergabe nach der Stuttgarter Fassung von 1763 durch die „Ballets du Rhin“ (Straßburg-Mülhausen) unter der Leitung von Jean-Paul Gravier.
Die Inszenierung ist ein nachahmenswertes Beispiel für die Wiederbelebung eines die europäische Ballettgeschichte prägenden historischen Balletts.

Jiři Kylián, wie John Neumeier und William Forsythe vom Stuttgarter Ballett herkommend, hat es verstanden, das Nederlands Dans Theater zu einem der führenden europäischen Ballettensemble zu erheben. Kylián überrascht immer wieder durch seine scheinbar unerschöpfliche Gabe, die Musik erschöpfend auszuwerten. Er besitzt auch eine organisatorisch-soziale Gabe. So gliederte er seine Kompanie sowohl eine Juniorentruppe als auch eine für Tänzer an, die dem Ende der Karriere entgegengehen.

Die beiden links abgebildeten Szenenfotos stammen aus zwei Arbeiten Kyliáns mit dem Nederlands Dans Theater.
Oben: „Falling Angels“ aus dem Jahr 1989, Musik Steve Reich. Dieses Ballett kennt keine eigentliche Handlung. Es kann aber auch nicht als abstrakt bezeichnet werden, sondern es verkörpert eine geistige Haltung oder eine Situation. Die Trommelrituale des Komponisten kommen der rhythmischen Sensibilität des Choreographen bestens entgegen.
Unteres Bild: „Psalmensymphonie“, Musik Igor Strawinsky, Uraufführung 1978 in Scheveningen. Auch hier fehlt eine eigentliche Handlung. Kylián strebt eine abstrakte Deutung der Meditation an. Das für acht Tänzerpaare choreographierte Ballett ist auch eine Verneigung vor der Gottgläubigkeit Strawinskys.

Zweifelsohne ist die „Psalmensymphonie“ ein Ballett, in dem sich der Choreograph in seltener Art mit dem Geist der Musik identifizierte.

Die nach der russischen Ballettpädagogin Agrippina Waganowa benannte Ballettschule des ehemaligen Kirow-Balletts (heute St. Petersburger Ballett) darf als eine der führenden Ballettschulen der Welt bezeichnet werden. Sie ist dem wegweisenden Lehrbuch der Waganowa „Die Grundlagen des klassischen Tanzes“ verpflichtet und versorgt heute auch Theater außerhalb von Rußland mit erstklassigen Tänzern.
Die Aufnahme zeigt Schülerinnen bei ihren „Enchaînements“, welche die verschiedenen Bewegungen der klassischen „Ballettsprache“ verbinden.

Zu den besten Balletten des 1959 von Béjart gegründeten „Ballet du XXe siècle“ gehören „Messe pour le temps présent“ (Messe für die gegenwärtige Zeit, 1967) und das einen Kompromiß zwischen westlichen und fernöstlichen Tanz anstrebende Ballett „Bhakti“ (1968). Weitere Béjart-Ballette von Bedeutung sind: „Serait-ce la Mort?“, Musik R. Strauss (1970), „Lieder eines fahrenden Gesellen“, Musik G. Mahler (1971), „Pli selon pli“, Musik Pierre Boulez (1974), „Ce que l’amour me dit“, Musik G. Mahler (1974).

Béjarts Erfindungsreichtum scheint keine Grenzen zu kennen. Er erweiterte in der Folge seine Werke in Richtung auf das Totaltheater hin, etwa durch „Notre Faust“ (1965) und „Molière imaginaire“ (1976). Um diesem Totaltheater die richtigen Interpreten zur Verfügung stellen zu können, gründete Béjart ebenfalls in Brüssel seine Mudra-Schule zur Ausbildung „totaler Bühnenkünstler“, die sowohl tanzen als auch singen und sprechen lernen sollten. Später gab es eine ähnliche Schule, „Mudra-Afrique“, in Dakar. Béjarts choreographisches Schaffen zeichnet sich in letzter Zeit durch starke Unterschiedlichkeit in ihrer Qualität aus. Neben ausgesprochen unbedeutenden Choreographien überrascht er immer wieder durch neue, ungeheuer vital, ja genial wirkende Werke, unter welchen ganz besonders „Malraux ou La Métamorphose des Dieux“ zu erwähnen ist.

Die Pariser Oper, die Béjart schon mehrmals als Ballettdirektor zu gewinnen versuchte, war in den ersten Nachkriegsjahren im Umbruch begriffen. Serge Lifar, der das Opernballett vor, während und kurz nach dem Zweiten Weltkrieg leitete, hatte seine Schaffenskraft eingebüßt. Mit „Le Chevalier et la demoiselle“ (1941), „Les Mirages“ (Die Trugbilder, 1944) und einer Neuchoreographie seines „Icare“, diesmal in einem Bühnenbild von Picasso, scheint er seine letzten Karten ausgespielt zu haben. Es bleibt hingegen sein dauerndes Verdienst, der Pariser Oper Jahre wirklicher Ballettgröße zurückgegeben zu haben. In seiner Aufgabe wurde er durch einige Interpreten unterstützt, die den Ruf der Oper in alle Länder getragen haben. Zu ihnen gehörte die in Deutschland vielfach hervorgetretene Yvette Chauviré, eine der ganz großen Ballerinen von Format. Lifar ist auch die Wiedereinführung des rasch berühmt und populär gewordenen Defilées sämtlicher Tänzer der Oper, von den jüngsten Schülern bis zu den großen Danseurs und Danseuses Etoile, zu verdanken. Es ist ein imponierendes Schauspiel, wenn die gewaltige Zahl von etwa 200 Tänzern zum Marsch in „Die Troyaner“ von Hector Berlioz die bis zum „Foyer de la Danse“ geöffnete Bühne betritt.

Diese enorme Zahl von Tänzern regelmäßig ihrem Können angemessen einzusetzen und zu beschäftigen, war das Hauptproblem der verschiedenen, Lifar folgenden Ballettdirektoren der Oper. Ihre Namen reichen von Georges Skibine, Michel Descombey, John Taras, Claude Bessy, Raymond Franchetti, Violette Verdy zu Rosella Hightower, die nach kurzer, eher unglücklicher Direktionszeit 1983 durch Rudolf Nurejew abgelöst wurde. Auf Nurejew folgte kürzlich der ehemalige Danseur Etoile der „Opéra“, Patrick Dupont, wohl der Jüngste, der den nicht leichten Dirktorenposten bis jetzt inne hatte.

Da sich unter den Direktoren nie wirklich überragende Choreographenpersönlichkeit befanden, half man sich in Paris eben mit Gastchoreographen von Balanchine über Roland Petit bis zu Béjart und vielen anderen.

Szenenfoto aus Maurice Béjarts „Dionysos“, Turin 1985. Mit diesem Ballett feierte Béjart 1984 in Mailand das 25jährige Jubiläum seines „Ballet du XXe siècle“. Béjarts herausragender Verdienst besteht zweifellos darin, daß er dem „Kunstwerk des 20. Jahrhunderts“, wie er das Ballett nennt, breite Popularität verschafft hat.

Wenn man daran zweifelt, ob der Riesenapparat der Pariser Oper überhaupt einen einigermaßen geordneten Betrieb zulasse, so tröstet man sich gerne mit einem absolut sicheren Faktor: Seitdem die frühere Danseuse Etoile Claude Bessy die Leitung der Opernschule übernommen hat, ist das Niveau dieses berühmten Instituts wieder so stark gestiegen, daß man ihm das Zeugnis einer der besten Ballettschulen der Welt ausstellen darf. An guten Tänzern, den sogenannten Etoiles, besteht in Paris kein Mangel, was sicher der vorzüglichen Schulung in der Opéra zu verdanken ist.

Neben Béjart und Petit fallen die heutigen französischen Choreographen etwas ab. Am meisten Aufsehen, allerdings auch am meisten Ablehnung, hat in letzter Zeit die Choreographin Maguy Marin hervorgerufen. In Nancy macht der dortige Ballettdirektor Pierre Lacotte durch seine Rekonstruktion der Originalchoreographien bekannter Ballette des 19. Jahrhunderts von sich reden. In den in Mülhausen im Elsaß beheimateten „Ballets du Rhin“ beweist Jean-Paul Gravier, daß es möglich ist, mehrere nicht zu weit von einander fern liegende Städte - Mülhausen, Schlettstadt und Straßburg - zu einer Art von Ballettverbund zu vereinigen. Als ein zu beachtender jüngerer Choreograph gilt Jean-Pierre Maillot in Tours sowie in Monte Carlo. Auch der ursprüngliche Rumäne Gigi Calciuleanu macht immer wieder in positivem Sinn von sich reden.

Das französische Ballett ist weit besser als sein Ruf. Das Recht, sich Ballettweltstadt Nummer Eins zu nennen, hat Paris allerdings an andere abgeben müssen. Wenn es gelingt, mit den künstlerischen und organisatorischen Problemen fertig zu werden, so kann es leicht möglich sein, daß die Seinestadt ihren alten Ruhm wieder zurück erlangt. Das Publikum ist dazu aufgeschlossen genug, denn die seit dem Barock anhaltende Ballett-Tradition hat ihre Spuren hinterlassen.

Großbritannien

Auch in diesem Land ist das Ballettgeschehen lange Zeit auf die Hauptstadt ausgerichtet gewesen. Erst in letzter Zeit hat sich auch außerhalb Londons ein regeres Interesse abgezeichnet. Der Zweite Weltkrieg hatte das vielversprechende Aufblühen des Balletts in London unterbrochen, aber nie ganz erstarren lassen: Mit stoischer Ruhe ging man trotz des Kriegsgeschehens ins Theater. Nach Kriegsende wurde aus dem früheren Sadler's Wells Ballet bzw. aus dem Sadler's Wells Theatre Ballet durch königliches Dekret im Jahre 1956 das heutige Royal Ballet. Vor und auch während des Kriegs sind zwei Namen zu einem Begriff für das Ballet in England geworden: der Choreograph Frederick Ashton (1904–1986) und Margot Fonteyn (1909–1991), die zur großen Verkünderin des englischen Balletts heranwuchs. Mit ihrem Namen ist das englische Ballett untrennbar verknüpft. In ähnlicher Weise hat nur der langjährige Partner der Ballerina, Rudolf Nurejew (1938–1993), für das Ballett gewirkt und wirkungsvolle künstlerische Öffentlichkeitsarbeit geleistet. Mag man auch persönlich andere Tänzer vorziehen, so bleibt doch die Feststellung, daß sich die Fonteyn und Rudolf Nurejew um die weltweite Popularisierung der Balletts bleibende Verdienste erworben haben.

Rudolf Nurejew hat nicht nur traditionelle Handlungsballette neu inszeniert. Mit seinem Ballett „Manfred" bot er eine überzeugende schöpferische Choreographie. Das Szenenfoto mit Nurejew in der Titelrolle entstand während der Zürcher Aufführung.

Und doch war Margot Fonteyn beim Royal Ballet nur die erste unter vielen anderen großen Ballerinen. Zu nennen ist beispielsweise Nadia Nerina, die ebenfalls zur Stärkung ihrer durch einen Unfall geschwächten Füße zur Ballettschule kam und dann beim Berufstanz hängen blieb. Ihre Lise in „La Fille mal gardée" (Das schlecht behütete Mädchen) wird allen, die sie gesehen haben, stets in Erinnerung bleiben. Auch Svetlana Beriosova, die Tochter des Choreographen Beriozoff, trug den Ruhm des englischen Balletts in alle Welt. Zuvor waren schon Alicia Markova und Anton Dolin in der damaligen Welt des Balletts Begriffe gewesen. Sie gründeten 1950 die zweite große englische Truppe, das London Festival Ballet, heute English National Ballet genannt. Die Markova war über Jahrzehnte hinaus das Giselle-Vorbild aller jüngeren Ballerinen, ja zusammen mit der Kubanerin Alicia Alonso und der Französin Yvette Chauviré die Giselle schlechthin. Einzig Galina Ulanowa vermochte Mitte der fünfziger Jahre den Mitteleuropäern zu beweisen, daß es eine weitere großartige Darstellerin dieser Traumrolle des Balletts gab.

Auch choreographisch sind dem englischen Nachkriegsballett einige schöne Kreationen gelungen. Frederick Ashton steuerte dem Repertoire des Royal Ballet 1946 seine „Symphonic Variations" mit Musik von César Franck, die „Scènes de ballet" von Igor Strawinsky, eine eigene Fassung des Prokofjew-Balletts „Romeo und Julia" (1955) und sein „Birthday Offering" (1956) nach der Musik von Alexander Glasunow bei. Von echt Shakespeareschem Geist erfüllt war und ist noch immer sein Sommernachtstraum-Ballett „The Dream" (1964), zu welchem der Choreograph

Der englische Choreograph Frederick Ashton hat mit seiner Bearbeitung eines der ältesten Handlungsballette, „La fille mal gardée“, getanzt vom Saddler's Wells Royal Ballet großen Erfolg gehabt. Unser Bild zeigt die bekannte, in Kiew ausgebildete Galina Samtsova und David Ashmole, umgeben vom Corps de ballet.

Die aus Kiew stammende russische Ballerina Galina Samtsova, heute Direktorin des Schottischen Nationalballetts, ist in Kanada, den USA, auf dem europäischen Festland und besonders in Großbritannien als fabelhafte Springerin bekannt. Wir sehen sie hier in der Balletteinlage der Verdi-Oper „Sizilianische Vesper“, in einer Inszenierung des New London Ballet, Choreographie André Prokowsky.

Mendelssohns Schauspielmusik geschickt durch andere Musikstücke aus dem Werk des Komponisten ergänzt hatte. Auch das schon 1886 an der Pariser Oper uraufgeführte Ballett „Les deux pigeons“ (Die beiden Tauben) erfuhr 1961 mit der Originalmusik von André Messager durch Ashton eine viel beachtete Wiedererweckung. Am populärsten wurde Ashton wohl auf dem Kontinent und in den Vereinigten Staaten durch sein für die Fonteyn und Nurejew choreographiertes Kameliendame-Ballett „Marguerite und Armand“ (1963). Zu erwähnen ist weiterhin das abendfüllende Werk „Undine“ (1958), zu dem der deutsche Komponist Hans Werner Henze (geb. 1926) eine schöne Ballettmusik schrieb.

Mit angenehmem Erstaunen nahm die Ballettwelt schließlich von Ashtons herrlichem Chopin-Ballett „A Month in the Country“ (Ein Monat auf dem Lande) aus dem Jahre 1976 Kenntnis. Ashton war 1970 als Direktor des Royal Ballet zurückgetreten, sein Nachfolger wurde der schon vorher dort als Choreograph eingesetzte Kenneth MacMillan (1929–1992). Außerhalb Englands wurde er zuerst durch eine neue Version des für Margot Fonteyn und Rudolf Nurejew choreographierten „Romeo und Julia“ Balletts mit der Musik von Prokofjew (1965) bekannt. In seiner filmischen Fassung aus dem Jahr 1965 (Regie: Paul Czinner) ging es durch die Kinos der ganzen Welt.

MacMillan scheint beim Royal Ballet mit seinen Choreographie-Plänen nicht immer erfolgreich gewesen zu sein. So sind seine gelungensten Werke außerhalb Londons uraufgeführt worden. Das trifft insbesondere für sein Ballett „Das Lied von der Erde“ nach Gustav Mahler zu, das für Stuttgart verfaßt wurde. MacMillan verlegte den Ort seiner Tätigkeit von London nach Berlin (Deutsche Oper). Er wirkte zuletzt als freischaffender Choreograph. In Erinnerung an John Cranko hat er in Stuttgart ein viel beachtetes „Requiem“ mit der Musik von Gabriel Fauré zur Uraufführung gebracht.

Die Bedeutung MacMillans ist wohl am auffälligsten und am schönsten bei seinen großen Handlungsballetten „Manon“ (1974) und „Mayerling“ (1978) zu Tage getreten. Besonders im letzteren Werk erreichte der Choreograph eine Bewegungsintensität außerordentlicher Art, wobei das großartige darstellerische und tänzerische Können von David Wall in der Rolle des österreichischen Thronfolgers Kronprinz Rudolf von Habsburg viel zum Gelingen beitrug.

Am bekanntesten unter den englischen Ballettensembles ist zweifellos das Royal Ballet. Es hat allerdings unter gewissen Direktionskrisen in letzter Zeit etwas von seiner Bedeutung eingebüßt. Das ehemalige London Festival Ballet, heute English National Ballet genannt, ist früher durch ausgedehnte Auslandsreisen bekannt geworden. Relativ neu ist das London City Ballet, das immer wieder mit Schwierigkeiten zu kämpfen hat. Nicht ohne Bedeutung ist auch das Scotish National Ballet. Dem zeitgenössischen Ballett näher als die genannten Truppen sind die Rambert Dance Company, früher Ballets Rambert, und das London Contemporary Dance Theatre. Neben Peter Darell (1929–1987) sind unter den jüngeren englischen Choreographen David Bintley und Christo-

Im balletttraditionellen England spielt das London Contemporary Dance Theatre, hier mit „Consolation of the Rising Moon“, eine wichtige ausgleichende Rolle.
Die von Robin Haig geführte Kompanie arbeitet auf der Basis des Modern Dance.

pher Bruce besonders erwähnenswert. Bruce wurde hauptsächlich durch seine „Ghost Dances“ (1981) bekannt.

Bei einer Betrachtung des Balletts in England darf die Royal Academy of Dancing nicht fehlen. Ihre Anfänge gehen auf das Jahr 1920 zurück. Die Zielsetzung betraf die Verbesserung der allgemeinen Tanzpädagogik. Die RAD, wie sie meist genannt wird, schreibt gewisse pädagogische Richtlinien vor. Sie will auf diese Weise vermeiden, daß allzu viele Pädagogikamateure tätig sind. Die RAD hat sich im Verlauf der Zeit zu einer weltweiten Organisation entwickelt.

Italien, Spanien und Portugal

Vor dem Hintergrund seiner Geschichte erscheint das Ballett in Italien bescheiden. Das bedeutendste Ereignis betraf die Mailänder Scala, nicht aber ein italienisches Werk: die erste Neuaufführung des „Wunderbaren Mandarin“ mit der Musik von Béla Bartók durch den zumindest mütterlicherseits aus Italien stammenden Ungarn Aurel von Milloss (1906–1988). Er sollte in der Folge das italienische Ballett als Verantwortlicher in Mailand und Rom ganz wesentlich beeinflussen. Milloss war davor schon längere Zeit in Deutschland tätig gewesen, genauer gesagt in Köln. Von 1963 bis 1966 und dann wieder von 1971 bis 1974 versah er das dornenreiche Amt eines Ballettdirektors der Wiener Staatsoper. Seine größte Wirkung hat er jedoch in Italien entfaltet, wo er außer in Rom und Mailand auch in Florenz und Venedig eine bedeutende Rolle spielte.

Der ständige Wechsel auf den Direktorenposten in Rom und Mailand läßt darauf schließen, daß dort Schwierigkeiten eine geordnete Tätigkeit erschweren. So tragen denn die Tänzer den Ruf des italienischen Balletts. In erster Linie ist hier die Ballerina Carla Fracci zu nennen. Auch Paolo Bortoluzzi darf zu den hervorragenden Ballerinos der Jahre 1960 bis 1980 gezählt werden. Liliana Cosi und Elisabetta Terabust haben sich als Gastballerinen einen guten Namen ertanzt.

Unter den kleineren Truppen steht die „Aterballetto“ in Reggio Emilia im Vordergrund. Diese Truppe beweist, daß allen Umständen zum Trotz aufsehenerregende Leistungen erbracht werden können.

Das Schwergewicht des Balletts in Spanien liegt auf den beiden großen Städten Barcelona und Madrid. Der Aufbau eigener Ensembles stößt immer wieder auf gewisse Schwierigkeiten, und Erfolge zeichnen sich nur zögernd ab. Auffallend ist, wie oft in letzter Zeit an Tänzerwettbewerben Teilnehmer aus Spanien mit Auszeichnung bestehen. Dies zeigt klar, daß Spanien, mindestens was die Tänzer betrifft, in wieder steigendem Ausmaß Interesse verdient.

Eine auffallende Erscheinung ist Antonio Gades, der nicht nur auf der Bühne, sondern auch dank seiner Filme „Carmen“ und „Bluthochzeit“ viel zu einer Profilierung des Tanzes in Spanien beiträgt. Gades knüpft an die große Zeit der spanischen Tänzerinnen und Tänzer, an die Argentina, an Pilar Lopez, Antonio Ruiz Soler oder José de Udaeta an und hilft mit, im Flamenco nicht nur ein Produkt des Fremdenverkehrs zu erblicken. Die stärkste Persönlichkeit um Gades ist zweifellos die großartige Tänzer-Darstellerin Christina Hoyos.

In Portugal ist das Ballett dank der großzügigen Förderung durch den aus Armenien stammenden Caloust Gulbenkian aufgeblüht. Leiter des Gulbenkian Ballet war der Jugoslawe Milko Sparemblek, der es verstand, durch Gastchoreographen sehenswerte Leistungen zu erreichen. Auch heute sind in Lissabon Gastchoreographen tätig.

Belgien und die Niederlande

In Belgien war das Ballett über viele Jahre von Béjarts in der Hauptstadt Brüssel niedergelassenem „Ballet du XXe siècle" bestimmt. Als der Choreograph wegen Meinungsverschiedenheiten mit der Direktion des Théâtre de la Monnaie Belgien verließ und sein „Béjart Ballet Lausanne" gründete, vermochte sein Nachfolger, der Amerikaner Mark Morris, nicht entfernt an Béjart anzuknüpfen. Nach Morris' Weggang übernahm die Belgierin Anna-Teresa de Keersmaker das Ballett in Brüssel. Den Erfolg Béjarts zu wiederholen dürfte ihr kaum möglich sein.

In Antwerpen verstand es die Choreographin Jeanne Brabants, vorzügliches Ballett anzubieten. Seit ihrem Weggang erfolgten mehrere Wechsel, und das frühere hohe Ansehen des Balletts in Antwerpen schwand. Im französischen Sprachteil des Landes wird ehrbare, aber nicht Aufsehen erregende Arbeit beim Ballet de Wallonie geleistet.

Spricht man von einem „Ballettwunder", so trifft der Begriff sicher zu auf das, was in Holland in den letzten 20 Jahren entstanden ist. Freilich hat sich Holland schon in früheren Zeiten für das Ballett interessiert. Zu einer künstlerischen „Landesspezialität" ist es jedoch erst durch die weltweit beachtete Tätigkeit der heutigen drei großen Kompanien geworden: des Holländischen National Ballett, des Nederlands Dans Theater und des in erster Linie die Jugend ansprechenden Scapino Ballett. Es erübrigt sich, auf die zahlreichen Wechsel in der Leitung der drei Ensembles einzugehen. Wichtig sind die Choreographen, und da gibt es gleich zwei, die zur absoluten Spitzenklasse der Ballettgegenwart zu rechnen sind: Hans van Manen (geb. 1932) und der 1947 in Prag zur Welt gekommene Jiři Kylián.

Van Manen arbeitet freilich nicht nur für das National Ballett. Er hat auch erfolgreich für das Dans Theater choreographiert. Heute ist er einer der meistgefragten internationalen Choreographen, und seine Werke finden sich in den Ballettspielplänen der ganzen Welt. Zu seinen besten Balletten gehören „Fünf Tangos", „Symphony in three movements", „Twilight" und, als sein wohl bedeutendstes Werk, die „Große Fuge" nach der Musik von Beethoven. Auch „Four Schumann pieces", „Five short stories" und „Sarcasmen" verdienen Beachtung.

Der viel jüngere Kylián, der in Stuttgart durch Cranko eine sehr sorgfältige choreographische Unterstützung erfahren hat, ist besonders durch seine Janáček-Ballette „Intime Briefe" und „Sinfonietta" bekannt geworden. Von ganz besonders eindrücklicher Kraft, ein wahres Meisterwerk, ist seine „Psalmen-Sinfonie" (Strawinsky). Bedeutend sind ferner „Vergessenes Land" mit Musik von Britten und „Rückkehr ins fremde Land" von Janáček. Weitere Choreographien von Kylián sind „L'Enfant et les Sortilègers" nach der Oper von Maurice Ravel, „Kaguyahime" und

„Tantzschul“ nach dem bekannten Lehrwerk von Gregorio Lambranzi aus dem Jahr 1716.

Van Manen und Kylián sind jedoch nicht die einzigen Choreographen, die sich um das holländische Ballett verdient gemacht haben. Nicht zuletzt durch seine großartige Darstellung hat Nurejew dem Ballett von Rudi van Dantzig (geb. 1933), „Monument voor een gestorven Jongen“ (Denkmal für einen verstorbenen Jungen, 1965), zu weltweitem Erfolg verholfen. Wie sehr die Gestaltung einer Rolle den Erfolg eines Balletts beeinflußt, fällt besonders dann auf, wenn man eine Aufführung mit einem weniger starken Darsteller als Nurejew sieht! Die übrigen Ballette van Dantzigs verblassen etwas neben diesem Meisterwerk.

Eine Doppelbegabung zeigt der Dekorateur Toer van Schayk, der mit „Before, during and after the party“ (Vor, während und nach dem Fest) und mit „Phyrric Dances II“ erfolgreich war. Das Scapino Ballett richtet sich nicht nur durch Ballettvorstellungen an seine jungen Zuschauer. Es veranstaltet mit großem Erfolg informative Tanzdemonstrationen mit Begleitkommentar und wirbt so für das Ballett. Ausgedehnte Reisen haben diese Truppe auch außerhalb Hollands bekannt gemacht.

Dänemark

In diesem Land ist die Ballettaktivität seit dem Wirken von Auguste Bournonville im letzten Jahrhundert nie unterbrochen worden. Von Bournonville zu Hans Beck (1861–1952) und zu Harald Lander (1905–1971) verläuft eine direkte Linie. Dem typischen Bournonville-Stil des klassischen Tanzes ist das Königlich Dänische Ballett stets treu geblieben. Flemming Flindt und Henning Kronstam, die beiden Nachfolger Landers, konnten getrost fortsetzen, was ihnen als Erbe Bournonvilles übergeben worden war.

Harald Lander ist auch als Choreograph erfolgreich gewesen. Sein Ballett „Etudes“ (1948) mit Musik von Czerny-Riisager wurde zu einem der größten und anhaltendsten Balletterfolge unseres Jahrhunderts. Auch eine Neufassung des alten Galeotti-Balletts „Les Caprices de Cupidon“ wurde günstig aufgenommen. Lander war ab 1952 an der Pariser Oper tätig und leitete mehrere Jahre die dortige Ballettschule.

Flemming Flindt (geb. 1936), einer der Nachfolger Landers als Ballettdirektor des Königlich Dänischen Balletts, konnte sich als Choreograph nicht richtig durchsetzen. Bekannt ist einzig seine „Unterrichtsstunde“ nach Ionesco, die schon 1964 in Paris entstand. Zur Zeit leitet Frank Andersen das Dänische Ballett.

Die Schule des Königlich Dänischen Balletts gehört zweifellos zu den besten in der Welt. Das zeigt sich schon daran, daß immer wieder ausgezeichnete Tänzer aus ihr hervorgehen. Zu ihnen gehörten und gehören unter vielen anderen Kirsten Simone, Toni Lander, Anna Laerkesen, Solveig Ostergaard, Mette Honningen, die beiden Direktoren Flindt und Kronstam, Nils Kehlet, Palle Jacobsen, Peter Martins und vor allem Erik Bruhn (1928–1986). Der bekannteste dänische Tänzer aber ist Egon Madsen, der nach jahrelanger Arbeit beim Stuttgarter Ballett 1981 die Stellung eines Ballettdirektors in Frankfurt übernahm. Heute ist er, nach Stuttgart zurückgekehrt, hier als Ballettmeister tätig.

Auch außerhalb Dänemarks sind zwei Ballettpädagogen sehr bekannt geworden, der Bournonville-Spezialist Hans Breena und die eigentlich aus Riga stammende Edite Frandsen.

Schweden, Norwegen, Finnland

Das Königlich Schwedische Ballett blickt auf eine interessante Vergangenheit zurück. Schon Königin Christiana hielt sich im 17. Jahrhundert ein Ballett, das von sich reden machte. Die große Zeit des Balletts in Schweden fällt aber ins 19. Jahrhundert, wo wir bedeutenden Namen wie etwa Filippo Taglioni, dem später am Zarenhof arbeitenden Christian Johansson und Auguste Bournonville in Stockholm begegnen.

In unserer Zeit sind es allerdings nicht die Choreographen, Ballettmeister und Tänzer des Königlichen Balletts, die für das schwedische Ballett einstehen, sondern zwei freischaffende Choreographen: Ivo Cramér (geb. 1921) und vor allem Birgit Cullberg (geb. 1908). Ihr Ballett „Fräulein Julie" (1957) nach Strindberg mit Musik von T. Rangström gehört zu den bedeutendsten Balletterfolgen unserer Zeit.

Im Vergleich dazu fielen „Medea" nach Musik van Bartók und „Das Mondrentier" mit Musik von Riisager (1960) etwas ab. Birgit Cullberg, aus der Folkwang-Schule in Essen hervorgegangen, wo sie bei Jooss und Sigurd Leeder studierte, sucht immer wieder nach Möglichkeiten, aus Elementen des modernen Tanzes und denen der klassischen Richtung eine Stilsynthese zu erarbeiten.

Die Schweden scheinen, wie das schon bei den „Ballets Suédois" in den zwanziger Jahren unseres Jahrhunderts der Fall war, das Experiment zu lieben. So hat kürzlich der Sohn von Birgit Cullberg, Mats Ek, den 2. Akt der „Giselle" in eine Irrenanstalt verlegt: Die Wilisen waren Geistesgestörte, die Oberschwester hieß Myrtha. Am Schluß fand sich Albert splitternackt in einem blühenden Weizenfeld. Ein Kommentar scheint sich zu erübrigen. Das Kungliga Svenska Baletten hingegen bewegt sich im traditionellen Rahmen des westeuropäischen Balletts.

In Norwegen spielt das Ballett keine größere Rolle. Anstrengungen, bedeutende Ballettpersönlichkeiten für das Land zu gewinnen, sind bis heute kaum von Erfolg gekrönt gewesen. Was geboten wird, bleibt außerhalb des Landes meist unbekannt.

Besser sind die Ballettverhältnisse in Finnland, wo sich offenbar die Nachbarschaft mit dem nahen St. Petersburg auswirkt. Mit Gästen sind einige der großen Ballettklassiker einstudiert worden. Die lokale Kompanie in Helsinki hält in ihren Darbietungen ein gesundes Mittelmaß, doch wohl kaum mehr.

Polen

Wie an fast allen Fürstenhöfen war das Ballett in Warschau äußerst beliebt. Es waren jedoch fast immer Ausländer, meist Italiener oder Franzosen, die eine führende Rolle spielten. Da im 19. Jahrhundert auch der viel gereiste Filippo Taglioni mehrere Jahre in Warschau wirkte, zeichnete sich der dortige Spielplan durch die bekannten Modeballette jener Zeit aus. Daß in neuerer Zeit das Ballett russischer Prägung in Polen dominiert, kann nicht erstaunen. Eine bedeutende Rolle spielt das ausgezeichnete Folklore-Ballett, das Staatliche Gesangs- und Tanzensemble Mazowsze. Was man hingegen gelegentlich im Fernsehen an polnischen Ballett zu sehen bekommt, ist allenfalls ehrbar.

Rumänien und Bulgarien

Auch das auf die Hauptstadt Bukarest ausgerichtete rumänische Ballett stand lange Zeit unter russischem Einfluß. Es wurde der traditionelle russische Stil nicht nur des Tanzens, sondern auch der Inszenierungen und der Choreographie übernommen. Avantgardistische Züge wies das rumänische Ballett kaum auf.

Ähnlich sind die Verhältnisse in Bulgarien. Die Ballettakademie in Sofia schult ausgezeichnete Nachwuchstänzer, und das Bulgarische Nationalballett kann sich sehen lassen. Ein bedeutendes Ereignis spielt sich alle zwei Jahre in Varna ab, wenn der älteste Tänzerwettbewerb die besten tänzerischen Nachwuchskräfte vereinigt.

Ungarn

Nach Rußland hat das Ballett in Ungarn den höchsten Standard aller ehemaligen Ostblockländer. Grundlage des Erfolgs ist das ausgezeichnete Staatliche Ballett-Institut in Budapest, dessen Lehrerkollegium eines der besten Lehrbücher, die „Methodik des klassischen Tanzes", herausgegeben hat. Schon frühere Zeiten kannten eine außergewöhnlich hochstehende ungarische Ballettkunst, nach 1945 überwogenen Werke der russischen Ballettliteratur. Hervorragende Tänzer, so vor allem Zsuzsa Kun, Ferenc Havas oder Victor Roná, machten auch im Ausland von sich reden. Die auffälligste Persönlichkeit aber ist der Choreograph László Seregi, dem ausgezeichnete Neuchoreographien der beiden Bartók-Ballette „Der wunderbare Mandarin" und „Der holzgeschnitzte Prinz" gelangen. Auch eine Neufassung des etwas verstaubten Delibes-Balletts „Sylvia" brachte Seregi ins Gespräch. Seine beste Leistung aber soll er mit einer eigenen Inszenierung und Neuchoreographie des „Spartakus" nach der Musik von Aram Chatschaturian erreicht haben. Seregi, der gelegentlich auch im Ausland choreographiert, hat dem ungarischen Ballett überall zu Ansehen verholfen. Zu erwähnen ist schließlich der heute in Basel tätige Youri Vamos.

Tschechische und Slowakische Republik

In der alten Königs- und Kaiserstadt Prag kam dem Ballett keine gesteigerte Aufmerksamkeit zu. Das 19. Jahrhundert aber verlieh ihm jene Rolle, die es in allen größeren, unter deutschem Einfluß stehenden Orten besaß.

Auch in unserem Jahrhundert war es in erster Linie die Musikpflege, die das Land auszeichnete. Erst seit dem Zweiten Weltkrieg machte sich in der Tschechoslowakei unter dem Einfluß der Russen eine verstärkte Ballettaktivität bemerkbar. Was in Prag am Nationaltheater an Ballett geboten wurde, bliebt im Rahmen der Tradition. Auch in der zweiten Stadt des nunmehr geteilten Landes, in Bratislava, verharrte das Ballett eher im Hergebrachten. Einige Zeit schien es, als ob das 1965 ins Leben gerufene Prager Studio-Ballett einen etwas moderneren Zug ins tschechische Ballettgeschehen bringen würde. Pavel Smok (geb. 1927) und besonders Lubos Ogoun (geb. 1924) mit seinem ganz ausgezeichneten „Wunderbaren Mandarin" ließen hoffen, daß Neuland betreten werden könnte. Das Prager Studio-Ballett siedelte in der Folge nach Basel über, wo sich der dominierende Smok mehr und mehr in Experimenten erging. Seit der Rückkehr in ihre tschechische Heimat ist es sowohl um Smok als auch um Ogoun ziemlich still geworden.

Ausgezeichnete Ergebnisse erzielt die nach sowjetrussischem Vorbild aufgebaute Ballettschule des Prager Nationaltheaters: Sie bringt immer wieder gut geschulten Tänzernachwuchs hervor.

Rußland

Der große Vorteil des Balletts liegt hier in den ausgezeichneten Ballettschulen und in der Riesenauswahl an interessierten Schülern, die zur Verfügung stehen. So ergibt sich eine Qualität des Tanzens, die heute fast einzig in der Welt ist. Im Vordergrund des schulischen Interesses steht die St. Peterburger Waganowa-Schule, die auf die berühmte frühere Marientheater-Schule zurückgeht. Aber auch die Choreographische Akademie des Bolschoi-Theaters in Moskau steht im vordersten Rang der weltbesten Schulen. Das riesengroße Land kann sich jedoch nicht mit diesen beiden allein begnügen. Im Zeichen einer Dezentralisation des Balletts, sowohl die Schulen als auch die Ballettensembles betreffend, sind zahlreiche weitere beachtliche Ballettzentren entstanden.

Mit einigem Staunen nahm Europa 1956 anläßlich des ersten Gastspiels des Bolschoi-Balletts im Westen zur Kenntnis, daß der Tanz in der Sowjetunion einen erheblichen technischen Vorsprung vorzuweisen hatte. Mit noch mehr Verwunderung stellte man fest, daß das sowjetrussische Ballett nicht nur auf Moskau und Leningrad konzentriert war, sondern daß auch in Städten, in denen man nie Balletthochburgen vermutet hätte, ganz vorzüglich getanzt wurde. Ausgezeichnete Ensembles entstanden in Riga, Tallin, Duschanbe, Minsk, Odessa und Kiew, ebenso in Sibirien, in Nowosibirsk und Perm. Die allerbesten Tänzer hatten und haben die Aussicht, daß das Bolschoi- oder das St. Petersburger Theater (früher Kirow-Theater) auf sie aufmerksam werden und sie aus der Provinz in die beiden großen russischen Städte holen. So sind die beiden Jungstars des Bolschoi, Nadeschda Pawlowa und Wjatscheslaw Gordejew, in Perm großgeworden und in die Hauptstadt verpflichtet worden. Es kann nicht bestritten werden, daß die sowjetrussische Kunstpolitik dem Bolschoi eine Vormachtstellung gegenüber dem Kirow einräumte. Tänzer aus Leningrad wechselten häufig zum Ballettensemble der Hauptstadt. So ist auch Galina Ulanowa einst beim Kirow großgeworden und später nach Moskau zum Bolschoi gegangen.

Von gelegentlichen Gastspielen der Ballette aus der Provinz abgesehen, kennt Ballett-Europa in erster Linie die großen Ensembles aus Moskau und St. Petersburg. Der Unterschied zwischen den beiden ist offensichtlich: Das Bolschoi zeigt vor allem dramatisches Balletttheater, während das St. Petersburger Ballett noch strenger in der Einhaltung der reinen Tanzklassik, den Akzent vermehrt auf lyrische Ausstrahlung legt. Es wurde zuweilen behauptet, der Weggang einer Reihe von Tänzern hätte eine Qualitätseinbuße des Ensembles zur Folge gehabt. Wer das St. Petersburger Ballett allerdings in den vergangenen Jahren gesehen hat, kann sich schwerlich vorstellen, daß es tänzerisch und stilistisch einen perfekteren zweiten Akt der „Giselle“ oder des „Schwanensees“ überhaupt geben könne!

Die großen Ballerinos und Ballerinas des Bolschoi sind unter anderen (wobei die Reihenfolge der Aufzählung keinerlei Werturteil beinhaltet): Michail Gabowitsch, Wladimir Wassiljew, der auch erfolgreich als Choreograph hervorgetreten ist, Boris Akimow, Wjatscheslaw Gordejew, der am Ende seiner Tänzerkarriere stehende und nun ebenfalls choreographisch tätige Michail Lawrowsky, der Sohn des bedeutenden Choreographen Leonid Lawrowsky; sodann die immer noch großartige Maja Plissetzkaja, Jekaterina Maximowa, Nadeschda Pawlowa, Natalia Bessmertnowa, Ludmilla Semenyaka. Als Direktor und Chefchoreograph steht dem Bolschoi-Ballett Juri Grigorowitsch vor. Er ist durch Neuinszenierungen der großen Klassiker - Nußknacker, Schwanensee, Dornröschen, Steinerne Blume, Romeo und Julia - aufgefallen, besonders durch seine Neufassung des „Spartakus“-Balletts zur Musik von Aram Chatschaturian. Es enthält wundervolle Pas de deux, hinreißend gestellte und auch getanzte Männertänze, die eine Stärke des Bolschoi sind. Auch Grigorowitsch kommt ursprünglich vom ehemaligen Kirow. Ein weiterer Erfolg in Rußland war seine „Legende von der Liebe“, ein Ballett mit Musik von Ari Melikow, das bei uns unbekannt geblieben ist. Außerhalb Rußlands, und zwar an der Pariser Oper, hat Grigorowitsch sein Erfolgsballett „Iwan der Schreckliche“ mit einer arrangierten Musik von Prokofjew vorgestellt.

Der Spielplan der großen russischen Ballettbühnen zeigt deutlich die Vorliebe für dramatische Handlungsballette, von denen die folgend genannten am bekanntesten sind: „Romeo und Julia“, Originalchoreographie Leonid Lawrowsky, Musik Sergej Prokofjew. Die erfolglose Uraufführung fand bereits 1938 in Brünn statt. Die erste sowjetrussische Aufführung, die wegen des Krieges wenig erfolgreich war, brachte man 1940 in Leningrad auf die Bühne. Erst die Wiederaufnahme in Moskau mit Galina Ulanowa und Konstantin Sergejew leitete einen Erfolg ohnegleichen ein, den dieses Ballett in aller Welt zu verzeichnen hat. Weiterhin: „Steinerne Blume“, Originalchoreographie Leonid Lawrowsky, Musik Sergej Prokofjew (mit Galina Ulanowa und Maja Plissetzkaja in den beiden großen weiblichen Hauptrollen, 1954) und „Cinderella“ (Aschenbrödel), Originalchoreographie Rostislaw Zacharow, Musik Sergej Prokofjew, mit Olga Lepeschinskaja und M. Gabowitsch in den Hauptrollen, Bolschoi 1945.

Nadeschda Pawlowa und Wjatscheslaw Gordejew vom Moskauer Bolschoi Ballett in einer Aufführung des „Don Quichotte“. Sie zeigen die im Pas de deux besonders spektakuläre „Fisch-Pose“.

Kleinere Ballette, die gemeinsam ein Abendprogramm ausmachen, sind in Rußland, wie übrigens auch bei uns, beim Publikum weniger beliebt als die abendfüllenden.

An der Spitze des St. Petersburger Balletts steht Oleg Winogradow, der früher dem Maly-Ballett vorstand. Er hat sich durch ungewöhnliche Inszenierungen und Choreographien einen Namen gemacht. Unter seiner straffen Führung konnte das Ballett eine Krise, in der es einige Zeit steckte, überwinden. Der Spielplan unterscheidet sich kaum von dem der übrigen russischen Ballett-Theater.

Doch nun zu den St. Petersburger Tänzern: Im Zeichen des für eine Ballerina fortgeschrittenen Alters der großen Irina Kolpakowa hat sich mehr und mehr die vielseitige und stilistisch überragende Galina Mezentsewa in den Vordergrund getanzt. Sie ist die erste in einer Reihe vielversprechender Nachwuchstänzer wie Olga Iskanderowa, Olga Lichoschkaja, die von Perm zugezogene Ljubow Kunakowa und unter den Männern Sergei Berejnoi. Der Stolz des ehemaligen Kirow aber ist nach wie vor ein äußerst homogenes und stilsicheres, auch technisch blendendes Corps de Ballet. Von der Qualität der Tänzer kann sich unser Publikum dank der im Westen lebenden Stars Natalia Makarowa und Michail Barischnikow einen Begriff machen. Über die Tänzerausbildung in Rußland gibt nachstehende Angabe der Bolschoi-Schule Auskunft: Sie kann bis zu 600 Schüler aufnehmen; es stehen zwanzig Studios, Theorieräume, Aufenthaltsräume und eine Bibliothek zur Verfügung.

Die Schüler werden im Alter von zehn Jahren aufgenommen. Sie haben eine Aufnahmeprüfung zu bestehen. Geprüft werden die körperliche Eignung für den Tanz, Beweglichkeit, Muskelkraft und das Gefühl für Rhythmus. Anhand einer tänzerischen Improvisation werden Musikalität und Begabung für Tanz festgestellt. Von vielen Hunderten von Bewerbern werden jährlich 60, und zwar zu gleichen Teilen Knaben und Mädchen, angenommen. Die Dauer der Ausbildung beträgt acht Jahre, die Zahl der Unterrichtsfächer ist beträchtlich. Außer im klassischen Tanz wird Unterricht im Charaktertanz, Variationen, Pas de deux und Repertoire, in Solfège und in Kunstgeschichte erteilt. Die Kinder lernen zudem ein Instrument zu spielen, und zur Förderung des darstellerischen Vermögens erhalten sie Schauspielunterricht.

Parallel zur Ausbildung in den genannten Fächern besteht ein Programm zur Fortsetzung der allgemeinen schulischen Ausbildung bis zum Abitur. In regelmäßigen Abständen werden Schüleraufführungen durchgeführt, und es besteht die Möglichkeit, an Vorstellungen des Bolschoi-Balletts mitzuwirken. Die besten der Schüler werden dabei sogar solistisch eingesetzt. Anhand der Ergebnisse der in regelmäßigen Abständen durchgeführten Zwischenprüfungen werden jene Schüler ausgesondert, deren Fortschritt ungenügend ist.

Nach dem hier am Beispiel des Bolschoi gezeigten Programm wird auch an den übrigen Ballettschulen des Landes unterrichtet. Was die russischen Ballettberufschulen von denjenigen der meisten Schulen in Westeuropa unterscheidet, das ist die Betonung der künstlerischen Gestaltung. Dazu stehen der Schule die großen Solisten zur Verfügung. Sie geben ihre Erfahrung an eine jüngere Tanzgeneration weiter und helfen so, die Tradition fortzuführen.

Das ehemalige Jugoslawien

Von den Ländern des europäischen Ostens besaß Jugoslawien die stärkste Bindung an das westeuropäische Kunstschaffen. Zahlreiche Tänzer und Choreographen sind auch bei uns bekannt und geschätzt. So zählte Duska Sifnios zu den großen Solistinnen bei Béjart. Milorad Miskovitch und Milko Sparemblek sind hauptsächlich in Frankreich aufgetreten. In Deutschland hat sich sodann Ivan Sertić, einst Ballettdirektor und Chefchoreograph des Münchner Theaters am Gärtnerplatz, durch interessante Choreographien ausgezeichnet. Im Lande selbst konzentriert sich das Ballettgeschehen auf das Ballett der Belgrader Oper und auf die Städte Zagreb und Ljubljana. Die Jugoslawen haben sich weit mehr als die anderen Länder Osteuropas vom Einfluß Rußlands zu lösen vermocht, dennoch ist auch bei ihnen der russische Tanzstil ausschlaggebend. Anläßlich der Bregenzer Festspiele des Jahres 1975 ergab sich ein interessanter Versuch: Die Tänzer der Städtischen Bühnen Graz und jene des Kroatischen Nationalballetts in Zagreb vereinigten sich und brachten in einer groß angelegten Choreographie und Inszenierung von Wazlaw Orlikowsky das selten gezeigte Ballett „Le Corsaire" mit außergewöhnlichem Erfolg auf die Seebühne. Wie alle europäischen Länder besaß auch Jugoslawien ganz vorzügliche Folklore-Ensembles.

Außereuropäisches Ballett

USA

Ballett ist von seiner Herkunft und seiner Tradition her ein ur-europäisches Kunstwerk. Nordamerika jedoch, das wohl am stärksten von europäischen Einwanderern geprägte Land, hat das Ballett eigenständig weiterentwickelt: Heute sind die USA auf dem Gebiet des neueren Balletts in der Welt führend.

Die Entwicklung des amerikanischen Balletts, sowohl im Bereich der Klassik als auch der Moderne, ist in einem eigenen Abschnitt bereits dargestellt worden. Auch das aktuelle Geschehen vollzieht sich bei Tanz und Ballett in „amerikanischem Tempo“: Fast täglich tauchen neue Gruppen und Namen auf. Die Lektüre eines kleinen Buches mit dem Titel „Dance in New York“ fördert eine verwirrende Zahl von Kompanien, Schulen und anderen mit Tanz und Ballett zusammenhängenden Institutionen zutage. Es ist daher sehr schwer, auf Distanz schon erst recht, festzustellen, was da Bestand und Substanz hat, und was, wie gekommen, wieder in die Vergessenheit gerät. Und „Dance in New York“ umfaßt nur das Ballett in New York!

Es ist im Rahmen dieses Buches unmöglich, umfassend auf Tanz und Ballett in den USA einzugehen. Statt dessen sei auf die „Genealogie des Modern Dance deutsch-amerikanischer Richtung“ verwiesen, deren Schema sich auf S. 135 befindet.

Kanada

Anläßlich von Europareisen haben die großen kanadischen Ballettensembles ihr hohes Ballettniveau gezeigt. Sie sind in punkto Repertoire und Stil dem europäischen Ballett sehr ähnlich. Mit Brian MacDonald verfügt das Land auch über einen Choreographen, der internationale Anerkennung gefunden hat. Im Wesentlichen sind es drei große Kompanien, die das kanadische Ballett bilden: Das National Ballet of Canada mit Sitz in Toronto, das Royal Winnipeg Ballet und im französischsprachigen Teil des Landes Les Grands Ballets Canadiens in Montreal. Alle drei verfügen über gut geschulte und leistungsfähige Tänzer. Ihr Repertoire bewegt sich mehrheitlich auf der von Europa und Amerika vorgezeichneten Linie.

Mexiko und Kuba

Europäischer als man sich im allgemeinen vorstellt ist das Ballett in Mexiko. Neuerdings hat der französische Choreograph Michel Descombey dort ein Ensemble aufgebaut, das gutes modernes Ballett vermittelt. In Europa ist das der Folklore verschriebene nationale Ballett mit großem Erfolg aufgetreten.

Bereits in der Mitte des vorigen Jahrhunderts gastierte auf Kuba die „Spanierin aus dem Norden“, Fanny Elßler. Der Beginn einer Ballettaktivität fällt aber erst in das Jahr 1948, als die großartige Tänzerin Alicia Alonso ihr eigenes Ensemble aufzubauen begann. Diese Truppe, die später zum Kubanischen National Ballett wurde, hat den Ruf der kubanischen Tänzer in alle Welt getragen. Wesentlich war auch, daß schon recht früh eine der Kompanie angeschlossene Schule gegründet wurde. Am Aufblühen des kubanischen Balletts haben auch Alicias Gatte, Fernando Alonso, und Alberto Alonso, ein Choreograph von Rang, großen Anteil. Der Stil der Kubaner ist klassisch, ihre „Giselle“ mit Alicia Alonso in der Titelrolle wird weltweit geschätzt.

Südamerika

Das Land, das in letzter Zeit am meisten von sich reden gemacht hat, ist Venezuela. Aus dem ehemaligen Harkness Ballet hatte dessen früherer Leiter, Vincente Nebrada, eine bemerkenswerte neue Truppe gebildet.

In Brasilien sind es zwei Kompanien, die hervortreten, das Ballet do Teatro Municipal in Rio de Janeiro und das Ballet Stagium São Paulo. In Argentinien steht eines der größten, wenn nicht, was den Zuschauerraum betrifft, das größte Theater der Welt, das Teatro Colón in Buenos Aires. Die landeseigene Aktivität ist achtbar, doch der Schwerpunkt liegt auf einem regen Gastspielbetrieb in dieser fast 10 Millionen Einwohner zählenden Stadt.

Weitere mittelamerikanische oder südamerikanische Länder mit beachtlichem Ballett sind Costa Rica, Chile und Uruguay. Sie wurden im Bereich des Balletts weitgehend durch Vorbilder aus Europa und Amerika beeinflußt.

Australien

In gewissem Sinn ist das Australian Ballet eine Art von „Filialbetrieb“ des englischen Royal Ballet. Das zeigt sich nicht nur im Spielplan, sondern auch in der Wahl der verantwortlichen Persönlichkeiten (zur Zeit steht Maina Gielgud an der Spitze). Das tänzerische Niveau ist, wie ein Gastspiel vor einigen Jahren gezeigt hat, ehrbar.

Japan

Wie bei der Musik beweisen die Japaner, daß es ihnen weit leichter fällt, sich in eine so typisch europäische Kunstform wie das Ballett einzufühlen, als wir es vermögen, uns in die Geisteswelt Asiens einzuarbeiten. In zahlreichen unserer Kompanien tanzen seit einiger Zeit hervorragend geschulte Japaner mit vorzüglichem technischem Können. Die ist umso erstaunlicher, als das Ballett, und so auch die Tänzerausbildung, im Lande keine staatliche Förderung erfährt. Im Mittelpunkt steht das auch außerhalb Japans gern gesehene Tokio-Ballett. Mehr und mehr ist auch ein einheimisches choreographisches Schaffen zu verzeichnen.

Das vom ehemaligen Balanchine-Tänzer Arthur Mitchell geführte Dance Theater of Harlem besteht überwiegend aus farbigen Tänzern. Seine überragenden Leistungen reichen von der traditionellen tänzerischen Klassik bis zur Moderne. Das Bild zeigt eine Szene aus Strawinskys „Agon“ mit Stephanie Baxter und Mel Tomlinson anläßlich einer Ballettgala der Münchener Heinz-Bosl-Stiftung im Jahre 1981.

Die Beliebtheit des Balletts scheint keine Grenzen zu kennen. So ist das Land zu einem mehr und mehr von europäischen und amerikanischen Truppen besuchtes „Traumland Ballett“ geworden.

Volksrepublik China

Völlig offen ist die Entwicklung in der Chinesischen Volksrepublik. Es wäre falsch, sie voreilig zu beurteilen, weil wir das chinesische Ballett durch politische Aspekte beeinflußt sehen. Das Stuttgarter Ballett hat 1979 China bereist, und seine Darbietungen sind auf begeisterte Zustimmung gestoßen. Maßgebende Beobachter wissen auch von dem ausgesprochen hohen Standard der Ballettschulen zu berichten.

Welch blendende Tanztechniker die Chinesen sind, das sah man auch bei uns anläßlich der Vorführung chinesischer Ballettfilme und bei Gastspielen. Ballette wie „Das Frauenbataillon“ oder „Das weißhaarige Mädchen“ erregten überall Aufsehen. Neuerdings haben die Chinesen auch europäische Spezialisten zur Einstudierung von Standardwerken der Ballettliteratur hergeholt.

Am meisten an den Stand europäischen Balletts reicht das staatlich gut geförderte Central Ballet heran. Das Shanghai Dance Drama Theatre beweist jedoch, daß auch neuzeitliches Ballett in der Volksrepublik China aufkommt.

Israel und Türkei

Natürlich gehört auch Israel, wenn es auch ganz dem europäisch-amerikanischen Ballett verschrieben ist, zu den außereuropäischen Ballettländern. Anläßlich von Gastspielen sind bei uns die Bat-Dor-Company und die Basheva Dance Company aufgetreten und wohlwollend beurteilt worden. Zahlreiche europäische und besonders auch amerikanische Choreographen haben in Israel ihre Ballette kreiert oder neu einstudiert.

Schon 1947 hat Ninette de Valois in der Türkei eine Ballettschule ins Leben gerufen. Der technische und künstlerische Stand der Kompanien in Ankara und Istanbul erlaubte es Gastchoreographen, auch umfangreichere Werke wie „Dornröschen“, „Das schlecht behütete Mädchen“ oder „Pagodenprinz“ einzustudieren.

Die Welt ist enger zusammengerückt, und das wird sich auch auf das Ballett auswirken. Viele der besten Truppen zeigen Tänzer aus Ost und West, aus Nord und Süd in friedlicher Zusammenarbeit. Unter allen Künsten des Theaters ist es das sprachlose Ballett, das einer Völkervereinigung am stärksten entgegenkommt. Es spricht für die unverwüstliche Richtigkeit und Logik des auch im japanischen und chinesischen Ballett eingesetzten klassischen Tanzes, daß er selbst im Fernen Osten seine Stellung als Weltsprache des Tanzes behaupten kann. Eine fünfte Fußposition bleibt eine fünfte überall. Eine Arabesque bleibt eine Arabesque und ein Entrechat ein Entrechat. Möge auch die Aussprache dieser Namen für gestrenge französische Ohren manchmal etwas zu wünschen übrig lassen!

Ballettfibel

Dieses kleine Ballettlexikon soll die wichtigsten Begriffe aus der Welt des Balletts, sofern sie nicht schon im Buch behandelt wurden, kurz erläutern. Auf die Erklärung von Stellungen und Bewegungsabläufen des klassischen Tanzes wurde verzichtet. Um die Darstellung verständlich zu halten, waren Wiederholungen manchmal unvermeidlich.

Abstrakter Tanz
Dieser Begriff wurde von dem Maler Oskar Schlemmer (1888-1943) geprägt. Er entwickelte in den zwanziger Jahren eine Bewegungsform, bei der zu geometrischen Figuren getanzt wurde.

Abstraktes Ballett
Siehe S. 210.

Académie
Siehe Ballettakademie

Adage (auch Adagio)
Dieser Begriff ist der Musiksprache entliehen und bedeutet langsam, ausdrucksvoll. Im Zusammenhang mit Ballett kann er zwei unterschiedliche Bedeutungen haben: Er bezeichnet den langsamen Teil eines klassischen Ballett - Trainings, der im Anschluß an die Übungen an der Stange in der Mitte des Ballettsaals ausgeführt wird. Ebenso wird der erste, langsame Teil eines klassischen Pas de deux Adage genannt.

Air
Französisch bzw. italienisch für Arie, Tanzlied, Lied.

Akademie
Siehe Ballettakademie

Akademischer Tanz
Bezeichnung für den klassischen Tanz, die vermutlich dadurch entstanden ist, daß der klassische Tanz zuerst von der „Académie Royale de Danse" kodifiziert wurde. Der französische Philosoph Denis Diderot (1713 - 1784) bezeichnete in seiner „Encyclopédie" den Tanz, zusammen mit dem Reiten und Fechten, als „Arts académiques".

Akrobatik
Im klassischen Tanz waren von Anfang an akrobatische Elemente enthalten; dabei hat besonders der Einfluß der Seiltänzer im „Théâtre de la Foire" (Jahrmarkttheater) eine Rolle gespielt. Vor allem durch den Einfluß des Choreographen Fedor Lopuchow (1886 - 1973) wurden akrobatische Elemente in den Pas de deux - Hebungen im sowjetischen Ballett besonders ausgeprägt entwickelt.

Allegorie
Ausdruck einer Idee durch ein Bild. Ein allegorisches Ballett drückt eine Idee durch ein getanztes Bild aus.

Allegro
Wie Adagio ist auch Allegro ein musikalischer Begriff; er bedeutet heiter, rasch, kraftvoll. Mit Allegro bezeichnet man auch den zweiten Teil des täglichen klassischen Tanztrainings, der im schnellen Tempo im Zentrum des Ballettsaals ausgeführt wird.

Apothéose
Französisch für Vergötterung. Im Ballett bezeichnet das Wort ein feierliches Schlußbild, das meist den Grundgedanken symbolisch erhöht darstellt.

Arqué
Französisch für gebogen, krummbeinig.

Ästhetik
Siehe Ballettästhetik

Aufwärmen
Vor einem Einsatz in Proben oder Aufführungen benötigen die Muskeln und Bänder des tanzenden Körpers eine gute Durchblutung und Erwärmung. Durch ein Aufwärmetraining wird der Körper entsprechend vorbereitet; ohne dieses „Weichmachen", wie es in der Tänzersprache heißt, besteht die Gefahr von Verletzungen. Auch Sportler bereiten sich manchmal mit Übungen des klassischen Tanzes auf das Training oder ihre Wettkämpfe vor.

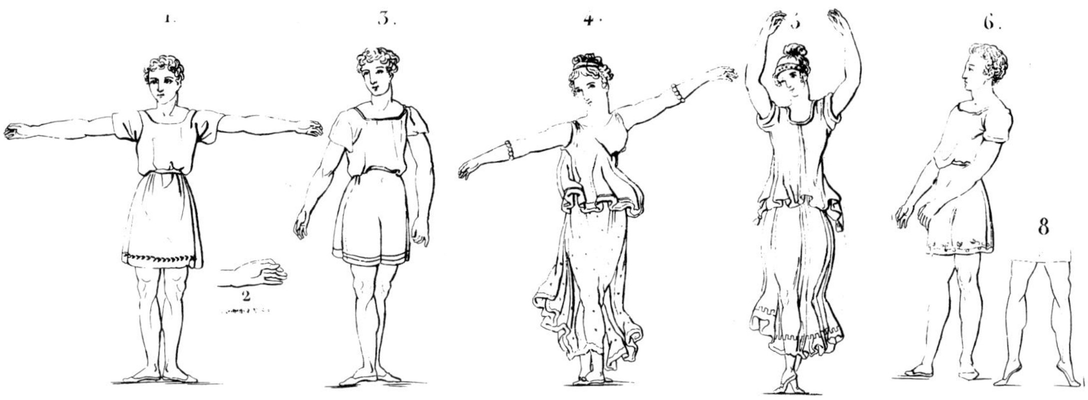

Illustrationen aus dem „Manuel complet de la Danse“ von Carlo Blasis, dem ältesten, auch heute noch seine Gültigkeit besitzenden Theoriebuch über den klassischen Tanz.

Ausdruckstanz
Siehe S. 207

Autorenrecht
Siehe unter Choreographie

Bacchanale
Bacchanale wurden im alten Rom zu Ehren des Gottes Bacchus gefeiert. Das Wort wird auch im Sinn von „Festgelage“ oder „Trinkgelage“ verwendet und bezeichnet im Operntheater die entsprechenden Szenen, etwa im ersten Akt der Oper „Tannhäuser“ von Wagner oder in Gounods Faust - Oper in der „Walpurgisnacht“.

Balare
Italienisch für tanzen.

Ballabile
Bezeichnung für einen Balletteil, der nur von den Gruppentänzern (Corps de ballet) getanzt wird.

Ballerina
Im Italienischen bedeutet „una ballerina“ einfach eine Tänzerin. Im Deutschen versteht man unter einer Ballerina eine Solotänzerin, die führende Rollen des Ballettrepertoires tanzt. Eine „Primaballerina“ ist meist die dienstälteste, beste und erfahrenste der Ballerinen in einer Kompanie. „Primaballerina assoluta“ war ein Ehrentitel, der beim zaristischen Ballett nur zweimal vergeben wurde. In neuerer Zeit hat das englische „Royal Ballet“ Margot Fonteyn zur „Primaballerina assoluta“ ernannt. Der Titel „Ballerina“ ist rechtlich nicht geschützt und wird oft mißbraucht.

Ballerino
Seltener gebrauchte männliche Entsprechung zu Ballerina.

Ballet abstrait
Siehe Abstraktes Ballett S. 210

Ballet blanc
Ein im klassischen Stil getanztes Ballett, in dem die Tänzerinnen das von Marie Taglioni eingeführte lange Tutu (einen weißen Knierock) tragen.

Ballet d'action
Siehe Handlungsballett

Ballet for all
Der englische Ballettpublizist Peter Brinson schuf in Zusammenarbeit mit dem „Royal Ballet“ die „Ballet for all“ - Gruppe, die in weiten Kreisen der Bevölkerung das Verständnis für Ballett fördern half.

Ballettakademie
Trotz des „klassischen“ Anscheins ist der Name nicht gesetzlich geschützt und sagt nichts über die Qualität einer Schule aus.

Ballettästhetik
Der Begriff bedeutet „Lehre vom Schönen in der Ballettkunst“. Die Ballettästhetik bestimmt das Wesen und die inneren Gesetze dieses Schönen und untersucht das Schaffen und Erleben dieses Schönen. Schon Jean-Georges Noverre (1727 - 1810) hat in seinen „Lettres sur la Danse“ (1759) ballettästhetische Begriffe geprägt. Wichtige Ballettästheten dieses Jahrhunderts waren der Russe Akim Wolynski (1863 - 1926) mit seinem „Buch des Jubels“ (1925) und der in Frankreich lebende Russe André Levinson (1887 - 1933). In neuerer Zeit hat Gerhard Zacharias mit seinem Buch „Ballett - Gestalt und Wesen“ einen wichtigen Beitrag zur Ballettästhetik geleistet.

Ballettdirektor
In der Regel wird diese Aufgabe vom Choreographen eines Theaters ausgeübt. Es ist allerdings nicht leicht, Künstler mit einer solchen „Doppelbegabung“ zu finden, und so werden auch andere mit dieser Aufgabe betraut, z.B. Ballettmeister, aktive oder

1 Erste Fußposition, zweite Armposition
2 Haltung des Gelenks und der Finger
3 Dritte Fußposition, Arme in Gegenüberstellung
4 Fünfte Fußposition, ausgestreckte Arme in Gegenstellung
5 Fünfte Fußposition auf halber Spitze, Arme im Rundbogen über dem Kopf
6 Vierte Fußposition, seitlich gesehen, seitlich gedrehte Körperposition
7 Zweite Fußposition auf flacher Sohle
8 Zweite Fußposition auf halber Spitze
9 Plié in zweiter Fußposition
10 Wie sich ein Tänzer halten soll; zweite Fußposition
11, 12, 13 Schlechte Armhaltungen
14 Körperfehler eines Tänzers mit krummen Beinen
15 Körperfehler eines X-beinigen Tänzers

ehemalige Tänzer, Dramaturgen oder Kritiker. In diesen Fällen ist der Direktor auf Gastchoreographen angewiesen. Manche Theater geben auch choreographisch begabten Tänzern die Möglichkeit, eigene Kreationen zu verwirklichen.

Für die Arbeit des Ballettdirektors ist die Personalpolitik besonders wichtig, die Wahl der richtigen Mitarbeiter: Ballettmeister, Tänzer, Gastchoreographen, Komponisten neuer Ballette, Ausstatter und Dramaturgen. Diese über eine ganze Spielzeit hinweg zu Höchstleistungen anzuspornen, ist eine überaus schwierige Aufgabe.

Von großer Bedeutung für einen Ballettdirektor ist der Spürsinn für junge, unbeachtete Talente. Sie zu fördern und zu führen dürfte eine seiner schönsten Aufgaben sein. Auch für den Spielplan zeichnet er verantwortlich; er ist ferner eine Art Schiedsrichter bei Unstimmigkeiten in der Kompanie und vertritt sie auch nach außen, gegenüber der Intendanz, der Aufsichtsbehörde und dem Publikum.

Ballettdirigent
Die Arbeit eines Ballettdirigenten stellt andere Anforderungen als die eines Konzertdirigenten. Ein guter Dirigent muß nicht nur seine Partitur, sondern auch die Choreographie des Balletts kennen. Größere Ensembles verpflichten einen eigenen, mit allen Belangen des Balletts vertrauten Ballettdirigenten. Die Proben werden heute oft nur mit Tonbandaufnahmen durchgeführt, weil manche hauptsächlich moderne Partituren sich auf dem Klavier kaum wiedergeben lassen. Das hat den Vorteil, daß sich die Tänzer von Anfang an mit dem Klang des Orchesters vertraut machen können. Der Nachteil besteht aber darin, daß sie sich an bestimmte Tempi gewöhnen, die dann unter Umständen vom Dirigenten der Aufführung verändert werden, was zu Unsicherheiten führt.

Ballettdramaturg
Nur große Theater können sich einen eigenen Ballettdramaturgen leisten. An kleineren und mittleren Bühnen übernimmt meist der Operndramaturg diese Aufgabe. Man kann drei Arbeitsbereiche des Ballettdramaturgen unterscheiden:

Es muß Öffentlichkeitsarbeit für das Ballettensemble und das Ballett allgemein geleistet werden. Der Dramaturg soll über das Ballett berichten, für das Ballett werben und die Kenntnisse des Publikums über das Ballett erweitern helfen. Die Information von Presse, Funk und Fernsehen gehört ebenso zu seinen Aufgaben wie die Organisation von eigenen Veranstaltungen und die Gestaltung von Programmheften. Er wirkt „intern" dadurch, daß er das Ensemble mit Informationen versorgt.

Eine sehr wichtige und interessante Aufgabe besteht darin, bei der Entstehung neuer Ballette mitzuwirken. Der Dramaturg sollte für die Verständlichkeit des Handlungsablaufs sorgen und mithelfen, die Akzente richtig zu setzen, also mit Ideen und Vorschlägen beratend mitarbeiten. Allerdings bedeutet das in der Praxis eine Überschneidung mit dem Aufgabenbereich eines Choreographen, der ja für das Ballett als Ganzes verantwortlich ist.

Ballettensemble
Das Ballettensemble umfaßt alle bei einer Ballettkompanie beschäftigten Personen. Die strenge Hierarchie beginnt bei den Gruppentänzerinnen und Gruppentänzern, dann kommen die Gruppentänzerinnen und -tänzer mit Soloverpflichtung, gefolgt von den Solisten mit Gruppenverpflichtung und schließlich den Solistinnen und Solisten. Bei großen Kompanien stehen an der Spitze die Ballerinen und Ballerini. Die Rangstufen an der traditionsreichen Pariser Oper beginnen bei den Eleven (rats), gefolgt von Zweite Quadrille, Erste Quadrille, Koryphäen (eine Art Vortänzer der Quadrille), Petits sujets,

Grands sujets, Premiers danseurs (danseuses) und schließlich Danseurs (Danseuses) Etoiles.

Bei vielen Truppen sind heute jedoch die Rangbezeichnungen unüblich. Alle Tänzer sind gleichgestellt, und bei der Verteilung der Aufgaben entscheidet die Eignung.

Ballettmäzen

Heutzutage gibt es kaum noch Ballettmäzene im eigentlichen Sinne; die private Förderung des Balletts wird, besonders in den USA, von Stiftungen übernommen. Calouste Sarkis Gulbenkian etwa mit seiner in Portugal errichteten Stiftung zur Förderung der Künste ist zu den Ballettmäzenen zu zählen.

In Deutschland ist die zu Ehren des früh verstorbenen Tänzers Heinz Bosl errichtete „Heinz-Bosl-Stiftung" zu einem bedeutenden Helfer bei der Nachwuchsförderung geworden. In der Schweiz leistet die große Handelsgenossenschaft Migros-Genossenschafts-Bund eine vorbildliche Förderungsarbeit durch Vergabe von Ausbildungsstipendien, Lehrerweiterbildungskurse und Urlaubskurse für Tänzer, Beratungstage für angehende Tanzschüler sowie Förderung verschiedener Ballettveranstaltungen.

Ballettmeister (Maître de Ballet)

Der Ballettmeister wurde früher auch „Maître de Danse" genannt, was zugleich auch Choreograph bedeutete. Um sich über die vielfältigen Aufgaben eines Ballettmeisters ein Bild machen zu können, wird es am besten sein, ihm während seines ausgefüllten Arbeitstages am Theater zu folgen.

Der Tag beginnt für den Ballettmeister und für die Tänzer mit einem Training im klassischen Tanz. Hier wird auch am technischen Können der Tänzer gefeilt, und es werden Bewegungsabläufe geübt, die meist auf die jeweiligen tänzerischen Aufgaben abgestimmt sind.

Nach einer kurzen Pause ruft der Ballettmeister zur Vormittagsprobe auf. Wenn ein Choreograph ein neues Ballett stellt, wird er zuschauen, denn er muß später die neue Choreographie mit den Tänzern so lange proben, bis sie ihnen in Fleisch und Blut übergegangen ist. Bei Umbesetzungen ist er derjenige, der mit den Tänzern den Part einstudiert. Sogenannte Putzproben sorgen dafür, daß auch bei Wiederholungsvorstellungen jede Kleinigkeit „sitzt".

Nachmittags werden die Proben fortgesetzt bis in den Abend, manchmal bis in die Nacht, Wenn abends eine Vorstellung stattfindet, ist der Nachmittag für Ballettmeister und Tänzer frei. Etwa eine Stunde vor Vorstellungsbeginn gibt der Ballettmeister den Tänzern ein Kurztraining, um sie für die Vorstellung „warm zu machen". Er ist auch während der Vorstellung im Theater und sorgt dafür, daß alles ordnungsgemäß abläuft. Besonders bei kleinen Kompanien übernimmt der Ballettmeister nicht selten auch noch eine Rolle im Ballett.

Ein guter Ballettmeister kennt die Choreographien der überlieferten Standardwerke der Ballettliteratur und kann daher ein Ballett selbständig einstudieren. Er sollte auch in der Lage sein, geringfügige Änderungen einer Choreographie selbst zu übernehmen. An vielen Theatern muß er zudem auch bei Opern und Operetten die Tanzeinlagen choreographieren und kann dadurch in anspruchsvollere Aufgaben hineinwachsen.

Die Ausbildung zum Ballettmeister ist nicht festgelegt. In England, USA und vor allem den osteuropäischen Ländern gibt es Ballettmeisterkurse von längerer Dauer. Aber ein Tänzer kann auch während seiner aktiven Zeit langsam in den Beruf des Ballettmeisters hineinwachsen. Voraussetzung ist in jedem Fall ein sehr gutes choreographisches Gedächtnis; auch eine gute pädagogische Begabung ist erforderlich.

Ballettmusik

Die Musik für ein Ballett kann auf drei verschiedene Arten zustandekommen:

1. Ein Choreograph verwendet eine Musik, die ursprünglich nicht für das Ballett vorgesehen war. Musikfreunde wehren sich manchmal gegen die „Verballettisierung“ und empfinden sie als Mißbrauch.
2. Ein Komponist und ein Choreograph erarbeiten gemeinsam ein neues Ballett. Zu diesem „Team“ stößt häufig noch der Bühnenbildner und manchmal der Szenarist. Wie eine solche Zusammenarbeit in der Praxis aussehen kann, zeigen die Anweisungen, die der Choreograph Marius Petipa dem Komponisten Alexander Glasunow für die Musik von „Raymonda“ (1898) erteilte:

„Großes Adagio: Die Musik drückt zärtliche Gefühle aus, danach zur Schilderung des Sarazenen ein Forte, das sich immer mehr verstärkt. Drei Variationen für die Tänzerinnen. Eine Variation für den Tänzer. Eine Variation für Raymonda. Man muß sich über diese fünf Variationen verständigen. Große Coda. 2/4, feurig, 144 Takte. Verschiedene Tänze von exotischem Charakter. Auftritte von Sklaven, Jongleuren und anderen. 3/4, 32 Takte. Auftritt der Sarazenen. 2/4, 48 Takte. Auftritt arabischer Knaben mit Cymbals. 2/4, 24 Takte von grellem Charakter...“ (aus: Marius Petipa, „Meister des klassischen Balletts“).

3. Ein Komponist erhält einen Kompositionsauftrag für ein neues Ballett und hat dabei volle Freiheit des Schaffens. Das setzt jedoch voraus, daß der Komponist mit der tänzerischen Seite des Balletts einigermaßen vertraut ist. Die Ansichten über die Tanzbarkeit einer Partitur wandeln sich. Vor nicht allzu langer Zeit wurde die Musik zum Ballett „Romeo und Julia“ von Serge Prokofjew von den Tänzern der Uraufführung (1936) als kaum tanzbar empfunden; heute findet sie jeder ausgesprochen tanzbar. Nach Ansicht vieler Choreographen und Tänzer gibt es keine Musik, zu der nicht getanzt werden könnte, sei sie nun tonal, atonal, seriell oder konkret. Ballett muß nicht unbedingt mit Musik zusammenhängen. Es gibt Ballette, deren Bewegung nur durch Rhythmen gesteuert wird oder die sogar auf jede rhythmische Fixierung verzichten und es dem Choreographen oder Tänzer überlassen, wie er sich tänzerisch ausdrückt.

Ballettomane

Ein im zaristischen Rußland zuerst gebräuchlicher Ausdruck für einen Ballettliebhaber, der vom „Ballettfieber“ (Ballettomania) angesteckt ist und sich bis zur Besessenheit für alles begeistert, was mit Ballett zu tun hat.

Ballettpublikum

Wer die Entwicklung des Balletts seit Kriegsende miterlebt hat, der weiß, daß es weder in Deutschland noch in Österreich oder der Schweiz ein wirkliches Ballettpublikum gab; ein solcher Kreis von Kennern und Liebhabern mußte erst aufgebaut werden. Auch dauerte es einige Zeit, bis sich das Ballett von den Folgen der Kriegszeit erholt hatte und wieder ein höheres Niveau erreichte.

Aber für die Entstehung eines breiteren Ballettpublikums ist es günstig, daß die Zuschauer sich selbst schon mit Ballett beschäftigt haben. Das zeigt sich deutlich in England; dort hat ein breiterer Personenkreis irgendwann einmal selbst Ballettunterricht erhalten und ist damit aufgeschlossener als bei uns, wo erst die jüngere Generation solche Voraussetzungen mitbringt.

Nicht jedermann hat die Möglichkeit Leistungsvergleiche zu ziehen. So vermag ein Teil des Publikums nicht immer zu erkennen, daß eine Choreographie nur wenige eigene Züge trägt bzw. daß der Choreograph mangels eigener Inspiration und eigenen Könnens Anleihen bei anderen gemacht hat.

16 Vierte Position der Füße vorwärts und gehoben, Arme in zweiter Position, seitwärts gesehen
17 Gleiche Körperhaltung wie Bild 16, aber von vorne gesehen, Füße auf halber Spitze
18 Vierte Fußposition, Bein nach hinten gehoben, seitwärts gesehen
19, 20, 21, 22, 23 Pose, Ausgang oder Abschluß einer Bewegung
24 Richtige Handhaltung

Ballettsekretär (in)
An größeren Bühnen übernimmt der Ballettsekretär den größten Teil der Verwaltungsaufgaben des Ballettdirektors. Er führt die anfallende Korrespondenz, schreibt Verträge, Besetzungslisten und Probenpläne. Er muß ein ruhender Pol im Ballettbetrieb sein und seinen Chef, besonders wenn dieser als Choreograph schöpferisch arbeitet, von allen Störungen abschirmen. Der Ballettsekretär muß nicht unbedingt selbst auf der Bühne gestanden haben, aber er sollte gute Ballettkenntnisse mitbringen und Liebe zu einem interessanten, nicht immer leichten Beruf.

Ballettszenario (Ballettlibretto)
Wie eine Oper oder ein Schauspiel ihr Textbuch haben, so hat auch ein Ballett (mit Ausnahme eines abstrakten) sein Szenario oder Libretto, das meist vom Choreographen stammt. Aber auch zahlreiche Dichter wie André Gide, Paul Claudel, Paul Valéry, Blaise Cendrars, Jean Cocteau, Heinrich Heine und Günther Grass haben Ballettlibrettos erarbeitet.

Ballettzeitschriften
Siehe Literaturverzeichnis

Ballon
Wenn ein Tänzer „Ballon" besitzt, so erweckt er beim Hochspringen den Eindruck, er bleibe einen kurzen Augenblick in der Luft stehen. Der Ausdruck stammt vielleicht vom französischen Tänzer Jean Balon (1676-1739).

Bar oder Barre
Englisch/Französisch für Stange. Um den klassischen Tänzern beim täglichen Training das Halten des Gleichgewichts zu erleichtern, wird im Ballettsaal an den Wänden in Hüfthöhe eine horizontale Stange angebracht, an der sich die Tänzer festhalten. Sie wird während des ersten Trainingsabschnitts benutzt.

Benesh Dance Notation
Siehe Tanzschrift

Beratung für Tanzaspiranten
Für jeden, der sich als Tänzer ausbilden lassen will, spielt die genaue Prüfung der körperlichen und geistigen Voraussetzungen eine entscheidende Rolle. Dabei ist es nützlich, sich nicht nur vom Ballettlehrer Auskunft einzuholen, sondern auch von einer neutralen Instanz. Solche Beratungen führt z.B. die Heinz-Bosl-Stiftung in München durch oder in der Schweiz der Migros-Genossenschafts-Bund unter Hinzuziehung der verschiedenen Berufsverbände. Wie notwendig eine neutrale Talentprüfung ist, geht daraus hervor, daß in München wie in Zürich nur etwa 10% der Ratsuchenden gesagt werden kann, eine Fortsetzung der Ausbildung erscheine möglich. Bei der Prüfung der physischen Eignung sollte man unbedingt einen Facharzt für Orthopädie zuziehen.

Bewegungschor
Zur Verstärkung des Ballettensembles wird häufig ein Bewegungschor eingesetzt. Seine Aufgabe besteht darin, sich nach Angaben des Choreographen rhythmisch zu bewegen. Der Bewegungschor wird auch zur Verstärkung der Statisten eingesetzt.

Bibliotheken mit großen Abteilungen für Tanz und Ballett

Akademie der Künste
- Tanzarchiv
Poetenweg 27, Leipzig

Biblioteco e Museo del Teatro della Scala Milano
Milano

Bibliothek der Ballettschule des St. Petersburger Balletts
Architekt Rossi-Straße,
St. Petersburg

Bibliothèque du Théâtre National de l'Opéra Paris
Place de l'Opéra, 75008 Paris

Bibliothèque Nationale Paris
Rue Richelieu, 740002 Paris

Library of Congress Washington
Washington DC 20540, USA

New York Public Library
Fifth Ave. & 42nd St.,
New York, NY 10018

Das Tanzarchiv
Bibliothek und Sammlung
der internationalen Tanzkunst
(Kurt Peters)
Postfach 270342, 5000 Köln 1

Württembergische Landesbibliothek Stuttgart
Konrad-Adenauer-Straße 8,
7000 Stuttgart 1
(enthält besonders die Doris Niles und Serge Leslie - Sammlung).

Wichtige Bestände finden sich auch im „British Museum" und im „Victoria and Albert Museum" in London.

Biomechanik

Die Biomechanik ist ein junger Wissenschaftszweig, der sich mit dem menschlichen Bewegungsapparat befaßt und auch für den Tanz von Bedeutung werden kann. Sie untersucht Bewegungsabläufe und geht dabei von physikalischen Grundlagen aus, berücksichtigt aber auch Erkenntnisse der Physiologie, der Anatomie, der Sport- und Tanzmethodik und der Psychologie.

Bournonville-Technik

So wird ein Stil des klassischen Tanzes bezeichnet, der im letzten Jahrhundert in Dänemark durch den französischen Choreographen August Bournonville (1805-1879) entwickelt wurde.

Bühnenbild

Von den prunkvollen Bühnenbildern und -bauten des Barock bis zum Ballett, das vor einem durch einen Vorhang abgegrenzten Bühnenhintergrund getanzt wird, ist es ein weiter Weg.

Jedes Ballettbühnenbild muß einen Grundsatz beachten: die Tänzer müssen Platz zum Tanzen haben. Ausladende Bauten und Dekorationen würden die Bewegungsfreiheit einengen.

Während die luxuriösen und prachtvollen Bühnenbilder des Barock für den Kunstgenuß eine der Musik und der Darstellung durchaus gleichwertige Rolle spielten, waren die Bühnenbilder des 19. Jahrhunderts künstlerisch weit weniger wertvoll. Mit ihren hintereinander aufgehängten Prospekten wirkten sie wenig plastisch und für unsere Augen eher primitiv. Serge Diaghilew mit seinen „Ballets Russes" führte dann eine grundlegende Änderung der Ästhetik des Bühnenbildes ein; seine russischen Bühnengestalter Leon Bakst und Alexander Benois schafften die Hängedekorationen älteren Stils ab und arbeiteten hauptsächlich mit Bühnenprospekten.

Pablo Picasso verursachte dann 1917 geradezu eine Revolution des Bühnenbildes mit seinen Bildern und Kostümen zum Ballett „Parade", das nach einer Idee Jean Cocteaus mit der Musik von Eric Satie und der Choreographie des jungen Léonide Massine aufgeführt wurde. Nun begannen Picasso und andere bekannte Maler, sich mehr und mehr für das Ballett zu interessieren. Mit der Zeit erhielten die Bilder ein zu großes Gewicht gegenüber dem Tanz, was bald eine Abkehr von diesen schönen, aber dominierenden Bühnendekorationen zur Folge hatte.

Heute sind nur noch gelegentlich aufwendige Dekorationen und üppige Ausstattungen zu sehen; die Tendenz geht dahin, so wenig wie möglich vom Tanz abzulenken und sich mit Andeutungen zu begnügen, die Stimmung erzeugen. Völlig

25 Fünfte Fußposition mit hochgehaltenem Bein auf halber Spitze
26, 27, 28 Verschiedene Attituden aus der zweiten und vierten Position
29, 30 Verschiedene Attituden aus der vierten Position
31 Stellung eines Tänzers vor Beginn einer Pirouette mit Auswärtsdrehung
32 Stellung einer Tänzerin vor Beginn einer Pirouette mit Einwärtsdrehung

neue Effekte werden durch die Fortschritte der Lichttechnik möglich.

Von nicht zu unterschätzender Bedeutung sind die Bühnenprojektionen. Sie erlauben rasche, ja fließende Bildwechsel und sind, was besonders bei kleinen Bühnen von Bedeutung ist, raumsparender als eine aufwendige Bühnenarchitektur.

Cecchetti-Methode

Methode des klassischen Tanzes, benannt nach dem berühmten italienischen Tänzer und Ballettpädagogen Enrico Cecchetti (1850 - 1928).

Choreographie

Der Begriff ist zusammengesetzt aus den griechischen Bezeichnungen für „Tanz" und „schreiben" und stand ursprünglich nur für die schriftliche Fixierung eines Tanzes.

Im 20. Jahrhundert bekam der Begriff eine umfassendere Bedeutung: Choreographie ist nun die Komposition, die schöpferische Gestaltung des tänzerischen Bewegungsablaufs; sie wird von der Tanzschrift oder Tanznotation (vgl. S. 194) unterschieden.

Der Choreograph kann sich dabei nicht auf die Entwicklung und Kombination tänzerischer Bewegungen beschränken, seine Arbeit muß auch die anderen Elemente des Balletts, Musik, Kostüme, Bühnenbild mit einbeziehen.

Die Kunst des Choreographen ist es, „Dinge, die er im Geist erfand, durch die Gesten und Bewegungen des Körpers auszudrücken" (John Weaver, Essay towards an History of Dancing, 1712). Er ist schöpferischer Künstler, und daher prägte der russisch-französische Choreograph Serge Lifar den Begriff „Choréauteur" (Choreographieautor), der sich allerdings nicht durchsetzte.

Ein Choreograph sollte unbedingt selbst durch die Schule des Tanzes gegangen sein und eigene Tänzererfahrung mitbringen, damit er ein Gefühl für die tänzerische Bewegung bekommt und sein Repertoire vollkommen beherrscht. Nur dann kann er so viel wie möglich von seinen Tänzern fordern, ohne sie zu überfordern. Er braucht eine stark entwickelte Sensibilität für visuelle Eindrücke und ein außergewöhnliches musikalisches Gefühl. Dazu muß die Fähigkeit kommen, andere zu führen, zu begeistern, mitzureißen. Kein Wunder, daß wirklich gute Choreographen selten sind!

Die Arbeitsweise der einzelnen Choreographen ist unterschiedlich: manche erarbeiten ihre Choreographie zuhause, hören sich immer wieder die Musik an und legen die Bewegungsabläufe fest, bevor die Proben beginnen. Andere dagegen lassen sich erst im Ballettsaal so richtig von der Musik und den Tänzern inspirieren. Die einen verlangen von ihren Tänzern strenge Unterordnung unter die eigenen Ideen, während andere den Tänzern größeren Spielraum gewähren oder geradezu auf sie angewiesen sind, um die Choreographie entwickeln zu können.

„So viele Menschen haben mich gefragt, wie man wohl anfängt, ein Choreograph zu sein. Die Antwort ist: „Erziehung, Begabung und Glück!". Zuerst braucht man den Abschluß einer vorzüglichen Schule, an der alle Stile des Tanzes gelehrt werden. Weiter braucht man die Gelegenheit, erstklassige Tänzer bei ihrer Arbeit und auch große Choreographen bei der Realisierung ihrer Ideen betrachten zu können." (John Cranko im Heft „10 Jahre Noverre-Gesellschaft")

Unter den Schülern einer Tanzschule und den Tänzern einer Kompanie gibt es immer nur einige wenige, die die Inspiration und die Fähigkeit haben, Bewegung auf ihre eigene Art zu gestalten – und das sind die zukünftigen Choreographen.

Angehende Choreographen haben oft beträchtliche Hindernisse zu überwinden, um die nötigen Erfahrungen sammeln zu können. Immerhin braucht der Choreograph, wenn er ein Ballett aufführen will,

33 Attitude, von vorne gesehen
34 Attitude, seitlich gesehen
35, 36 verschiedene Armhaltungen bei Attituden
37 Mercurstatue von Giambologna (1529–1608)
38, 39 Attituden nach der Statue des Giambologna
40 Pirouette auf dem „coup de pied“ (Rist)
41 Arabesque

nicht nur Tänzerinnen und Tänzer, sondern auch die geeigneten Räumlichkeiten, Hilfskräfte für Musik, Beleuchtung und Dekorationen usw. - ein beträchtlicher Aufwand. Junge Choreographen sind daher stark auf die Förderung durch „etablierte“ Theater angewiesen. John Cranko z.B. zeigte großes Verständnis für diese Probleme. Er führte seine Jungchoreographen John Neumeier und Jiři Kylián vorbildlich in die Kunst der Choreographie ein, wobei ihn die Noverre-Gesellschaft unterstützte, indem sie die für die choreographischen Arbeiten nötigen Voraussetzungen zu schaffen half. Das Ergebnis dieser Aufbauarbeit ist ja bekannt - sowohl Neumeier als auch Kylián gehören zu den führenden Choreographen der Gegenwart.

In manchen Ländern, so etwa in der Sowjetunion, gibt es Choreographieschulen. Sie vermitteln das Handwerkliche und verkürzen den Weg zur selbständigen und schöpferischen Arbeit.

Eine Mittelstellung zwischen der eigenen Arbeit und derjenigen eines Ballettmeisters nimmt der Choreograph dann ein, wenn er ein neu einzustudierendes, übernommenes Ballett auf die bestehenden Verhältnisse eines Ensembles anpaßt. Es heißt dann meist im Programm „Choreographie nach ....“. Choreographische Abänderungen und Umstellungen können dann nötig werden, wenn ein Tänzer aus technischen Gründen den ursprünglichen Part nicht ausführen kann oder wenn die Zahl der zur Verfügung stehenden Tänzer für die vorgeschriebene Choreographie nicht ausreicht.

Choreographisches Recht oder Autorenrecht

Eine Choreographie ist, wie andere Kunstwerke, für eine gewisse Zeit urheberrechtlich geschützt; sie darf nicht kopiert werden und auch nicht ohne Einwilligung des Autors aufgeführt werden. George Balanchine z.B. bestand darauf, daß seine Choreographien nur von seinen Vertrauensleuten einstudiert werden.

Immer wieder kommen „Anleihen“ bei anderen Choreographen vor und sind rechtlich schwer nachzuweisen. Eine klare, auch international wirksame rechtliche Regelung scheiterte bisher nicht zuletzt daran, daß eine eindeutige Dokumentation der Choreographien und damit das Beweismaterial oft fehlt.

Choreologe

Für einen Choreographen, der mit dem Stellen eines neuen Balletts beschäftigt ist, ist es kaum möglich, gleichzeitig auch seine Bewegungsfolgen schriftlich zu fixieren. Daher wurde der Beruf des Choreologen bzw. der Choreologin eingeführt, der für die Niederschrift des Balletts verantwortlich ist.

Claque, Claqueur

Darunter versteht man eine - meist bezahlte - Gruppe von Beifallspendern, die Erfolg oder Mißerfolg einer Aufführung beeinflussen können.

Coda

Italienisch für Schwanz. Eine Coda ist der letzte Teil eines klassischen Pas de deux oder der Abschluß einer Ensembleszene eines Aktes.

Compagnie de ballet

Balletkompanie. Der Begriff bezeichnet entweder ein selbständiges Ballettensemble oder das Ballettensemble eines Theaters.

Corps de ballet

Französische Bezeichnung für die Gruppentänzer, die zusammen mit den Solisten das Ballettensemble bilden. Das Engagement als Gruppentänzer ist eine praktische Schule des Tänzers auf der Bühne für die Bühne und bildet somit den Grundstein für eine Entwicklung zum Solisten.

Coryphées
Die Chorführer im altgriechischen Schauspiel wurden Koryphäen genannt. Im Ballett werden so die Vortänzerinnen der Gruppentänzerinnen in der Pariser Oper bezeichnet.

Création
Französisch für Schöpfung. Unter einer Création versteht man eine Uraufführung.

Danse d'Ecole
„Schulmäßiger Tanz", ein streng den klassischen Regeln gehorchender Tanz.

Danseur noble
International gültige Einstufung für einen Tänzer von klassischen Partien und Partner von klassischen Ballerinen. Voraussetzung ist eine schlanke, großgewachsene Gestalt. Typische Rollen des Fachs sind z.B. die Prinzen in „Schwanensee" oder „Giselle".

Danseur de caractère
Ein Tänzer, der im Gegensatz zum „Danseur noble" Charakterrollen verkörpert, oft auch komische Rollen. Er ist kräftig gebaut und darf auch untersetzt sein.

Danseur de demi-caractère
Er steht zwischen Danseur noble und Danseur de caractère und vereinigt beide Techniken. Typische Rollen sind die Begleiter des Prinzen im „Schwanensee" oder in „Cinderella".

Danseuse Etoile (Danseur Etoile)
Dieser Titel steht eigentlich allein den großen Solotänzerinnen und -tänzern der Pariser Oper zu, obwohl sich auch andere Ballettsolisten damit schmücken.

En travesti
Eine Frauenrolle wird „en travesti" dargestellt, wenn sie von einem Mann und umgekehrt eine Männerrolle, wenn sie von einer Frau gespielt wird.

Eukinetik
Unter Eukinetik versteht man die Lehre vom körperlichen Ausdruck, d. h. einer durch Körperhaltung und Körperbewegung dargestellten Aussagen.

Eurhythmie
Im antiken Griechenland verstand man unter Eurhythmie eine „wohlgeordnete Bewegung". Heute wird der Begriff für die von Rudolf Steiner geschaffene Kunstform verwendet, die Sprache und Musik durch Körperbewegungen darzustellen versucht.

Figurant
Bei großen Ballettaufführungen werden oft neben den Tänzern noch zusätzliche Statisten benötigt, die nicht tanzen und Figuranten genannt werden. In „Dornröschen" z.B wird die Hofgesellschaft durch Figuranten dargestellt.

Figurine
So nennt man die Skizze zu einem Kostümentwurf. Die Figurine zeigt alle nötigen Angaben über Schnitt, Material und Farben eines Kostüms. Die Maße werden von den Theaterschneidern nach einer Kostümprobe festgelegt.

Foyer de la Danse
In der Pariser Oper hatten früher Herren aus gehobenen Kreisen das Recht, die Tänzerinnen im „Foyer de la Danse" zu besuchen, das Ende des 19. Jahrhunderts ein vielbesuchter Treffpunkt war. Die Atmosphäre und die teilweise recht lockeren Sitten sind in zahlreichen Gemälden und Karikaturen festgehalten.

Freier Tanz
Ein im wörtlichen Sinne freier Tanz kennt keinerlei Regeln. Der Ausdruckstanz zum Beispiel ist ein freier Tanz, der keinen Regeln gehorcht und daher – streng genommen – weder gelehrt noch erlernt werden kann.

42-49 Verschiedene Arten von Arabesques

German Dance
Da der Ausdruckstanz hauptsächlich in Ländern deutscher Sprache verbreitet war, wurde er in seiner Blütezeit „German Dance“ genannt.

Grand Pas
Unter Grand Pas versteht man einen bedeutsamen, choreographisch besonders aufwendig gestalteten Tanz, der an dramaturgisch wichtiger Stelle steht.

Greek Dance
Bezeichnung für einen Tanzstil, der heute als „Revived Greek Dance“ hauptsächlich in den angelsächsischen Ländern gepflegt wird. Er geht in erster Linie auf die Bestrebungen von Isadora und Raymond Duncan zurück, den Tanz der alten Griechen wieder zu beleben. Man kann den Greek Dance auch als eine Art Ausdruckstanz bezeichnen. In London gibt es eine „Greek Dance Society“.

Jazz-Gymnastik
Was unter diesem Namen angeboten wird, ist oft nicht mehr als gewöhnliche Gymnastik zu Jazzmusik. Es gibt aber eine ernstzunehmende Form, bei der Jazztanz und Gymnastik kombiniert werden. Sie vermittelt eine befreiende, rhythmisch prägnante Art der Bewegung.

Kammerballett
Wie man in der Musik von Kammermusik spricht, kann man auch im Ballett von Kammerballett sprechen und meint damit Aufführungen auf einer kleineren Bühne mit nur wenigen Tänzern.

Kinetographie
Aus dem Griechischen stammende Bezeichnung für Tanzschrift heute kaum mehr verwendet.

Kniaseff-Bodenübungen
Der aus Rußland stammende Ballettpädagoge Boris Kniaseff (1900 - 1975), der viele bedeutende Tänzer unterrichtet hat, ließ verschiedene klassische Tanzübungen, die normalerweise aufrecht ausgeführt werden, auf dem Boden ausführen. Damit wollte er eine größere Sicherheit erreichen, weil die Tänzer nicht gleichzeitig gegen die Schwerkraft anzukämpfen haben. Diese Bodenübungen sind nur Ergänzungsübungen.

Kostüme
Das Kostüm der Tänzer hat sich im Laufe der Ballettgeschichte oft verändert. Im Barock erlaubte das bodenlange Kostüm keine größeren Bewegungen der „Damen“ - durchaus zweckmäßig, um zu verbergen, daß die Frauenrollen von Männern mit Masken getanzt wurden!

Mit zunehmender Virtuosität des Tanzes wurden die Kostüme kürzer. Die erste größere Kostümreform war der großen Ballerina Marie Sallé (1707 - 1756) zu verdanken. Sie erschien in einer stilisierten griechischen Tunika auf der Bühne und nahm so in gewissem Sinn die Reformbestrebungen von Jean-Georges Noverre (1727 - 1810) vorweg.

Jede Epoche der Ballettgeschichte hat das ihre zur Gestaltung der Kostüme beigetragen. Das für die Romantik typische enganliegende Mieder und das Gazeröckchen, aus dem sich später das Tutu entwickelte, wurde von Marie Taglioni (1804 - 1884) allgemein in Mode gebracht.

Anfang des 20. Jahrhunderts bekam die Kostümgestaltung wichtige Anstöße durch bedeutende Maler wie Picasso, Matisse, Léger, Rouault und andere, die für die „Ballets Russes“ Kostüme und Dekorationen entwarfen. Ausgehend von Balanchine kam dann die Mode auf, nur noch im Trikot oder in einfachen griechischen Tunikas zu tanzen; die Männer traten in Beintrikots auf.

Laban - Notation
Siehe Tanzschrift.

Markieren
Ein Tänzer markiert einen Part, wenn er ihn nicht voll austanzt, sondern (auf der Probe) nur andeutet. Auch beim Erklären einer Bewegungsfolge bedienen sich Choreographen, Ballettmeister und Tänzer einer Art „Geheimsprache“, bei der sie mit Handbewegungen und entsprechenden Fachausdrücken markieren, wie eine Bewegung aussehen soll.

Mime
Das Wort stammt aus dem Griechischen und bedeutet Nachahmer. Im Handlungsballett müssen die Tänzer die Sprache durch Gebärden und Bewegungen ersetzen, und so entstehen gemimte Passagen, die auch als Pantomime bezeichnet werden.

Mimodrama
Dieser Begriff wird von dem französischen Mimen Marcel Marceau für Darbietungen verwendet, bei denen eine Gruppe von mehreren Mimen auftritt.

Modern Dance
Siehe S. 178

Muskuläres Gedächtnis
Die Bewegungsabläufe eines Balletts gehen den Tänzern nach einiger Zeit in einem solchen Ausmaß „in Fleisch und Blut“ über, daß man an ein muskuläres Gedächtnis glauben kann, welches auch ohne ständiges Überlegen den Körper die vorgeschriebenen Bewegungen ausführen läßt.

Musical
Nordamerikanische Form des populären Singspiels, das von den Darstellern Theaterspiel, Singen und Tanz verlangt. In Europa hat sich das Musical nur in England richtig durchsetzen können.

Neoklassischer Tanz
Siehe S. 206

Opernballett
In vielen Opern ist an einer oder mehreren Stellen eine Tanzeinlage eingefügt, die gelegentlich als Opernballett bezeichnet wird. Im 19. Jahrhundert war es an der Pariser Oper undenkbar, daß eine Oper ohne Balletteinlage aufgeführt worden wäre. Die bekanntesten Beispiele sind „Faust“ (Margarethe) von Charles Gounod und „Samson und Dalila“ von Camille Saint-Saëns. Auch Verdi hat für einige seiner Opern Balletteinlagen geschrieben. Sie sind, außer etwa in „Aida“, dramaturgisch kaum gerechtfertigt und werden daher häufig weggelassen.

In Theatern mit gemischtem Betrieb müssen die Tänzer vielfach auch die Tanzeinlagen in Opern und Operetten tanzen, was gelegentlich zu Reibereien führt.

Orchesis
Ein griechisches Wort, das eine Bewegung oder Gebärde bezeichnet.

Orchestra
Früher war Orchestra der Tanzplatz im Theater, auf der Bühne. Heute versteht man darunter den Platz für die Musiker.

Pantomime
Eine Pantomime ist eine szenische Darbietung durch wortloses Gesten-, Minen- und Gebärdenspiel. Im romantischen Ballett nehmen pantomimische Elemente eine gleichwertige Stellung neben dem reinen Tanz ein (z.B. „La Sylphide“, „Giselle“).

Pas
Eigentlich bedeutet das französische Wort „Schritt“ und wird im Ballett zur Bezeichnung eines Tanzschritts verwendet, wobei ein Tanzschritt immer die Bewegung des ganzen Körpers ist.

Pas d’action
Eine dramatisch besonders auffallende Szene eines Handlungsballetts.

50, 51 Arabesques
52–56 Körperhaltungen bei Elévation und Entrechat

Pas de deux
Wörtlich „Tanz für zwei“, Tänzerin und Tänzer, eine feste choreographische Form im Ballett, die sich in vier Teile gliedert:
1. Im Entrée tanzen beide Partner zu einer kurzen Musik in raschem Tempo. Es folgt das Adagio, bei dem die Tänzerin vom Tänzer gehalten wird.
2. Die Variation des Tänzers zeichnet sich durch große Sprünge und Drehungen aus. Die Tänzerin ruht sich aus und bereitet sich auf ihre Variation vor.
3. Die Variation der Tänzerin kann schnell oder langsam sein. Die russische Ballett-tradition kennt sogar Varianten: eine langsame Variation für eine große Tänzerin und eine schnell getanzte für eine kleine.
4. In der „Coda“ tritt zuerst der Tänzer auf, anschließend die Tänzerin. Die Coda wird gemeinsam beendet mit einem virtuosen Tanz in besonders schnellem Tempo. Der Pas de deux ist der Höhepunkt eines Handlungsballetts.

Dem modernen Pas de deux ist die vierteilige Form nicht mehr eigen, er ist „durchkomponiert“. Entsprechend werden Tänze mit mehr als zwei Tänzern mit Pas de trois bis Pas de neuf bezeichnet.

Pas seul
Ein selbständiger Einzeltanz in einem Ballett.

Plateau
Französische Bezeichnung für Bühne.

Polyhymnia
Sie ist unter den neun Musen der alten Griechen auch die Schirmherrin der Pantomime.

Port de bras
Der Begriff bezeichnet die Stellungen und Bewegungen der Arme.

Pose
Im Ballett ist eine Pose eine bewegungslose Körperhaltung im Stehen.

Préparation
Das Wort kommt vom französischen préparer (vorbereiten) und bezeichnet eine konzentrierte, vorbereitende Stellung vor einer Bewegungsfolge.

Premier danseur
Bezeichnung für den ersten Solotänzer. „Première danseuse“ wird seltener benutzt.

Prima Ballerina
Siehe Ballerina

Promenade
Schreittanz; im Pas de deux ist eine Promenade eine langsame Drehung der Tänzerin, die von dem sie umschreitenden Tänzer gehalten wird.

Quadrille
Der Begriff hat zwei Bedeutungen: Eine Quadrille ist ein alter französischer Gesellschaftstanz, bei dem die Tanzenden in quadratischer Formation aufgestellt sind. An der Pariser Oper werden die Gruppentänzerinnen mit Quadrille bezeichnet; es gibt dort eine Zweite Quadrille und eine im Rang höher eingestufte Erste Quadrille.

Rhythmische Gymnastik
Eine von Schlagzeug oder Musik begleitete Gymnastik wird, im Gegensatz zum Turnen, auch als rhythmisch bezeichnet. Innerhalb der Rhythmischen Gymnastik gibt es verschiedene Richtungen, die sich nur geringfügig unterscheiden.

Stepanow-Notation
Siehe Tanzschrift

Sujet
An der Pariser Oper werden die Tänzerinnen, die auf der Rangstufe zwischen den Coryphées und den Premières Danseuses stehen, „petits sujets“ oder „grands sujets“ genannt.

Tänzerwettbewerbe

Dem Beispiel von Varna an der bulgarischen Schwarzmeerküste folgend sind inzwischen mehrere Tänzerwettbewerbe entstanden wie z.B. in Jackson (USA) und Moskau. Die Heinz-Bosl-Stiftung führt in München seit 1980 einen Deutschen Tänzerwettbewerb durch. Auch der „Prix de Lausanne“ ist in gewissem Sinn ein Tänzerwettbewerb. Die Anforderungen sind dabei so hoch, daß fast nur bühnenreife Tänzer die Chance haben, einen Preis zu gewinnen, obwohl der Wettbewerb offiziell der Nachwuchsförderung dient.

Tanz als Bewegungstraining

Jeder Tanz ist durch seine kraftvolle Bewegung eine ausgezeichnete Übung für den Körper, wie schon Samuel Rudolph Behr in seinem 1713 erschienen Buch „Die Kunst wohl zu tantzen“ feststellt: „So ist dennoch wohl kein ander Exercitium als die unvergleichliche Tantz-Kunst, so den Leib bis auf die kleinsten Gelencke durchgehet, und agil, auch bei Gelegenheit firm machet, als wie dieselbo.“ In damaligen Zeiten ging diese Wertschätzung des Tanzes so weit, daß Ludwig XIV. die Schaffung der „Königlichen Tanzakademie“ 1661 damit begründete, daß der Tanz seinen Soldaten bessere körperliche Voraussetzungen für den Kampf schaffe – was zu Zeiten, da man meist noch mit dem Degen kämpfte, durchaus zutreffend gewesen sein mag. Die im Zeitalter des Barock aufgestellten Regeln des klassischen Tanzes beruhen auf einem ausgeklügelten System und beweisen großes Verständnis für die Gesetze der körperlichen Bewegung. Sie nutzen überlegt alle Möglichkeiten, den Organismus zu stärken, die Reaktionsfähigkeit zu steigern und dem Körper immer mehr Leistungen abzufordern, die ohne die ständige Übung im Tanz außerhalb seiner Möglichkeiten liegen würden. Nicht nur die Geschmeidigkeit des Körpers wird entwickelt, auch zur Verbesserung des Atmens und der Durchblutung ist das klassische Tanztraining ein gutes Mittel. Das wird heute zunehmend auch von Leistungssportlern erkannt. Nicht nur Eistänzer oder Kunstturner setzen den klassischen Tanz als Teil ihres Trainings ein, sondern auch Boxer wie Muhammed Ali, Fechter, Karatekämpfer und Fußballer. Der Britische Leichtathletikverband wandte sich an einen bewährten Ballettmeister, Andrew Hardy, und gab mit ihm zusammen eine Broschüre „Ballet Exercises for Athletes“ heraus.

Auf der anderen Seite ist der Tanz, besonders der moderne oder Gesellschaftstanz, in unserer bewegungsarmen Zeit eine reizvolle „Fitness“-Übung für Menschen, die dem Sport nicht besonders aufgeschlossen gegenüberstehen und dennoch etwas für ihre Gesundheit tun wollen.

Tanzschrift (Tanznotation)

Die schriftliche Fixierung des Tanzes läßt sich bis zu Domenico von Piacenza, einem italienischen Tanzmeister des 14. Jahrhunderts, zurückverfolgen. Lange Zeit wurde die Tanzschrift als „Choreographie“ bezeichnet, ein Begriff, den der französische Ballettmeister Raoul Feuillet (1675 - 1730) 1701 für seine Ausarbeitung einer Tanzschrift prägte.

Ein wichtiger Ansatz zur Weiterentwicklung der Tanzschrift stammt von dem Russen Wladimir Iwanowitch Stepanow (1866 - 1896). Rudolf von Laban (1879 - 1958) schuf ein weiter verbessertes System, die Laban-Notation, die von einigen Fachleuten auch heute noch als das beste System bezeichnet wird, weil sie sich sowohl für den klassischen als auch für den modernen Tanz eignet. Daneben hat auch die von Rudolf Benesh (1916 - 1975) und seiner Ehefrau Joan Benesh (geb. 1920) entwickelte Benesh-Notation internationale Verbreitung gefunden, und andere Fachleute geben ihr den Vorzug, weil sie für die Aufzeichnung des klassischen Tanzes noch exakter sei.

57 Pas de deux-Paar bei einem ernsthaften, griechischen Tanz
58 Pas de deux-Paar bei einem demicaractère-Tanz spanischer Troubadoure
59 Pas de deux-Paar bei einem komischen, bäuerlichen Tanz
60, 61 Bacchanale, choreographiert durch C. Blasis

Das Video-Aufnahmeverfahren findet neuerdings als Ergänzung zur Tanzschrift immer weitere Verbreitung. Es ist umstritten, ob Videoaufnahmen exakt genug sind, die Tanzschrift zu ersetzen, aber als Hilfsmittel für Trainings- und Probenarbeit und zur Dokumentation von Choreographien sind sie zweifellos wertvoll. Im Württembergischen Staatstheater z.B. werden heute alle Ballette sowohl durch Notation als auch mit Video aufgezeichnet.

Tanztherapie (Dance Therapy)
Die Tanztherapie, meist unter dem englischen Namen „Dance Therapy“ bekannt, ist eine psychotherapeutische Methode, die durch Tanz psychische Spannungen und Konflikte ausdrücken und lösen helfen will. Dance Therapy ist besonders in den USA sehr verbreitet; an vielen Universitäten beschäftigt man sich mit ihr, und es gibt eine „American Dance Therapy Association“, die regelmäßig Kongresse und Arbeitstagungen durchführt und Dokumentationsmaterial sammelt.

Bereits Samuel Rudolph Behr berichtete 1713 in seinem „Die Kunst wohl zu Tantzen“: „Ménestrier, ein berühmter Jesuit, führet in seinem „Tractatu des Ballets anciens et modernes“ an, wie Plato statuieret: daß auch die vier schädlichen Passiones, als da 1) Furcht, 2) Melancholie, 3) Zorn und 4) Freude, durch Tantzen könnten moderieret werden.“

Terpsichore
Die Muse des Tanzes bei den alten Griechen. Sie erscheint im Gefolge Apollos und wird mit der Leier dargestellt.

Terre à terre
Mit diesem Ausdruck wird ein „am Boden“ ausgeführter Tanz bezeichnet; so waren z.B. die Basses danses der Renaissance Terre à terre - Tänze. Man sagt auch von einem Tänzer, der nicht sehr sprungkräftig ist, er sei terre à terre.

Tonnelet
Im 18. Jahrhundert trugen die Tänzer ein Kostüm in Form einer „kleinen Tonne“ (= Tonnelet).

Training
Die tägliche Übungsstunde (sie dauert 75 bis 90 Minuten) wird als Training bezeichnet. Neben dem Training im klassischen Tanz gibt es auch Spezialtraining in Modern Dance, Jazz Dance oder auch Charaktertanz.

Tutu
Ein Tutu oder „Balletträckchen“ besteht aus mehreren Schichten von Tüll, Seide oder Nylongewebe. Das romantische Tutu reicht bis über die Knie der Tänzerinnen, während das kurze Tutu die Beine freigibt und größere Bewegungsfreiheit zuläßt.

UNESCO
Die Organisation der Vereinten Nationen für Erziehung, Wissenschaft und Kultur hat einen Internationalen Ballettrat ins Leben gerufen, zu dessen Zielen es u.a. gehört, Dokumentationszentren, Kongresse, Festspiele u.ä. und die Information über den Tanz zu fördern. Die Anschrift lautet: Conseil International de la Danse (C.I.D.D. - UNESCO) 1, place Fontenoy, F-75007 Paris.

Variation
Eine Variation ist ein Solotanz.

Wasserballett
Schon im Jahre 1628 wurde in Turin ein Wasserballett mit dem Titel „Arione“ aufgeführt. Ein zeitgenössischer Berichterstatter beschreibt, wie sich Sirenen und Tritonen im Wasser tanzend bewegt hätten, offenbar unterstützt durch Helfer. Heute versteht man unter Wasserballett eine Vorführung von Schwimmern, bei der im Wasser verschiedene geometrische Figuren zur Musikbegleitung ausgeführt werden.

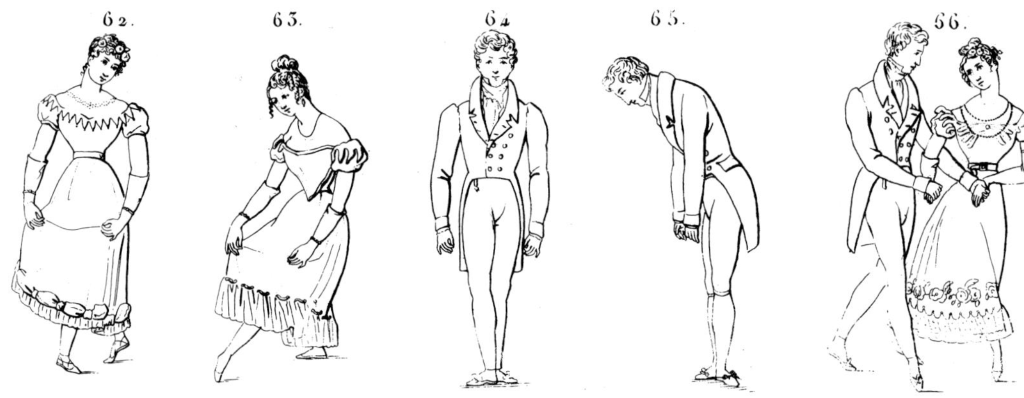

Die wichtigsten Volks-, Gesellschafts- und Hoftänze bis zum Beginn unseres Jahrhunderts

(in alphabetischer Reihenfolge)

Allemande
Schreittanz, der in Deutschland seit dem 14. Jahrhundert bekannt ist. Die Taktarten 2/4, 4/4 und 3/4 kommen gemischt vor. Die Allemande wird meist von ein bis vier Paaren im Viereck getanzt und ist musikalisch ein Bestandteil der überlieferten Tanzsuite.

Im schweizerischen Volkstanz erscheint eine Abart unter dem Namen Allemandler oder Alewandler.

Anglaise
Englischer Volkstanz aus dem 17. Jahrhundert, der ursprünglich von einem einzelnen Tänzer ausgeführt wurde, später auch als Kettentanz. Die Anglaise ist in die barocke Tanzsuite eingegangen.

Baboraschka (Baborak)
Böhmischer Volkstanz im 2/4-Takt, der von Gesang begleitet wird.

Badinerie
Im 18. Jahrhundert verwendete Benennung eines rasch ausgeführten Gesellschafts- oder Hoftanzes.

Banul maracine
Rumänischer Volkstanz aus der Walachai oder dem Moldau-Gebiet. Es handelt sich um einen Spring-Reihentanz im 4/4-Takt.

Barn Dance
Amerikanischer Bauerntanz im 4/4-Takt, der im 19. Jahrhundert auch in England und Frankreich getanzt wurde.

Basse Danse
Bezeichnung für eine Gruppe von Hoftänzen um 1500. Es handelt sich um feierlich geschrittene, nie gesprungene Tänze.

Bergamasque (Bergamasca)
Derber italienischer Rundtanz im 2/4-Takt, der seit dem 16. Jahrhundert bekannt ist.

Bibasis
Altspanischer virtuoser Springtanz, jeweils von nur Männern oder nur Frauen ausgeführt, der schon den Griechen bekannt war.

Bolero
Mäßig rascher, spanischer Tanz im 3/4-Takt, der stets am Boden ausgeführt und nie gesprungen wird. Ursprünglich war er ein Paartanz, der aus den Teilen Paseo, Traversias, Dispencion, Retorn und Bien Parado bestand. Diese Aufteilung ist später jedoch vereinfacht worden. Die ursprüngliche Begleitmusik wurde von Kastagnetten, Tambourin und Gitarre ausgeführt.

Bourrée
Alter Volkstanz aus Mittelfrankreich, der je nach Herkunft in unterschiedlichen Taktarten steht. In der Auvergne und im Limousin begegnet man dem 3/4-Takt, während im Berry und im Bourbonnais der 4/4-Takt überwiegt. Das Bourrée ist zu einem der wichtigsten Hof- und Bühnentänze geworden und auch in der Musik als Satz in Tanzsuiten bekannt. Eine Verwandtschaft mit der Polka ist gegeben.

Brandon
Frühchristlicher Bauerntanz, bei dem man am Fastensonntag Hymnen singend und Kerzen und Fackeln tragend durch die Felder zog. Der Tanz hat sich trotz päpstlicher Verbote bis ins 18. Jahrhundert gehalten.

62–68 Stellungen von Tänzern und Tänzerinnen beim Gesellschaftstanz (Quadrille und Contredanse)
63 Gruß einer Dame
65 Gruß eines Kavaliers
66–68 Verschiedene Arten sich bei den Händen zu fassen

Branle
Bereits im 12. Jahrhundert bekannter Rund-Kettentanz, der sich großer Beliebtheit erfreute. Die Schrittfolge ist regional verschieden. Um den Rhythmus richtig anzugeben, wurden die Branle auch in Holzschuhen getanzt.

Buleria
Ein dem Flamenco nahestehender Tanz.

Cachucha
Andalusischer Tanz im 3/4-Takt, ausgeführt von einer Tänzerin oder einem Tänzer zu Kastagnettenbegleitung. Der Tanz ist durch die Tänzerin Fanny Elßler 1836 im Ballett „Der hinkende Teufel" auf die Bühne gebracht worden.

Canarie
Ein 2/4-Takt-Tanz, der von den Kanarischen Inseln stammen soll. Er war bereits im 16. Jh. in Europa heimisch, wurde 1588 von Thoinot Arbeau beschrieben.

Cancan
Er ist ab 1836 in französischen Cabarets und auf öffentlichen Bällen zu finden. Beim Cancan werfen die Tänzerinnen die Beine so hoch wie möglich und lassen sich auf den Boden fallen, wobei sie eine Spagat-Stellung einnehmen. Cancan, auch French-Cancan genannt, ist noch heute oft in Cabarets zu sehen.

Careado
Asturischer Paartanz, der von Gesang und Kastagnetten begleitet wird.

Carmagnole
Französischer Volkstanz im 6/8-Takt, der aus Carmagnola im französisch sprechenden Piemont stammen soll. Er endet in der Art der provenzalischen Farandole. Die Carmagnole ist zum Tanz der französischen Revolution geworden, wurde zu jener Zeit um die Guillotine oder rund um den Freiheitsbaum getanzt.

Carole
Frühmittelalterlicher Rundtanz mit Gesang, wobei sich Chor und Solostimmen unter Händeklatschen ablösen.

Chaconne (Chacone)
Tanz im 3/4-Takt, dessen Ursprungsland – Italien oder Spanien – umstritten ist. Die Chaconne bildete in den „Ballets de Cour" häufig den Schlußteil, das sogenannte „Grand Ballet".

Contredanse
2/4- oder auch 6/8-Takt Tanz, der vermutlich von den englischen „Country Dances" abstammt. Es handelt sich um einen fröhlichen Tanz, der sowohl als Rundtanz als auch als Kettentanz vorkommt.

Cotillon
Abart der „Country Dances" im Stil eines Volkstanzes aus dem 18. Jahrhundert.

Courante
Alter französischer Hoftanz, der sich ursprünglich durch eigenartige Zickzackbewegungen auszeichnete. Er wurde später zu einem gravitätisch geschrittenen 3/4-Takt-Tanz.

Cracovienne (Krakoviak)
Populärer polnischer Nationaltanz im 2/4-Takt, der meist von mehreren Paaren getanzt wird. Die Männer schlagen beim Tanzen die Stiefel zusammen. Fanny Elßler hat die Cracovienne 1830 im Ballett „La Gipsy" (Die Zigeunerin) auf die Ballettbühne gebracht.

Czardas
Bekanntester ungarischer Nationaltanz, der im 2/4-oder 4/4-Takt steht. „Czardas" bedeutet eigentlich „Gasthaus in der Pußta".

Es handelt sich um einen Tanz für ein oder mehrere Paare, bei dem der Tänzer beim Hochspringen auf seine Stiefelabsätze schlägt.

69.

70.

Dansa
Katalanischer Tanz von sechs sich an den Händen haltenden Paaren.

Danza prima
Asturischer Kettentanz, bei dem in der Kette abwechselnd je ein Tänzer und eine Tänzerin tanzen, die einen Schritt vorwärts und einen rückwärts gehen.

Ecossaise
Siehe „Schottisch“

Estampie
Die Bezeichnung leitet sich ab von „estampier“ (mit den Füßen schlagen oder strampeln). Es handelt sich um einen sehr alten provenzalischen Paartanz.

Fandango
Spanischer 3/4- oder 3/8-Takt-Paartanz arabischen Ursprungs mit Kastagnetten-Begleitung.

Die Tänzer berühren sich beim Tanzen nicht, die stark mit mimischen Elementen durchsetzte „Tanzhandlung“ besteht aus Ehrerbietung, Antrag, Zurückweisung, Zorn und schließlich Annahme des Partners.

Farandole
Provenzalisch-katalanischer 6/8-Takt-Tanz, der angeblich von den Ioniern in die Gegend von Marseille eingeführt wurde. Die Farandole wird in Spiralbewegungen getanzt mit kurzen Sprüngen zur Seite.

Farruca
Andalusischer Tanz, der zur Gruppe der Flamenco-Tänze gehört. Sein Charakter ist ernst.

Flamenco
Südspanischer Tanz, der zur Bezeichnung für eine ganze Anzahl spanischer Tänze geworden ist. Dazu gehören Alegrias, Soleares, Bulerias, Farruca, Zapateado, Tango, Tientos und Zambra.

Forlane
Italienischer Nationaltanz, laut und lebhaft, der vielfach von den Gondolieri in Venedig getanzt wurde.

Gagliarde (Galliarde, Gaillarde)
Italienischer 2/3-Takt-Paartanz des 16. und 17. Jahrhunderts, der auch in Frankreich aufkam. Die Gagliarde ist ein schneller Tanz, der stets auf die Pavane folgte.

Galop (Galopp)
Paar-Rundtanz des 19. Jahrhunderts, der als Abschluß einer Volta oder eines Contre danse getanzt wurde.

Gangar
Aristokratischer norwegischer Paartanz, von polnischen Söldnern dort eingeführt.

Gavotte
Virtuoser französischer 2/4-Takt-Bauerntanz oder Reigen.

Gelosia
Italienischer Tanz im 6/8-Takt für drei oder vier Paare.

Gigue (englisch Jig)
Lebhafter Tanz keltischen Ursprungs, der um 1700 in Frankreich sehr bekannt wurde. Gigues stehen im 4/4-, 6/8- oder 12/8-Takt.

Gopak (Hopak)
Ukrainischer Männertanz mit hohen Sprüngen, ausgeführt mit ausgestreckten Armen.

Goralski
Polnischer Räubertanz im 2/4-Takt, ausgeführt von einem oder mehreren Männern.

Großvatertanz
Deutscher Hochzeitstanz aus dem 16./17. Jahrhundert, als Kehraus (Schlußtanz) ausgeführt.

71.

72.

73.

69–75 Verschiedene Positionen von Damen beim Gesellschaftstanz
69 Tanz mit Schleier
70 Fandango
71 gekreuzte Armhaltung
73 Walzer (La valse)

Gymnaska
Lebhafter bretonischer 3/4-Takt-Tanz.

Habanera
Ursprünglich kubanischer 2/4-Takt-Tanz vermutlich afrikanischen Ursprungs, der später nach Spanien und Frankreich gelangte.

Hajdutank
Schwertertanz ungarischer Hirten, die zu Söldnern geworden waren. Er wurde bereits im 15. Jahrhundert erwähnt.

Highland fling
Schottischer Gruppentanz für vier oder acht Männer, der schon seit dem 16. Jahrhundert bekannt ist.

Hopak
Siehe Gopak

Hora
Rumänischer Volkstanz im 6/8-Takt, den Jugendliche an der Schwelle zum Erwachsenwerden tanzen.

Horo
Der Hora sehr ähnlicher Tanz aber bulgarischer Herkunft.

Hornpipe
Englisch-schottisch-walisischer 2/4-Takt-Tanz, der auch im 3/4-Takt vorkam. Charakteristisch ist die Begleitmusik mit der „Hornpipe“, einem Hirtenblasinstrument.

Jacara
Paartanz spanischer Herkunft aus dem 18. Jahrhundert, ähnlich der Sarabande.

Jota
Rascher 3/4-Takt-Tanz aus Nordspanien, bei dem sich die tanzenden Paare mit Kastagnetten zu Gitarrenmusik begleiten.

Kalamajka
Böhmischer Paartanz im 2/4-Takt.

Kallai Kettos
Ungarischer Paartanz mit akrobatischen Einlagen des Tänzers.

Kolo
In allen Teilen Jugoslawiens bekannter Tanz, ähnlich der rumänischen Hora oder der bulgarischen Horo.

Krakoviak
Siehe Cracovienne

Kujawiak
Langsamere Variation der polnischen Mazurka.

Lanciers
Fünf aufeinanderfolgende Contre-Danses für acht Tänzer, englischen Ursprungs. Der Tanz wurde unter Napoleon III. in Frankreich bekannt.

Ländler
Österreichischer Tanz, der als Vorläufer des Walzers gilt.

Lasser
Bezeichnung für den langsameren Teil des Czardas.

Lauterbach
Hochzeits-Paartanz aus dem Kanton Bern (Schweiz), der von Händeklatschen begleitet ist.

Lekouri
Georgischer Paartanz, der auf den Lezghinka, einen Solotanz der Männer folgt.

Lezghinka
Georgischer Männertanz, der einem Lekouri Paartanz vorausgeht.

Loure
Altfranzösischer 3/4-Takt-Tanz, der Bourrée oder Gigue ähnlich. Die Bezeichnung Loure geht auf ein Hirtenblasinstrument gleichen Namens zurück.

Makila Tchuri
Baskischer Tanz, der von vier oder der Vielzahl von vier Männern getanzt wird. Die Tänzer halten dabei Stäbe und Bänder in den Händen.

Matassina
2/2-Takt-Tanz griechischen Ursprungs, der im Mittelalter zu einem beliebten französischen Paartanz wurde.

Matelotte
2/4-Takt-Holzschuhtanz holländischer Matrosen. Ein sehr ähnlicher Tanz findet sich in den Ardennen im 4/4-Takt von vier Paaren getanzt.

Mauresque
Früher spanischer Tanz, der in Frankreich heimisch wurde und später in den englischen Morris Dances aufging.

Mazurka
Populärer polnischer Tanz im 3/4-Takt, der in ganz Mitteleuropa in zahlreichen Variationen bekannt wurde. Wesentlich ist das Aufschlagen der Füße am Boden bei gleichzeitigem Zusammenschlagen der Absätze.

Menuett
Typisch französischer Tanz im 3/4-Takt, aus dem Gebiet von Poitou, der am Boden ausgeführt wird. Das Menuett ist zum populären Hof- und Theatertanz geworden. Es spielt auch als Satz der sinfonischen Musik eine bedeutende Rolle.

Moreske
Die nach Spanien gekommenen Mauren sollen diesen Tanz mitgebracht haben. Wahrscheinlicher ist, daß er unter dem Eindruck der Kämpfe der Spanier gegen die Eindringlinge aufkam. Die Moresken wurden im 15. Jahrhundert besonders in Frankreich und in Flandern populär. Es handelt sich um einen Waffentanz, der den Kampf der Spanier gegen die Mauren mimt. Die Kämpfenden trugen an den Fersen und Handgelenken Glöckchen. Der Tanz selbst bestand aus sehr raschen, Bewegungen, die Kampfhandlungen vortäuschen sollten.

Morris Dance
Alter englischer Volkstanz, der zweifellos mit den Moresken verwandt ist. Er wurde von sechs Tänzern und einem Narr (Mad Marian genannt) getanzt, der ein Kartonpferd ritt. Auch hier waren an den Fersen und Handgelenken der Tanzenden Glöckchen befestigt. Sie schwärzten sich zudem das Gesicht.

Muneira
Nordspanischer Tanz der Müllerin. Er steht im 6/8-Takt, wird von Kastagnetten begleitet und von einem oder drei Paaren vorgeführt.

Musette
Pastoraler Tanz im 6/4- oder 3/4-Takt, der aus der französischen Auvergne stammt. Er wird meist als Paartanz aufgeführt.

Nizzarda
Italienischer Paartanz aus dem 17. Jahrhundert. Eine Figur besteht darin, daß der Tänzer die Tänzerin hochhebt.

Nusseler
Innerschweizerischer Fasnachtstanz, der im Gebiet des Vierwaldstättersees heimisch ist. Die Tänzer tragen Masken und sind mit Glocken behangen.

Pastorale
Eigentlich ein Hirten- und Schäfertanz, der besonders im Rokoko beliebt war.

Passacaglia (Passacaille, Passecaille)
Majestätischer spanischer 3/4-Takt-Tanz aus dem 16. Jahrhundert, der im 17. Jahrhundert auch zum Solotanz wurde. Er wurde zudem in das „Grand Ballet“ aufgenommen.

74–81 Verschiedene Positionen von Damen beim Gesellschaftstanz

Passa mezzo (Passo mezzo)
Ein mit „Halbschritt“ übersetzbarer Begriff. Dieser Tanz ist der Pavane recht ähnlich, wird jedoch schneller als diese ausgeführt.

Passepied
Fröhlicher und heiterer 3/8-Takt-Tanz des 16. Jahrhunderts, der aus der Bretagne stammt. Bei der Ausführung überkreuzen sich die Füße der Tanzenden.

Pavane (Pfauentanz, Peacock)
Gravitätischer 2/4- oder 4/4-Takt-Tanz des 16. und 17. Jahrhunderts, mit dem meist Tanzfeierlichkeiten eröffnet wurden.

Pericoe
Asturischer Tanz ausgeführt von einem Tänzer mit zwei Tänzerinnen. Begleitet wird er von Trommeln und Dudelsackmusik im 2/4-Takt.

Polka
Populärer polnischer 2/4-Takt-Drehtanz, der im 19. Jahrhundert in ganz Europa zum Gesellschaftstanz wurde und außerordentlich beliebt war.

Polonaise
Ursprünglich vermutlich ein kriegerischer Triumphtanz, an dem keine Damen teilnahmen. Die Polonaise ist schon ab 1645 in Polen feststellbar.

Quadrille
Die Quadrille besteht aus mehreren Contre Danses in rechteckiger Aufstellung. Der Name „Quadrille“ stammt vom Italienischen „Squadra“, das „im Viereck aufgestellte Soldaten“ bedeutet.

Redowa
Zigeunertanz im 3/4-Takt ähnlich der Mazurka. Der Tanz wurde im 19. Jahrhundert in Frankreich als Gesellschaftstanz sehr beliebt.

Rigodon (Rigaudon)
Altfranzösischer 2/4- oder 4/4-Takt-Paartanz, der von Gesang begleitet wurde. Er war bereits im 15. Jahrhundert in der Provence bekannt, im 17. und 18. Jahrhundert wurde er auch zum Bühnentanz.

Romanesca
2/4-Takt-Tanz aus der römischen Campagna. Zunächst gravitätisch geschritten wurde er erst später, besonders in Frankreich als Hoftanz, etwas lebhafter getanzt.

Rondeau (Rondo)
Meist ein Wechselgesangstanz mit Solo- und Chorbegleitung, wird aber zuweilen auch ohne Gesang ausgeführt.

Saltarello
Italienischer Springtanz im 3/4- oder 6/8-Takt, der häufig als Nachtanz zum Passa mezzo ausgeführt wurde.

Sarabande
Gravitätischer 3/4-Takt-Tanz aus dem 16./17. Jahrhundert vermutlich spanischen Ursprungs. Dieser zunächst nur von Frauen ausgeführte Tanz wurde im 18. Jahrhundert zum beliebten Bühnentanz.

Sarba
Rumänischer 2/4-Takt-Tanz für Männer, der über einen längeren Zeitraum getanzt wurde. Die Männer tanzen in Serpentinen, an deren beiden Enden ein Tanzführer ist.

Sardana
Katalanischer Rundtanz im 2/4- oder 6/8-Takt, der sich musikalisch durch einen ostinaten Baß auszeichnet. Die Sardana ist später auch in Frankreich (Roussillon) feststellbar.

Schottisch (Ecossaise)
Gemäßigter Rund-Paartanz im 2/4-Takt. Seine Herkunft ist trotz des Namens unsicher. Er kam im 19. Jahrhundert stark auf.

82–85 Verschiedene Positionen von Damen beim Gesellschaftstanz

Seguidilla
Altspanischer Volkstanz im 3/8- oder 3/4-Takt, der meist in einer Moll-Tonart steht. Die Seguidilla kann als eine Art Urtanz bezeichnet werden, aus dem sich die anderen spanischen Tänze entwickelt haben.

Siciliana
Oft auf sizilianischen Hochzeiten ausgeführter Tanz im 6/8- oder 12/8-Takt. Er weist einen pastoralen Charakter auf.

Skotse Trije
Ursprünglich aus Friesland (Holland) stammender Tanz für acht Paare, der im 2/4-Takt steht und der Quadrille nicht unähnlich ist.

Soleares
Andalusischer Frauentanz aus dem frühen 19. Jahrhundert, der angeblich ein Vorläufer des Flamenco ist.

Tambourin
Lebhafter 2/4-Takt-Tanz aus der Provence. Er wurde zu Tambourin-Begleitung getanzt.

Tango
Spanischer Flamenco-Tanz, der mit dem bekannten südamerikanischen Gesellschaftstanz nur den Namen gemeinsam hat. Seine Schrittfolgen sind schwieriger als jene der Alegrias und der Bulerias.

Tarantella
Lebhafter Paartanz im 6/8-Takt aus der Gegend von Neapel. Er soll getanzt worden sein, um die Folgen von Tarantelstichen zu bekämpfen. Die Gestochenen mußten so lange tanzen, bis das Gift aus dem Körper verschwunden war.

Tirana
Aus dem Fandango hervorgegangener 6/8-Takt-Tanz mit Gitarrenbegleitung und Gesang.

Tourdion (Tordion)
Abwandlung der Galliarde, d.h. ein am Boden ausgeführter 3/4-Takt-Paartanz.

Trepak
Ukrainischer Männertanz im 2/4-Takt mit tiefen Pliés (Hockschritten) und Spagatsprüngen.

Tricotets
2/2-Takt-Tanz, bei dem die Tänzer mit den Füßen „stricken“ (von frz. tricoter).

Triori (Trihory)
Der Branle ähnlicher bretonischer Tanz, vom Charakter her ein Fruchtbarkeits-Rundtanz.

Villanella
Pastoraler Tanz aus dem 16. Jahrhundert im 3/4-Takt mit Gesangsbegleitung.

Volta
Tanz im 3/4-Takt aus der Provence des 16. Jahrhunderts. Sie ist der Galliarda nicht unähnlich, und es scheint nicht ausgeschlossen, in der Volta eine Vorläuferin des Walzers zu sehen.

Walzer (Valse)
Angeblich soll bereits im 12. Jahrhundert in Frankreich eine Art von Walzer getanzt worden sein, doch allgemein wird der Walzer als ein süddeutsch-österreichischer Tanz angesehen. Es darf angenommen werden, daß er sich aus dem Ländler entwickelt hat. Sein Hauptakzent liegt auf dem ersten Schlag des 3/4-Taktes. Der Wiener Walzer wurde im 19. Jahrhundert dank der Komponisten Lanner, Ziehrer und der Dynastie Strauß zu einem Inbegriff von tänzerischer Freude und Lust.

Zapateado
Andalusischer Männertanz, für den das Taktschlagen mit dem Fuß sowie Erzitternlassen des ganzen Körpers charakteristisch sind.

Bühnentanz-Disziplinen

Der Begriff „Bühnentanz" macht bereits deutlich, daß es sich um Schautanz handelt: Die einen tanzen und die anderen sehen den Tanzenden zu, oder die Tanzenden tanzen für die Zuschauer. Das will nicht heißen, daß der Tanz unbedingt mit einer Theaterbühne in Zusammenhang stehen müsse. Es ist legal, auch den „Konzerttanz" oder den „Kammertanz" als Bühnentanz zu bezeichnen. Welcher Tanzstil dabei gewählt wird, ist unwesentlich.

Entfacht durch die irisch-amerikanische Tänzerin Isadora Duncan entbrannte vor Beginn des Ersten Weltkrieges ein Streit zwischen den Anhängern des überlieferten klassischen Tanzes und den Befürwortern eines angeblich freien und natürlichen Tanzes. Ganz aus den Köpfen ist der Gegensatz geregelter Tanz gegen ungeregelten nicht verbannt. Auch heute werden die Anhänger eines freien Tanzes, ja sogar jene des längst bewährten Modern Dance, von vielen Nurklassikern nicht ganz ernst genommen. Die „Modernisten" aber sehen mit wenig Begeisterung auf den angeblich veralteten klassischen Tanz.

Eine Bevorzugung des einen vor dem anderen ist kaum möglich. Es ist verständlich, daß die Klassiker den regellosen, spontan und fast ekstatisch ausgeführten Ausdruckstanz ablehnen. Dem Modern Dance, der ja ebenfalls gewissen Regeln untersteht, kann dennoch seine Bedeutung schwerlich abgesprochen werden. Die Modernisten aber müssen sich darüber klar sein, daß dem klassischen Tanz, zumindest in der Ausbildung, eine absolute und unbestreitbare Vormachtstellung zukommt. Der klassische Tanz ist und bleibt die „Muttersprache" des Bühnentanzes! Kein professionelles Ballettensemble verpflichtet Tänzer, die nicht im klassischen Tanz bühnenreif geschult sind. Sogar fast alle ausschließlich dem Modern Dance verschriebenen Ensembles führen täglich ein klassisches Training durch. Der klassische Tanz ist daher nach wie vor das A und das O jeder professionellen Tänzerausbildung, und darum wird ihm auch hier eine bevorzugte Stellung eingeräumt. Die Wirklichkeit zeigt, daß die den klassischen Tanz strikt ablehnenden Tänzer sehr oft solche sind, die an ihm gescheitert sind.

„Natürlich ist es einfacher, wenn man barfuß tanzt. Tatsächlich verdächtige ich immer ein klein wenig die Barfußtänzer, die behaupten, sie wollen nicht die klassische Methode verwenden – es mag sein, daß sie es einfach nicht können". (Kenneth MacMillan in „Die Welt des Tanzes in Selbstzeugnissen".)

Sehr überzeugend klingt, was Rudolf Nurejew (1938–1993), der ja aus der superklassischen Kirow-Schule hervorgegangen war, in Anerkennung beider Stilrichtungen zu sagen hat:

„Es gibt einen ständigen Fluß, einen Austausch zwischen Klassik und Moderne, gerade heute. Diese beiden Tanzrichtungen sind sich sehr viel näher gekommen, bleiben jedoch auch separat bestehen, überleben nebeneinander. Schließlich leben wir heute in einem Zeitalter der Toleranz – mindestens was den Tanz betrifft. Da ist dieser wechselseitige Zusammenhang zwischen Klassik und Moderne. Für mich ist die Kenntnis von der Bewegungstechnik des Modern Dance unabdingbar für ein intensives Begreifen der klassischen Tradition, und natürlich ist es umgekehrt ebenso. Aber klassisches Ballett ist nach wie vor die Basis für mich, eine Form, die ich nie aufgeben werde, da ich in ihm völlig aufgehen, mich hingeben kann. In ihm wird die völlige Harmonie von Körper und Seele erreicht. Dennoch muß man sich mit dem modernen Tanz beschäftigen, mit seinen Ursprüngen und Anfängen, der mir dank meiner Arbeit bei Martha Graham sozusagen zur zweiten Natur geworden ist."

(Aus dem Programmheft zu Nurejews „Manfred"-Ballett, Opernhaus Zürich, Winter 1981/82.)

Klassischer Tanz

Die wichtigsten Kennzeichen des klassischen Tanzes sind kurz zusammengefaßt die folgenden:

- Die Auswärtsdrehung der Beine aus dem Hüftgelenk (En dehors) zur Vergrößerung der Standfestigkeit und des Aktionsradius
- Das Plié der Knie vor Sprüngen und zum Auffangen des Körpergewichts beim Niederspringen
- Das Erreichen der äußersten Grenze, die dem Körper im Kampf gegen die Schwerkraft gesetzt ist
- Das Erzielen einer größtmöglichen Standfestigkeit auch bei schwierigen Stellungen und Bewegungen
- Das Respektieren des Gravitätszentrums in der Körper-Vertikalachse
- Die stets bewußte, nie unkontrollierte und dem Zufall überlassene Körperhaltung und Bewegung
- Das Anstreben ästhetisch schöner Körperhaltung und Bewegung.

Im Hinblick auf die Bedeutung des klassischen Tanzes soll noch weiter auf ihn eingegangen werden.

Jede Sprache lebt bekanntlich. Betrachten wir den klassischen Tanz als eine Sprache, zumal wir in ihm „Buchstaben, Silben, Worte und Sätze" erkennen können, so dürfen wir auch ihm eine Entwicklung zugestehen. Der Tanz ist eine physische Betätigung, vergleichbar mit dem Sport. Die Ausführenden lernen, ihre technischen Leistungen zu steigern. Diese verbessern sich von einer Tänzergeneration zur nächsten, ebenso wie beim Sport: Was noch vor dreißig Jahren als Weltrekord galt, wird heute von jedem Durchschnittssportler verlangt. So sind auch beim Tanz die technischen Leistungen verbessert worden. Als die in St. Petersburg wirkende italienische Ballerina Pierina Legnani bei der Aufführung eines Petipa-Balletts „Aschenbrödel" im Jahr 1893 ihre 32 Fouettés drehte, war das eine Sensation. Die Diaghilew-Ballerina Tamara Karsavina berichtet in ihrem überaus lesenswerten Buch „Theaterstraße", wie sie und ihre Freundinnen in der berühmten Marinskij-Schule versuchten, es der großen Ballerina gleichzutun. Heute aber gehören 32 Fouettés ins Ausbildungsprogramm jeder professionellen Ballettschule.

Im Bereich des Balletts werden auf der ganzen Welt die französischen Fachausdrücke verwendet. Dies ist ein Erbe des Barocks, nachdem König Ludwig XIV. im Jahre 1661 die Gründung der Königlichen Tanzakademie veranlaßt hatte. Ihre Mitglieder haben unter Führung des Direktors Pierre Beauchamp um 1700 die Regeln des klassischen Tanzes, soweit sie damals schon Gültigkeit hatten, in französischer Sprache festgelegt. Diese sollen im folgenden kurz erläutert werden.

Die En dehors-Stellung

Wenn man einen Fechter, einen Boxer oder einen Karatekämpfer beobachtet, so wird man feststellen, daß seine Füße stets ein wenig nach außen gerichtet sind. Dadurch wird die Standfestigkeit wesentlich erhöht. Wer in steilem Gelände aufwärts geht, der wird ganz von selbst zur Steigerung der Standfestigkeit seine Beine etwas nach außen drehen.

Für das En dehors im klassischen Tanz gibt es verschiedene Gründe: Der Aktionsradius des Beins ist im En dehors größer als beim En dedans. Bei einem „Développé" aus einer En dedans-Stellung kann das Bein seitlich weit weniger hoch geschlagen werden als aus der En dehors-Stellung. Beim En dedans wird selbst eine geübte Tänzerin das Bein kaum über die Hüfthöhe heben, während beim En dehors die Kopfhöhe mühelos erreicht werden kann.

Es würde den Rahmen dieser Ausführungen sprengen, würde hier auch auf die symbolische Aussage des En dehors eingegangen. Wer sich für Tanzsymbolik interessiert, dem seien die beachtlichen Aussagen von Gerhard Zacharias' „Ballett – Gestalt und Wesen" nachdrücklich empfohlen. Es sei hier nur gesagt, daß das En dehors als ein Sich öffnen aufgefaßt werden kann. Das aber bedeutet Aufnahme, Einladung, Entgegenkommen und Hingabe. Mit der Zeit wird die En dehors-Stellung für die Tänzer zur zweiten Natur. Das zeigt sich unter anderem darin, daß die meisten ihr En dehors auch außerhalb des Ballettsaals oder der Bühne beibehalten.

Entgegen einer oft aufgestellten Behauptung bleibt festzustellen, daß das En dehors keinenfalls gesundheitsschädigend ist. Bedingung ist allerdings, daß nur Personen klassisch tanzen oder vielmehr tanzen lernen, die über ein mehr oder weniger großes natürliches En dehors verfügen. Ein mittelgroßes En dehors kann durch gezielte und körpergerechte Übungen vergrößert werden, nicht aber ein zu kleines. Ein forciertes und zu rasch erarbeitetes En dehors kann jedoch zu Schwierigkeiten führen. Nur eine harmonische und auf eine ausreichende Zeitspanne verteilte Ausbildung bringt positive Resultate! Es gab früher wahre Marterinstrumente, um eine En dehors-Stellung zu erreichen. Man band die armen Tänzer nachts im Bett in die En dehors-Stellung und erhoffte sich durch diese unsinnige Tortur ein günstiges Resultat.

„Für mich ist der klassische Tanz kein standardisierter Schatz von Tanzschritten und Haltungen, kein starres Regelsystem, sondern die Gesamtheit ästhetischer und technischer Prinzipien, die grenzenlose Entwicklungsmöglichkeiten bieten ... Ist der klassische Tanz als Grundlage gegeben, sind alle anderen Elemente schöpferisch zu verwerten." (Juri Grigorowitch in Eberhard Rebling, „Ballettfibel".)

Körperachse und Gravitätszentrum
Eine wichtige Eigenschaft des klassischen Tanzes besteht darin, stets die Symmetrie und das in der Mitte der Körperachse liegende Gravitätszentrum zu beachten. Die Körperachse verläuft in gerader Stellung des Tänzers senkrecht von der Kopfmitte über das Becken zu den Füßen.

In den frühen barocken Guckkastenbühnen ließ man den Bühnenboden vom Zuschauerraum aus zur Bühne hin leicht ansteigen, um so eine bessere Sicht zu gewährleisten. Man findet dies noch heute in einigen Theatern. Die Tänzer müssen sich auf solchen Bühnen nun insofern umstellen, als sie die Körperachse etwas verlagern und sie in einen Winkel von 90 Grad zum Bühnenboden bringen. Dieses Umstellen des „inneren Visiers" verlangt einige Anpassungsfähigkeit. Wer sie nicht besitzt, wird beim Tanzen leicht mit dem Boden Bekanntschaft machen.

Eine Marionette muß, damit ihre Glieder richtig bewegt werden können, genau in ihrem Gravitätszentrum aufgehängt werden. Verlagert man den Aufhängepunkt nach außerhalb, so verschiebt sich dadurch das Gravitätszentrum, die Marionette hängt schief. Heinrich von Kleist hat dies in seiner Schrift „Über das Marionettentheater" in wahrlich genialer Art beschrieben. Der Schiefe Turm von Pisa kann seine Stellung nicht durch Verlagern des Gravitätszentrums ausgleichen. Folglich erreicht er einmal eine zu starke Schrägstellung und wird unweigerlich einstürzen.

Beobachtet man eine Katze, die von einem Möbelstück zum anderen gleitet – springt sie, kann man der Bewegung weniger leicht folgen – so sieht man, wie sie, um einen Sturz zu vermeiden, ihr Gravitätszentrum von einem Möbelstück zum anderen „mitzieht".

„Die plastische Form des klassischen Tanzes beruht auf dem Kreis. Alle Positionen sind auf dem Kreis oder einem Kreissegment aufgebaut. Diese Kurven geben dem Tanz harmonische Grazie und auch Schwung. Eckige oder winklige Bewegungen sind neoklassisch oder modern." (John Gregory, „Understanding Ballet".)

Balance - Equilibre - Aplomb - Elévation - Ballon
Verdeutscht bedeutet *Balance* Waage. Die bekannte russische Ballerina Tamara Karsavina (1885 - 1978) bezeichnete Balance als die Fähigkeit, das Gleichgewicht verschiedener Körperteile so anzuordnen, daß der Tänzer in der Lage ist, sie mit einem Minimum an Unterstützung zu halten. Unter *Equilibre* versteht man die Fähigkeit, eine Pose halten zu können. Zum Verständnis des Begriffs *Aplomb* soll ein Wörterbuch zu Hilfe genommen werden. Aplomb bedeutet auf Deutsch senkrechte Stellung, Sicherheit, sich richtig einloten oder gar Dreistigkeit. Gerade letzteres trifft die Bedeutung recht gut. Wer Aplomb besitzt, vermag traumwandlerisch sicher, selbstverständlich und natürlich der Schwerkraft zu trotzen. Die „vollkommene Sicherheit" erreicht ein Tänzer erst nach jahrelangen Übungen und nach Jahren der Praxis. Nur wer über eine sichere Basishaltung verfügt - unter ständiger Beachtung der Körperachse mit einem sicheren Gefühl für das Gravitätszentrum -, wer also seinen Rücken ständig kontrolliert, wird zu einem sicheren Aplomb kommen. Aplomb wird zunächst an der Stange geübt, dann muß der Tänzer jedoch lernen, die Stange loszulassen und trotzdem das Gleichgewicht zu halten.

Ballon zu besitzen ist die Fähigkeit, sich im Sprung so lange wie möglich in der Luft zu halten. Der Tänzer erweckt dabei den Eindruck, einen kuzen Augenblick in der Luft still zu verharren.

Elévation nennt man die Technik des Springens, sich vom Boden abzustoßen und in die Luft zu erheben. Sie bestimmt die Dynamik des Sprungs.

Positionen - Bewegungen
Man unterscheidet fünf grundlegende Fußpositionen, auf denen jede Stellung und jede Bewegung basiert. Alle Bewegungen erfolgen aus einer von ihnen und werden wieder in eine dieser Positionen zurückgeführt. Sämtliche fünf Positionen können auf der flachen Sohle, auf der halben Spitze oder auf der Spitze, dann jedoch nur von Tänzerinnen, ausgeführt werden.

„Die fünfte Stellung ist der wahre Ausdruck des Auswärts, die des eigentlich klassischen Geistes. Die fünfte Stellung ist Taglioni, die dritte war Camargo. Dazwischen liegt ein Jahrhundert harter Arbeit und langsamer, beschwerlicher Ausgleichung." (André Levinson, „Anbruch", März/April 1926)

Armhaltungen
Je nach Schule und Land geht die Anzahl der Armhaltungen auseinander. Logisch erscheint der russischen Ballettpädagogin Agrippina Waganowa die Zahl von drei Grundhaltungen. Sie betrachtet alle anderen Haltungen als Durchlaufpositionen zu diesen Grundhaltungen oder als durchlaufende Positionen.

Mit dem Spiel der Arme hängt auch das *Epaulement* (epaule = Schulter) eng zusammen. Es erlaubt, den Kopf frei und unabhängig von Schulterrichtung und Körperhaltung zu bewegen. Ein schönes *Port de bras* (Armhaltung oder Armführung) ist von großer Bedeutung für die Ästhetik des Tanzes. Stil, Eleganz und Gefühl drücken sich weitgehend durch Port de bras aus.

Plié
Es besteht aus einem Beugen eines oder beider Knie, ausgehend von einer beliebigen Position der Füße, wobei die Knie auf die jeweilige Fußspitze zeigen.

Das Plié sichert einen federnden, eleganten Ausdruck und verhindert beim Springen ein zu hartes Aufprallen auf dem Boden. Es hat folglich den Effekt einer Stoßfeder. Ohne Plié wäre das Springen unmöglich. Ein gutes Plié wird durch eine funktionstüchtige Achillessehne erleichtert. Sie ist die Stoßfeder, die sich nach der Spannung automatisch wieder zusammenzieht. Die Pliés gehören zu den unentbehrlichen Übungen in der Vorbereitung der Muskeln und Bänder für weitere Arbeit.

Es gibt eine große Zahl weiterer Basisbewegungen, Körperhaltungen, Schritte, Sprünge und Körperdrehungen am Boden oder in der Luft, die in Worten ausgesprochen schwierig zu erklären sind. Ihr sinnvolles „Aneinanderketten" (*Enchaînements*) ergibt eine Vielzahl von möglichen Verbindungen. Es muß hier auf die zahlreichen Lehrbücher der klassischen Tanztechnik verwiesen werden. Sicher ist, daß der klassische Tanz nicht im Selbststudium erlernt werden kann. Nur ständige Unterweisung durch einen erfahrenen Lehrer und Korrektur der Fehler über einen längeren Zeitraum vermag einen klassischen Tänzer zu formen. Dabei ist es gleichgültig, ob der Tanz nur als Hobby oder mit dem Ziel der Berufsausübung erlernt wird.

„Die Technik des Tänzers ist nicht das mechanische Funktionieren einer Gliederpuppe, sondern die beständige Umwandlung von Energie in Schönheit. Diese Technik ist eigentlich die Seele des Tanzes, sie ist der Tanz an sich". (André Levinson, „Anbruch", März 1926)

Neoklassischer Tanz
In den dreißiger Jahren unseres Jahrhunderts haben zwei der bedeutendsten Choreographen, George Balanchine (1904-1983) und Serge Lifar (geb. 1905), das Vokabularium des klassischen Tanzes durch zusätzliche Stellungen und Bewegungen, eckige und winklige, erweitert. Sie haben, anders ausgedrückt, den klassisch-akademischen Tanz bewußt gesprengt. Der neoklassische Tanz wird von Serge Lifar in seinem Buch „Traité de la Danse académique" (Lehrbuch des klassischen Tanzes) begründet und erklärt: der klassische Tanz müsse gewisse Neuerungen, so etwa seine Ports de bras und seine Beinstellungen, absorbieren. Er fährt fort, daß ein Plié in den fünf klassischen Positionen häßlich, ja geradezu unästhetisch sei. Aus dieser Feststellung ist Lifars Reform entstanden – die Anwendung einer sechsten und siebenten Beinposition, die ein Plié ohne Öffnen der Knie erlauben. Die sechste Position stellt beide Füße parallel nebeneinander. Die Tänzerin kann sich so leicht auf die Spitzen erheben und Pliés ausführen. Beim Ausstrecken (allonger) eines Beines zur Arabesque könne das Knie des Standbeins leicht ins Plié gebracht werden. Das gibt der Arabesque eine orientalische Wirkung mit kambodschanischer Charakteristik.

Die siebente Position bringt die Füße ebenfalls in Parallelstellung, jedoch um eineinhalb Fußlängen versetzt. Bei einem Relevé (sich auf die Spitze erheben) strahlt diese Stellung einen Hauch von Manieriertheit und Eckigkeit aus, die an Silhouetten auf altem Pergament erinnert.

Die sechste und siebente Position sind Kontrastpositionen, die, nach Lifar, eine Stellung zwischen Apollonischem und Dionysischem oder „zwischen Himmel und Erde" ergeben.

Der neoklassische Tanz, nicht nur bei Lifar sondern auch bei Balanchine, bricht die Linie. Er erweitert folglich, ohne die Gesetze des klassischen Tanzes zu sprengen, dessen Bewegungsmöglichkeiten.

Charaktertanz
In den Balletten des 19. Jahrhunderts finden sich neben den im klassischen Stil getanzten Teilen und den pantomimischen, die Handlung erklärenden und vorantreibenden Passagen oft Charaktertänze. Sie sind nichts anderes als stilisierte Volks- oder Nationaltänze verschiedener Herkunft. Im allgemeinen wird das 19. Jahrhundert als dasjenige bezeichnet, in dem der Charaktertanz – etwa durch Fanny Elßler mit ihrer „Cracovienne" oder der „Cachucha" – auf der Ballettbühne eingeführt worden sei. Jedoch wurden schon im frühen 17. Jahrhundert, also in einer Zeit des Hofballetts, mit Volkstänzen durchsetzte Werke gezeigt. König Ludwig XIII. ließ im Jahre 1631 das Ballett „Les Montagnards" (Die Bergler) aufführen, welches fast ausschließlich aus folkloristischen Tänzen der Savoyer Berge entstanden war. Auch im 18. Jahrhundert begegnet man sehr häufig Balletten, die ganz auf der tänzerischen Folklore und einer volkstümlich-ländlichen Handlung beruhen:

„Das Ballet bestund in einer reichen Zusammensetzung von allerlei Landlust. Einige Fischer kamen auf Nachen angefaren, fischeten und angelten im vorbei rauschenden Flusse. Vom Gebirge herab kamen Tyroler Mädchen mit Murmeltieren und Raritäten-Kasten. Einige Bauern ergötzten sich, und tanzten mit ihnen ihre Landtänze. Ein paar Pilgrime kamen darzu, und genossen der Lust mit: und endlich lief alles auf eine anmuthige Bauern-Hochzeit hinaus". (Aus J. von Stählin, „Theatral-Tanzkunst in Rußland", St. Petersburg 1769)

Tatsache ist, daß erst unter dem Einfluß der „Spanierin aus dem Norden", der Wienerin Fanny Elßler, der stilisierte Volkstanz richtig in Mode kam. Ihre „Cachucha" schlug beim Publikum mächtig ein, und die Elßler entfachte eine weltweite Begeisterung für die verschiedenen nationalen Charaktertänze.

Besonders häufig setzte Marius Petipa, der französische Schöpfer des klassizistisch-russischen Balletts, Charaktertänze in seinen Balletten ein. Was dabei entstand, war allerdings eher pseudospanische als wirklich spanische Folklore. Berühmt ist der dritte Schwanensee-Akt, in dem die Anwärterinnen auf die Hand des Prinzen nacheinander ihre nationalen Tänze aus Italien, Spanien, Polen, Ungarn, Rußland oder Deutschland vortragen. Große Bedeutung erhielten die Charaktertänze als Einlagen in Opern und Operetten: Schon Mozart hat für „Figaros Hochzeit" einen Fandango geschrieben, die Opern eines Smetana oder Dvořák sind ohne böhmische Volkstänze, Furianten und Polkas kaum denkbar.

Charaktertanz ist an den meisten größeren Ballettberufsschulen obligatorisches Schulfach. Denn es ist unerläßlich für junge Tänzer, eine Polka, eine Mazurka oder einen Czardas richtig tanzen zu können. Es gibt sogar ein mit Charaktertraining bezeichnetes Spezialtraining, in dem hauptsächlich in Osteuropa und hier wiederum beim sowjetrussischen Ballett der Volkstanz eine große Rolle spielt.

Ausdruckstanz
Zweifellos hat Isadora Duncan dem Ausdruckstanz entscheidende Impulse gegeben. Es darf jedoch nicht übersehen werden, daß bereits durch den Franzosen François Delsarte die Entwicklung in Gang gesetzt worden war. Die Ideen und Darbietungen der Duncan waren eine direkte Kampfansage an den angeblich unnatürlichen klassischen Tanz. Sie erklärte, „auf Geheiß ihrer Seele zu tanzen" und verwarf folglich jede Regelung der Bewegung. So ist denn der Tanz der Duncan weitgehend ein Spontantanz gewesen.

Aus dem Duncanismus entwickelte sich die Stilrichtung des absolut regellosen Ausdruckstanzes. Er hat sowohl den modernen Tanz der Stilrichtung von Mary Wigman und Kurt Jooss als auch den amerikanischen Modern Dance beeinflußt. Wie Helmut Schmidt-Garre in seinem Buch „Vom Sonnenkönig zu Balanchine" überzeugend zu erzählen weiß, muß in den Jahren zwischen den beiden Weltkriegen der deutsche Ausdruckstanz, in den angelsächsischen Ländern „German Dance" genannt, fast epidemische Ausmaße angenommen haben. Unzählige junge und wohl auch etwas ältere Damen versuchten „die Zuckungen ihrer Seele ihren Zuschauern vor Augen zu führen". Der Ausdruckstanz war auf dem besten Wege zu einer lächerlich dilettantischen Angelegenheit zu werden. Seine Rettung ging jedoch von ernstzunehmenden Choreographen und Tänzern, vor allem von Rudolf von Laban und Mary Wigman, aus. Auch deren wichtigste Schüler – Georgi, Palucca, Wallmann und Kreutzberg – boten im Gegensatz zu vielen dilettierenden, fast fanatischen Anhängern ernsthafte Kunst, die über Hanya Holm den amerikanischen Modern Dance ganz wesentlich zu beeinflussen verstand. Nicht zu unterschätzen sind auch die Beiträge des Begründers der „Rythmique", Emile Jaques-Dalcroze.

Moderner Tanz - Modern Dance
Das wesentlichste Merkmal des Tanzes moderner Stilrichtung ist sein Verzicht auf das „En dehors“ des klassischen Tanzes, d. h. er ist introvertriert.

Es sei nochmals in Erinnerung gerufen, daß unter „ballet“ im englisch-amerikanischen Sprachgebrauch der klassische Tanz verstanden wird, der Begriff also nicht nur für das Bühnenkunstwerk Ballett steht. Es dürfte sehr schwierig sein, heute einen rein deutschen modernen Tanz und einen eindeutigen Modern Dance amerikanischer Prägung zu finden. Die gegenseitige Beeinflussung ist groß, und fast alles, was heute unter den Begriff „moderner Tanz“ fällt, ist vom amerikanischen Modern Dance beeinflußt. An der Basis dieser Beeinflussung stehen Mary Wigman und ihre nach den Vereinigten Staaten ausgewanderte ehemalige Schülerin Hanya Holm (1898–1992). Die Pioniere des amerikanischen Modern Dance aber sind in erster Linie Ruth St. Denis, Ted Shawn, Doris Humphrey und Martha Graham.

Im Modern Dance gibt es kaum eine einheitliche Technik, jedoch unterscheiden sich die verschiedenen Techniken nur wenig voneinander. Doris Humphrey formulierte ihr Gesetz von „Fall“ und „Recovery“ (Niederfallen und sich Aufrichten), während Martha Graham ihrerseits das System von „Contraction“ und „Release“ (Zusammenziehen und Entspannen) entwickelte. Beide Prinzipien beruhen auf einer Kontrolle des Atmens. Fast jeder bedeutende Vertreter des amerikanischen Modern Dance hat die Theorien der beiden Pionierinnen Humphrey und Graham auf seine Weise adaptiert. So kann man einen Stil José Limón (1908 - 1972), Erick Hawkins (1909) und Merce Cunningham (1919) erkennen. Unterschiede zeigen sich unter anderem in der Art, wie ein Training begonnen wird. Die Graham beginnt mit Bodenübungen, während die Humphrey in der Saalmitte begann. Erick Hawkins seinerseits beschäftigt die Tänzer zuerst am Boden sitzend. Sehr unterschiedlich ist auch der Anteil der Elemente des klassischen Tanzes. Er reicht vom vollständigen Ausschalten bis zu weitgehender Anlehnung. Sicher ist, daß der klassische Tanz von allen als Mittel zum Erzielen einer guten Balance eingesetzt wird.

Jazz Dance
Jazz, vom arabischen „Jatba“ = entzückt abgeleitet, bezeichnet auf den Tanz bezogen, jenen Stil, der eine Mischung aus afrikanischem, afro-amerikanischem, Modern Dance und klassischem Tanz darstellt. Wie bei jedem nicht strengen Regeln unterworfenen Tanzstil ist der Anteil der einzelnen Elemente dabei, je nach Schule oder Interpreten, unterschiedlich groß.

Die typischen Merkmale des Jazz Dance sind Polyzentrik, Isolation und Relaxation. Die *Isolation* fordert, den Körper isoliert, das heißt die einzelnen Körperteile unabhängig voneinander zu bewegen. Isolierbare bzw. isolierte Körperteile sind Kopf mit Hals, Schultern, Brustkorb, Bauch, Becken, Arme und Beine. Dies steht im Gegensatz zum europäischen Tanz, der diese Aufspaltung nicht kennt und an der körperlichen Ganzheit festhält. Im Jazz Dance besitzt jeder Körperteil sein eigenes, vom übrigen Körper unabhängiges Spannungsfeld und Bewegungszentrum. Man bezeichnet dies mit *Polyzentrik*. In der Bewegungsfolge laufen verschiedene Metren unabhängig voneinander ab, und die isolierten Zentren verlaufen in verschiedenen Richtungen.

Unter *Relaxation* versteht man das Verhältnis zwischen Spannung und Lockerung in den einzelnen Bewegungszentren. Einen reinen Jazz Dance gibt es kaum. Er ist stets mehr oder weniger mit Elementen des Modern Dance und solchen des klassischen Tanzes vermischt.

Post Modern Dance
Der Post Modern Dance ist die letzte Errungenschaft des amerikanischen Tanzes und stellt in gewissem Sinn eine Erweiterung des Modern Dance dar. Nie wird die Bewegung wegen ihrer Eleganz oder Harmonie gesucht und ausgeführt. Es gibt weder Thema noch Stimmung, es wird kein Gefühl ausgedrückt, die Geste wird zum Selbstzweck. Diese wird einzig durch die geistige Haltung des Tänzers bestimmt. Er ist zugleich Nehmender und Gebender. Die Geste steht so der sogenannten „Minimal Art“ nahe.

Mischstile
Tatsächlich begegnet man nur noch relativ selten einem wirklich reinen Stil des Tanzens. Sicher ist, daß der klassische Tanz, der eine zeitlang etwas zurückgedrängt schien, immer wieder eine erstaunliche und von seinem, man ist versucht zu sagen, Ewigkeitswert zeugende Auferstehung feiert. Er ist nun einmal, und sei es nur als Mischungselement, aus dem heutigen und vermutlich morgigen Bühnentanz nicht wegzudenken.

Ballett-Gattungen

„Was ein Ballett anbetrifft, so ist die Definition desselbigen diese:

„Ein Balet ist eine von der Music begleitete und aus unterschiedlichen Personen bestehende Vorstellung desjenigen, was man sonst in denen Trauer- und Lustspielen redend, in denen Opern aber singend aufführet, also, daß vermittelst gewissen und nach der Kunst eingerichteten geometrischen Schritten und sametrischen Figuren nicht alleine unterschiedene vernünfftige und unvernünfftige Handlungen, sondern auch Gemüths-Neigungen und allerhand andere Dinge so deutlich dargestellt werden, daß der Zuschauer ohne Mühe errathen kan, was man meyne."
(Samuel Rudolph Behr „Die Kunst wohl zu tantzen" Leipzig 1713)

Diese Begriffsbestimmung ist eine der ältesten, die wir kennen. Sie nimmt fast alles vorweg, was noch heute über Ballett gesagt werden könnte. Tatsache ist, daß Tanz und Ballett keine Synonyme sind. Es ist darum falsch, etwa zu sagen, Fußballer hätten auf dem Rasen ein „Ballett" aufgeführt. Sie zeigten tänzerische Bewegung!

Das Wort „Ballett" stammt zweifellos vom italienischen „ballo" oder „ballare". Mit „balli" wurden auch jene Tanzdarbietungen bezeichnet, die - meist von Gesang begleitet - zur Zeit der Renaissance gezeigt wurden. Erst im 18. Jahrhundert wurden die aufkommenden Handlungsballette ausschließlich von professionellen Tänzern ausgeführt. Gleichzeitig wurden in den höheren Gesellschaftskreisen zur Zeit der „Régence" und unter der Regierung Ludwigs XV. und XVI. die Tanzvergnügen auf den Hofbällen sehr populär.

Handlungsballett
Im Handlungsballett wird eine Geschichte erzählt und zwar durch die Körpersprache Tanz. In älteren Balletten kommt dabei der Pantomime, der Aussage durch Gebärden und Mimik, eine große Bedeutung zu. Sie trägt die Handlung, während dem Tanz in erster Linie die Aufgabe zukommt, Gefühle und Empfindungen auszudrücken. Der Vergleich mit der Oper drängt sich auf: In ihr trägt (sofern es sich nicht um eine durchkomponierte Oper handelt) das Rezitativ die Handlung, während die Arien Gefühl und Empfindung wiedergeben. Führt man diesen Vergleich weiter, so stellt man fest, daß der Pas de deux im Ballett dem Duett in der Oper entspricht, und daß dem Corps de ballet die gleiche Stellung zukommt wie dem Opernchor.

Viele Handlungsballette enthalten ein mit der Handlung mehr oder weniger in Zusammenhang stehendes „Divertissement" (vom Französischen „se divertir", sich unterhalten). Nachdem z. B. der Prinz im „Dornröschen-Ballett" von Tschaikowsky sein Mädchen wachgeküßt hat, folgt die Hochzeitsszene, in die eine Reihe von Tanzdarbietungen eingebaut sind, die mit der Handlung in keinem Zusammenhang stehen.

Stimmungsballett
Die Engländer nennen es „Mood-Ballet", dessen berühmtestes Beispiel „Les Sylphides", Musik nach Chopin, Choreographie von Michael Fokine ist. In einer romantischen Landschaft mit Schloßruine umtanzen die Sylphiden einen Poeten - eine Handlung fehlt gänzlich.

Ballett mit Problemstellung
Im Bestreben, dem Ballett erhöhte Aktualität zu sichern, wurden immer wieder Versuche unternommen, Konfliktsituationen und Probleme im Ballett durch Tanz darzustellen. Es war unausweichlich, dabei szenische Hilfsmittel heranzuziehen, und viele Choreographen sind der Gefahr erlegen, sich dabei vom eigentlichen Tanz zu entfernen und mehr und mehr zu einer Art von „Bewegungstheater" zu gelangen, um die Problematik verständlich zu machen.

Abstraktes Ballett
Der Begriff ist weit verbreitet, doch bleibt er dennoch fragwürdig. Der Maler Joan Miró sagt: „Für mich ist eine Form nie abstrakt; sie ist stets ein Zeichen für etwas. Es ist immer ein Mann, ein Vogel oder sonst etwas im Spiel. Für mich ist Malerei nie nur Form der Form halber". („Art and Artist".) Deshalb erscheint es angemessener, von einem handlungslosen Ballett zu sprechen. Als der „Erfinder" und größte Vertreter des sogenannten abstrakten Balletts gilt George Balanchine. Seine Ballette sind nach eigener Aussage „sichtbar gemachte Musik". Die meisten „abstrakten" Balanchine-Ballette haben sich durch eine fast spartanische Ausstattung (einfache Trikots und Vorhänge anstelle von Dekorationen) ausgezeichnet. Sie entspricht nicht etwa einem künstlerischen Credo Balanchines, sondern dem Zwang, in den Anfängen des „New York City Ballet" alle unnötigen Kosten zu vermeiden. Mit der Zeit setzte sich allerdings die Erkenntnis durch, daß die tänzerische Bewegung im Trikot besser erkennbar wird, und daß es gefährlich sein kann, das Auge des Zuschauers durch zu aufwendige Kostüme und Dekorationen abzulenken.

Sinfonisches Ballett
Es ist in der ersten Hälfte unseres Jahrhunderts der russische Choreograph Léonide Massine gewesen, der das sinfonische Ballett populär machte. Er choreographierte Ballette nach der ersten Sinfonie von Dimitri Schostakowitsch („Etrange Farandole"), nach der vierten Sinfonie von Johannes Brahms (Choreartium 1934), der Siebenten von Beethoven (1938) und nach der „Phantastischen Sinfonie" von Hector Berlioz (1936). In letzter Zeit ist von den Choreographen besonders Gustav Mahler entdeckt worden. Die hervorragendsten Choreographien nach seinen Sinfonien oder Sinfoniesätzen stammen zweifellos von Maurice Béjart und John Neumeier.

Ballett-Collage
Als Ballett-Collage bezeichnet man eine dem Ballett verwandte Bühnenform, bei der dem Ballett zugehörige Elemente mit ballettfremden, meist karikierenden oder komische Effekte erzielenden verbunden werden. An und für sich ist dagegen nichts einzuwenden, vorausgesetzt es ist mit Geschmack und Humor ausgeführt. Mancher Choreograph hat jedoch feststellen müssen, daß eine komische Wirkung zu erzielen weit schwerer ist, als im Rahmen des Herkömmlichen zu verweilen!

Mischformen
Mischformen zwischen Ballett und Komödie, Tragödie oder Oper sind eine Eigenart des barocken Theaters. Die Ballettkomödie, die Balletttragödie oder die Ballettoper wurden daher im Abschnitt über Ballettgeschichte eingehend gewürdigt. Das Musical allerdings ließe sich als moderne Ballettkomödie bezeichnen. Die Ballett-Oper hingegen hat auch in neuerer Zeit wertvolle Werke hervorgebracht.

Balletteinlagen in Opern
Zahlreich sind, besonders in Frankreich, die Opern, in welche im Zeichen einer Verneigung vor dem breiten Publikumsgeschmack Tanzeinlagen eingefügt wurden. Bekannte Beispiele sind Charles Gounods Oper „Margarethe" (Faust), sodann „Fürst Igor" von Alexander Borodine oder „Die verkaufte Braut" von Friedrich Smetana. Noch stärker hat die Operette mit dem Tanz gearbeitet: Die Wiener oder Berliner Operette ist undenkbar ohne Tanzeinlagen. Schon manche etwas fade Aufführung ist durch schmissige Tänze gerettet worden.

Nur indirekt mit dem Theater verbunden sind zwei weitere Gattungen, das Ballett-Konzertprogramm und das Kammer-Ballett. So wie etwa ein berühmter Sänger seinen Arienabend mit Glanznummern aus verschiedenen Opern gibt, können Tänzer ein Programm mit Ausschnitten (meist Pas de deux) aus verschiedenen Balletten darbieten. Ein Teil der besonders populären Pas de deux sind im Westen nur durch solche „Konzerte" bekannt geworden.

So wie es den Begriff „Kammermusik" gibt, kann man auch von „Kammerballett", aufgeführt in einem kleineren Raum mit nur wenigen Tänzern sprechen. Kammerballett ist fast immer dem Ausdruckstanz, auch dem Modern Dance oder dem Jazz Dance vorbehalten geblieben. Die großen Ausdruckstänzerinnen und Ausdruckstänzer hatten in der Zeit vor dem Zweiten Weltkrieg ein treues Publikum. Tänzerpaare wie Clothilde und Alexander Sacharoff oder das spanische Tanzpaar „Susana y José" haben genauso wie Harald Kreutzberg den Begriff des Kammerballetts geprägt.

Auf dem Weg zum Ballettänzer

Eignung für den Tänzerberuf

Viele Kinder haben in den ersten Jahren ihrer Schulzeit noch eine natürliche, unverdorbene Art, sich zu bewegen. Wenn sie zu tanzen beginnen, so sieht das oft sehr anmutig und hübsch aus – und allzu leicht werden sie dann in den Augen ihrer Mütter, Tanten und Großmütter zu tänzerischen Wunderkindern, zu kleinen Pawlowas oder Fonteyns. Doch der Schein trügt fast immer. Sobald die Kinder in die Disziplin des Tanzens eingespannt werden, sobald sie ihre Bewegungen nicht mehr unbewußt, sondern bewußt ausführen, schwinden die Begeisterung und das scheinbar Künstlerische ihres Tanzens. Daraus sollte man jedoch nicht den Schluß ziehen, daß der klassische Tanz mit seinem Zwang zur Disziplin und festen Formen etwas Schlechtes sei, und daß man die kleinen Kinder doch besser so tanzen lasse, wie sie es spontan möchten. Der klassische Tanz mit seinen Regeln ist eine großartige Schulungsmöglichkeit für körperliche Bewegung; erst wenn das ABC des Tanzens sicher beherrscht wird, ist der Weg zu künstlerischer Durchdringung und Gestaltung frei. Die selbstverständliche Handhabung der Technik ist hier wie in allen Künsten die Grundlage. Erst sie gibt die Möglichkeit, in dem breiten Spektrum zwischen klassischem Tanz und Modern Dance den vom Choreographen verlangten Stil zu finden.

In der Kinderballettschule lernen die Kinder das ABC des klassischen Tanzes, seine Regeln und seine „Grammatik". Rund die Hälfte der kleinen Schülerinnen und Schüler hört im Lauf der Zeit mit dem Unterricht wieder auf, weil sie den Schritt vom unbewußt-regellosen kindlichen Tanzen zur Disziplin des klassischen Tanzes nicht vollziehen können – oder weil ihre Lehrer nicht im Stande sind, ihnen dabei zu helfen. Diejenigen Kinder, die weitermachen, reagieren positiv auf die Regelhaftigkeit und den sanften Zwang des Unterrichtes und sehen seine Notwendigkeit ein. Das allein aber befähigt sie noch nicht zum Tänzerberuf, und erst wenn ein Kind im Lauf der Zeit wirkliches Talent zeigt, stellt sich für Eltern und Lehrer die Frage, ob man es für die Ballettausbildung vorbereiten solle. Anne Woolliams spricht hier eine Warnung aus: „Ich glaube, es gibt keinen Beruf, der mehr Jünger im Alter von zehn Jahren anzieht und zehn Jahre weiter mehr Enttäuschte ausstößt. Die Antwort auf diese Situation kann nur Noel Cowards Wort sein: ‚Schickt eure Töchter nicht auf die Bühne'. Wenn die Bühne sie braucht, wird die Bühne sie entdecken. Diejenigen, die für das Ballett geschaffen sind, gehören zu den Auserwählten. Sie werden ihren Weg trotz aller Widrigkeiten finden."

Aber die Frage der Begabung ist nicht das einzige Problem. Die notwendige Ausweitung des Ballettunterrichts stößt in der Regel auf Schwierigkeiten, denn die öffentlichen Schulen nehmen nur in seltenen Fällen Rücksicht auf den Wunsch der Eltern, ihr Kind mehrmals in der Woche in eine Ballettschule zu schicken. Zur zeitlichen Koordination kommen die Anforderungen an die schulische Leistung, die eine tänzerische Vorausbildung neben der Schulzeit schwierig erscheinen lassen und eine gründliche Überlegung und Prüfung erfordern, bevor die Entscheidung für das Ziel Berufstänzer gefällt wird. In einer weit glücklicheren Lage sind Eltern in den Ballettzentren wie etwa in München, Hamburg, Stuttgart oder Wien, wo es Ballett-Tagesschulen und Internate gibt, in denen die normale Schulausbildung mit der Tanzausbildung verbunden ist.

Ein interessanter Versuch wurde kürzlich in Genf unternommen. Es wurden auf verschiedenen Stufen Sonderklassen gebildet, in die angehende Sportler oder Tänzer aufgenommen wurden. Das Schulprogramm erlaubt beiden Gruppen, jeweils nebenher ihr tänzerisches bzw. sportliches Sonderprogramm zu absolvieren. Der Unterricht entspricht ansonsten dem der Normalklassen, und der Wechsel zurück in eine normale Schulausbildung ist, wenn notwendig, problemlos.

In jedem Fall ist der möglichst tägliche Besuch einer vorbereitenden Ballettberufsschule eine Voraussetzung dafür, daß nach dem Schulabschluß die eigentliche Berufsausbildung begonnen werden kann. Somit müßte man, wenn der Schüler bzw. die Schülerin etwa 12 Jahre alt ist, verbindlich wissen, ob das Berufsziel Tänzer in Frage kommt. Das ist aber im Grunde unmöglich, denn niemand kann mit absoluter Sicherheit voraussagen, ob aus einer zwölfjährigen Schülerin einmal eine Tänzerin werden kann oder nicht. Zwischen dem 12. und dem 18. oder 19. Lebensjahr kann im Leben eines jungen Menschen so viel Unvorhergesehenes passieren, daß eine Prognose schwer zu stellen ist.

Die wichtigste Voraussetzung für den Tänzerberuf ist wohl die körperliche Beschaffenheit. Deshalb sollte unbedingt ein mit Tanz vertrauter Facharzt, ein Orthopäde, den allgemeinen Gesundheitszustand des Kandidaten und seine körperliche Eignung für den Tanz untersuchen. Da spielt zunächst die zukünftige Körpergröße eine Rolle. Ein erfahrener Orthopäde kann sie ziemlich genau vorhersagen.

Der klassische Tanz beruht weitgehend auf dem „en dehors“, der Fähigkeit, die Beine in einem Winkel von 90° nach außen zu drehen. Sie muß von Natur aus gegeben sein; ein zu kleines en dehors macht eine Tänzerkarriere unmöglich. Ein nur wenig zu kleines En dehors kann hingegen durch entsprechende Übungen vergrößert werden.

Die Idealfigur der klassischen Tänzerin verlangt einen langen Hals und abfallende Schultern. Untersetzte und massiv gebaute Tänzer sind beim Ballett undenkbar. Auch scheinbar unbedeutende körperliche Gegebenheiten wie eine zu lange zweite Zehe können zu Unannehmlichkeiten führen. Wichtig sind die Körperproportionen: Ein Dominieren einer der Körperteile Oberkörper, Oberschenkel, Unterschenkel wirkt unschön. Der Rist des Tänzers soll hoch gewölbt und die Achillessehne kräftig sein. Im Zweifelsfall kann nur der erfahrene Ballettfachmann zusammen mit dem Facharzt beurteilen, ob gewisse körperliche Voraussetzungen einer tänzerischen Berufsausbildung im Wege stehen.

Ein anderes Problem sind die häufig in der Pubertät auftretenden körperlichen Veränderungen, besonders die unverhoffte Gewichtszunahme, die oft dazu führt, daß die Ausbildung unterbrochen oder sogar abgebrochen werden muß.

Neben der körperlichen Eignung spielen aber auch Musikalität und rhythmisches Gefühl eine wesentliche Rolle. Musikalität bedeutet hier weniger die Fähigkeit, ein Instrument zu beherrschen oder singen zu können; es geht darum, die Musik zu erfühlen und zu erfassen. Einige Ballettschulen verlangen die Beherrschung eines Instruments, aber wichtiger ist wohl die regelmäßige Beschäftigung mit Musik.

Das Gefühl für den Rhythmus läßt sich bis zu einem gewissen Grad entwickeln, wenn es nicht mitgebracht wird. In den Mudra-Schulen von Maurice Béjart wird in einem Schulfach „Rhythmische Improvisation“ das rhythmische Gefühl mit gutem Erfolg geschult. Daneben ist es auch notwendig, die wichtigsten Werke, besonders der Ballettmusik, gut zu kennen.

Wichtig für jeden Tänzer sind ein gutes Beobachtungsvermögen und ein präzises choreographisches Gedächtnis. In Ballettschulen versucht man, das Beobachtungsvermögen der Tänzer durch Unterricht im Zeichnen zu schulen. „Vergeßliche“ Tänzer, mit denen man jede Choreographie immer wieder neu proben muß, sind der Schrecken der Ballettmeister und auch der Kollegen.

Weitere erwünschte Eigenschaften des Tanzeleven sind Kraft, Schnelligkeit und Sprungkraft. Sind sie zu wenig entwickelt, müssen sie gefördert und trainiert werden.

Unerläßlich sind Reaktionsschnelligkeit und Geistesgegenwart – im Zusammenspiel mit Partnern entscheiden oft Sekundenbruchteile über Erfolg und Mißerfolg.

Nun darf man den hier aufgeführten Katalog nicht zu starr verstehen. Es gab und gibt Tänzerinnen und Tänzer, die trotz gewisser körperlicher Unzulänglichkeiten Weltruhm erlangten. Eines aber ist sicher: wer sich mit dem Gedanken trägt, Tanz zu studieren, wählt einen der körperlich und seelisch anstrengendsten Berufe. Daher lohnt es sich schon, bei neutralen Fachleuten (nicht nur beim eigenen Lehrer) sich genau zu erkundigen, ob es nicht, um mit Mime in Wagners „Siegfried“ zu reden, „zwangvolle Plage, Müh’ ohne Zweck“ ist, diese lange und mühevolle Ausbildung zu beginnen.

Doch was hilft’s – wenn einen der Tanzteufel einmal gepackt hat, läßt er ihn nicht so leicht wieder los, da helfen auch keine guten Gründe und Überlegungen. „It’s a disease“ („Es ist eine ansteckende Krankheit“), wie der Vater einer englischen Tänzerin einmal bemerkte.

Ballettausbildung

Unter das Stichwort „Ballettausbildung“ fallen drei durchaus unterschiedliche Bereiche: Unterricht für Laien (Kinder oder auch Erwachsene), Unterricht für Berufsschüler (Vorbereitung und eigentliche Berufsausbildung) und für Berufstänzer (Fortbildung).

In der Kinderballettschule geht es zunächst nur darum, die Freude am Tanz, an der Bewegung zu wecken und das Gefühl für tänzerische Gestaltung zu entwickeln. Jede Überforderung (z.B. durch verfrühten Spitzentanz) und Ausrichtung auf eine Tänzerkarriere ist hier fehl am Platz. Das bedeutet jedoch nicht, daß es beim Unterricht für Kinder nicht auf die Qualität des Lehrers ankäme. Zu oft meinen Eltern, daß hier auch weniger gute, unerfahrene Lehrer genügen würden. Aber gerade im Anfängerunterricht können bei einem schlechten Lehrer schwerwiegende Fehler sich festsetzen oder sogar körperliche Schäden entstehen.

Der Unterricht für die wenigen Kinder, bei denen vielleicht einmal eine Tänzerausbildung in Frage kommt, ist intensiver; während beim gewöhnlichen Kinderballett ein bis zwei wöchentliche Unterrichtsstunden ausreichen, sollten es in diesem Fall mindestens vier noch besser fünf sein.

Der nächste Abschnitt ist die eigentliche Berufsausbildung in einer professionellen Ballettschule. Dort macht man, sofern die Schule hohen Anforderungen genügt, einen mindestens achtjährigen Lehrgang, wobei die Programme der ersten sechs Stufen sich auf den Unterricht im Tanz beschränken. In den letzten beiden Jahren kommen all jene Fächer dazu, die nach Abschluß der Ausbildung die Bühnenreife sichern.

Bei der Aufnahme von Kindern gibt es zwei Möglichkeiten: Entweder wird von den kleinen Kandidaten im Alter von acht bis zehn Jahren keinerlei tänzerische Vorbildung verlangt; die Schule möchte die Kinder selbst schulen. Oder die Schule verlangt bereits eine gewisse tänzerische Vorbildung und prüft diese bei der Aufnahme. Die Aufnahme in die Ballettschule ist jedoch keine Garantie dafür, daß die Schule auch erfolgreich beendet wird – strenge Zwischenprüfungen sondern in guten Schulen jene Kinder aus, die das Klassenziel nicht schaffen.

Das tänzerische Ausbildungsprogramm umfaßt also meist acht bis neun Schuljahre und weicht von Schule zu Schule geringfügig ab. Überall steht der klassische Tanz im Mittelpunkt der tänzerischen Fächer. Der Unterricht ist vorprogrammiert und verlangt von Jahr zu Jahr größeres tänzerisches Können. In den späteren Schuljahren werden Repertoireübungen, Rollenstudium und Pas de deux-Stunden eingebaut. Anne Woolliams schreibt über die Erfordernisse einer guten Ballettausbildung: „Gute Institute müßten für eine breiteste Grundlage Sorge tragen. Moderner Tanz, Pantomime, Jazz, Fechten, sollten ebenso gelehrt werden wie Charaktertanz, der die Fülle der Folklore (zum Beispiel den spanischen Tanz) einschließt. Zum Lehrplan des klassischen Balletts rechnen Lektionen im Pas de deux, die Vermittlung der Variationen und Kenntnis des Repertoires und der Theorie. Außerdem sollten sich die Schüler mit Problemen der Kompositionslehre, mit der Geschichte des Tanzes, mit Musik, Zeichnen, mit dem Verständnis der Tanzschrift und dem Studium der Anatomie befassen, damit der Intellekt unter dem Druck des Körpertrainings nicht erschlafft und bereits der Grund zu einem möglichen späteren pädagogischen Studium gelegt ist.“

Eine möglichst vielseitige und umfassende Ausbildung der Tänzer ist unerläßlich für eine bewußte und vertiefte künstlerische Gestaltung. Rudolf Nurejew schildert in einem Fernsehinterview mit dem Verfasser seine Ausbildung: „In der

Auf pädagogischem Gebiet wird am Ballett-Leistungszentrum der Heinz Bosl-Stiftung in München Pionierarbeit geleistet. Neben den vorzüglichen hauseigenen Lehrern werden immer wieder Gastdozenten verpflichtet. Hier unterweist die berühmte einstige Ballerina des Moskauer Bolschoi Balletts, Olga Lepeschinskaja, eine angehende Tänzerin. Die Lepeschinskaja ist ein Musterbeispiel dafür, daß nur Pädagogen, die über eigene tänzerische Erfahrung verfügen, erfolgreich unterrichten können.

Kirow-Schule in Leningrad haben wir alle möglichen Erleichterungen, um unsere allgemeine und fachliche Bildung zu fördern ... klassischen Tanz natürlich, und ihn zuerst... andere Tanzstile, Zusammenspiel mit dem Partner, historische Tänze, Charaktertanz, Fechten, Schauspielerei und anderes. Dann studieren wir natürlich Theatergeschichte, Ballettgeschichte, Musikgeschichte, ja, Musik, die ist sehr wichtig. Ich bedaure, daß ich nicht meine Musikausbildung weiterführen konnte... einige meiner Kollegen studierten viele Jahre lang. Nun spielen sie Sonaten von Beethoven oder Mozart, sogar Klavierkonzerte. Dann beschäftigen wir uns mit Malerei, auch mit Geschichte. Dann heißt man uns auch die Literatur kennenlernen und studieren. Sogar mit wirtschaftlichen Fragen beschäftigen wir uns, dann mit Mathematik, mit Algebra. Sogar diese sind wichtig für einen Tänzer und sein Wissen ... doch all das genügt nicht einmal!"

Teilweise wird gerade die musische Ausbildung nicht genügend beachtet. Allgemeine Kulturgeschichte, Kunstgeschichte, Musikgeschichte, Literatur und vor allem Ballettgeschichte sind Fächer, die ins musische Programm einer guten Schule ebenso gehören wie der Unterricht in den wichtigsten Sprachen. In einzelnen Schulen wird sogar verlangt, daß die Schüler über die Kurse in Musiklehre hinaus selbst ein Instrument spielen können. Zeichenunterricht fördert die Beobachtungsgabe, und dem gleichen Ziel dient der Unterricht in Tanznotation.

Zur Arbeit des Ballettpädagogen

Ein großes Problem für den Ballettunterricht ist die Wahl eines guten Lehrers. Wenn die Ausbildung vieler Ballettschüler unzureichend ist, so ist das nicht zuletzt auf die mangelnde Qualifikation vieler Ballettlehrer zurückzuführen. Ein Tänzer, und sei er auch noch so erfahren und gut, ist noch nicht automatisch ein guter Pädagoge. Dazu gehören Begabung genauso wie eine Ausbildung. Schlimm sind die Ballettlehrer, die ihre Tänzerausbildung abbrechen mußten oder kein Engagement bekamen und dann eine Ballettschule aufmachen.

Abgesehen davon, daß eine Ausbildung bei einem ungeeigneten Lehrer die beruflichen Chancen eines Ballettschülers schwer beeinträchtigen kann, können daraus auch schwere körperliche Schäden entstehen. Gefährlich ist in erster Linie das zu frühe Tanzen auf Spitze. Hier sündigen aber oft auch die Kinder selbst und ihre Eltern, wenn sie den Lehrer dazu drängen, möglichst früh Spitzentanz zu unterrichten. Damit kommt der Lehrer in Konflikt: Soll er den Spitzentanz erst dann unterweisen, wenn bei den zehn- bis zwölfjährigen Mädchen die körperlichen Voraussetzungen gegeben sind – und dabei eine Reihe von Schülern jedes Jahr verlieren? Oder soll er den Weg des geringsten Widerstandes gehen und sich sagen „Wenn ich's nicht tue, dann tut's ein anderer"?

Ein anderes Problem besonders der privaten Ballettschulen ist, daß sie oft aus finanziellen Gründen auch ungeeignete Schüler aufnehmen. „Eine private Ausbildungsschule ist, aus Existenzgründen, gezwungen, sozusagen jeden Schüler aufzunehmen, der sich zur Ausbildung anbietet. Der Schüler ist der zahlende Kunde, von dem die Schule abhängig ist." (Herta Bamert in „Tanz und Gymnastik", Juni 1976.)

Die unzureichenden finanziellen Mittel führen notgedrungen dazu, daß eine Privatschule kaum genügend wirklich qualifizierte Lehrer einstellen und alle notwendigen Fächer in ihren Lehrplan aufnehmen kann. Die Folgen dieser Situation beschreibt John Neumeier, in einem Vorwort zum Prospekt der Ballettschule der Hamburgischen Staatsoper: „Aber bei unserem alljährlichen Vortanzen für die Kompanie, zu dem immer sehr viele Kandidaten kommen, sind mir zwei Dinge aufgefallen, die mich sehr traurig gemacht haben:
1. Der Mangel an gutem aus Deutschland stammendem Nachwuchs-‚Material'. 2. Die sehr große Zahl von jungen Leuten zwischen 17 und 24 Jahren, die wahrscheinlich jahrelang trainiert haben – aber vergebens – und in der heutigen Ballettwelt mit ihren immer steigenden technischen Anforderungen keine Chance haben werden. Junge Menschen, denen man vor Jahren vom Tanzen hätte abraten müssen, die man anders hätte vorbereiten müssen, um ihnen den traurigen Zeitverlust und die Enttäuschung zu ersparen."

An den unbefriedigenden pädagogischen Verhältnissen im deutschsprachigen Raum sind nicht nur viele Lehrer schuld, sondern auch die ungenügende Förderung der Tanzausbildung durch den Gesetzgeber. Es fehlt noch immer an Verständnis für die Sondersituation des Tanzes. Man gründet Kunstgewerbeschulen und Hochschulen für Musik und gliedert dort Abteilungen für Tanz ein, sorgt aber nicht dafür, daß an ihnen hochwertige Ausbildungsarbeit geleistet werden kann.

Literaturverzeichnis

Agostini, Alfio / Pasi, Mario: Balletto: El ballet: enciclopedia del arte coreográfico, Madrid 1980

Arbeau, Thoinot (Jean Tabourot): Orchesographie et traicte en forme de dialogue, par lequel toutes personnes peuvent facilement apprendre et pratiquer l'honneste exercice des dances, 1588, Reprint Ann Arbor/Mich. 1971

Balanchine, George / Mason, Francis: Balanchine's complete Stories of the great ballets, Garden City, New York 1977

Ballett und die Künste. 25 Jahre internationale Sommerakademie des Tanzes Köln, Köln 1981

Baril, Jacques: Dictionnaire de danse, Paris 1964

Baron, M. A.: Lettres à Sophie sur la Danse, Paris 1825

Beaumont, Cyril William: Complete Book of ballets. A guide to the principal ballets of the nineteenth and twentieth centuries, London 1938, Reprint 1965, Supplements 1952, 1954, 1955

Behr, Samuel Rudolph: L'Art de bien danser oder die Kunst wohl zu Tantzen, Leipzig 1713, Reprint München 1977

Bellew, Hélène: Ballet in Moscow today, London 1956

Bie, Oskar: Der Tanz, Berlin 1925

Binney, Edwin, 3 rd.: Les ballets de Théophile Gautier, Paris 1965

Bland, Alexander: L'Histoire du Ballet et de la Danse, Paris 1977

Blasis, Carlo: Manuel complet de la danse, comprenant la théorie, la pratique et l'histoire de cet art depuis les temps les plus reculés jusqu'à nos jours, Paris 1830

Boigne, Charles de: Petits Mémoires de l'Opéra, Paris 1857, Reprint Genf o. J.

Botcharnikova, Elena / Gabovitch, Mikail: L'Ecole chorégraphique du Grand Théâtre, Moskau 1955

Bourcier, Paul: Histoire de la Danse en Occident, Paris 1979

Brillant, Maurice: Problèmes de la Danse, Paris 1953

Brinson, Peter: Background to European Ballet. A notebook from its archives, Leyden 1966

Brinson, Peter / Praagh, Peggy van: The choreographic Art, London 1963

Cahusac, Louis de: La Danse ancienne et moderne ou Traité historique de la danse, Den Haag 1754

Carrieri, Raffaele: La Danza in Italia 1500–1900, Mailand 1949

Challet-Haas, J.: Manuel pratique de danse classique, Paris 1980

Christout, Marie-Françoise: Le Ballett de cour de Louis XIV. 1643–1672. Mises en scène, Paris 1967

Christout, Marie-Françoise: Histoire du ballet, Paris 1966

Chujoy, Anatole / Manchester, Phyllis Winifred: The Dance Encyclopedia, New York 1967

Clarke, Mary / Crisp, Clement: The history of dance, London 1981

Cohen, Selma Jeanne: The modern Dance. 7 Statements of belief, Middletown/Conn. 1966

Compan, Charles: Dictionnaire de danse, Paris 1787, Reprint New York 1974

Conté, Pierre: Danses anciennes de cour et de théâtre en France, Paris 1975

Conté, Pierre: Expression par gestes et locomotion. Les arts dynamiques. La Danse et ses lois, Paris 1952

Cranko, John: Über den Tanz. Gespräche mit Walter Erich Schäfer, Frankfurt a. M. 1974

Dacier, Emile: Une danseuse de l'Opéra sous Louis XV. Mlle Sallé (1707–1756). D'après des documents inédits, Paris 1909

Daguerre, Pierre: Le Marquis de Cuevas, Paris 1954

Daul, Florian: Tantzteuffel, 1569, Reprint Leipzig 1978

Demidov, Alexander: The Russian ballet: past and present, Garden City, New York 1977

Denby, Edwin: Dancers, buildings and people in the Streets, New York 1965

Denby, Edwin: Looking at the Dance, New York 1968

Desombey, Michel: La danse. Touts les secrets de l'art chorégraphique, Paris 1965

Despois, Eugène: Le théâtre français sous Louis XIV., Paris 1874

Destrat, G.: Dictionnaire de la danse, 1895, Reprint Genf 1980

Dolin, Anton: Pas de deux. The art of partnering, London 1950

Drew, David (Hrsg.): Decca Book of Ballet, London 1958
Duncan,Isadora: Mein Leben, meine Zeit, Rastatt 1981
Emmanuel, Maurice: The antique Greek Dance after sculptured and painted figures, New York, London 1916
Fokin, Michail Michailovich: Gegen den Strom. Erinnerungen eines Ballettmeisters, Wilhelmshaven 1974
Fonteyn, Margot: Tanzen. Eine Einführung, München, Zürich 1980
Fonteyn, Margot: Vom Zauber des Tanzes, Stuttgart 1981
Ginner, Ruby: The revived Greek dance: its art and technique, London 1944
Goldschmidt, Aenne: Handbuch des deutschen Volkstanzes, Wilhelmshaven 1978
Goncourt, Edmond de: La Guimard d'après les registres des Menus-Plaisirs de la Bibliothèque de l'Opéra, Paris 1893
Gregor, Josef: Kulturgeschichte des Balletts. Seine Gestaltung und Wirksamkeit in der Geschichte und unter den Künsten, Wien 1944, Reprint Zürich o. J.
Grigorowitsch, Juri / Pokrowski, Boris: Das Bolschoi. Ballett und Operntheater in Moskau, Bern 1979
Guéritte, Jean: Prestige de la Danse, Paris 1953
Guest, Ivor: Le Ballet de l'Opéra de Paris. Trois siècles d'histoire et de tradition, Paris 1976
Guest, Ivor: The Ballet of the Second Empire 1847–1858, London 1955
Guest, Ivor: The Ballet of the Second Empire 1858–1870, London 1953
Guest, Ivor: Fanny Cerrito. The life of a romantic ballerina, London 1956
Guest, Ivor: The romantic Ballet in Paris, London 1966
Haskell, Arnold Lionel: Ballet. A complete guide to appreciation. History, aesthetics, ballets, dancers, Harmondsworth/Middlesex 1951
Haskell, Arnold Lionel: Ballet Russe. The Age of Diaghilev, London 1968
Haskell, Arnold Lionel: Ballet Panorama. An ill. chronicle of three centuries, London 1947–48
Haskell, Arnold Lionel: Balettomania. The story of an obsession, New York 1934
Hazan, Fernand (Hrsg.): Dictionnaire de ballet moderne, Paris 1957
Horst, Louis / Russell, Caroll: Modern Dance Forms in relation to the other modern arts, San Francisco 1961
Humphrey, Doris: The Art of making dances, New York, Toronto 1959
Jacob, Ellen / Christopher, Jonas: Dance in New York, New York 1980
Jullien, Adolphe: Histoire du théâtre de Madame de Pompadour: dit théâtre des petits cabinets. Les grandes nuits de Sceaux: le théâtre de la Duchesse du Maine: d'après de documents inédits. L'Opéra secret du XVIII. siècle, 1770–1790; aventures et intrigues secrètes racontées d'après les papiers inédits conservés aux Archives de l'Etat et de l'Opéra, Reprint Genf 1978
Karsavina, Tamara: Theatre Street. Les souvenirs de Tamara Karsavina. Ballets russes, Paris 1931
Kersley, Leo / Sinclair, Janet: A Dictionary of ballet terms, London 1977
Kirchmeyer, Helmut: Strawinskys russische Ballette, Stuttgart 1974
Kirstein, Lincoln: Movement and metaphor. 4 centuries of ballet, London 1971
Kochno, Boris: Le Ballet, Paris 1954
Koegler, Horst: Ballett: Chronik und Bilanz des Ballettjahres, Velber ab 1965
Koegler, Horst: Ballett international. Versuch einer Bestandsaufnahme, Berlin 1960
Koegler, Horst: Friedrichs Ballettlexikon, Velber 1972
Koegler, Horst: The Concise Oxford Dictionary of Ballet, London 1973
Koenig, John Franklin: La Danse contemporaine, Paris 1980
Kragh-Jacobson, Svend: The Royal Danish Ballet. An old tradition and a living present, London 1955
Krüger, Manfred: J. G. Noverre und das „Ballet d'action". Jean-Georges Noverre und sein Einfluß auf die Ballettgestaltung, Emsdetten, 1963
Laban, Rudolf von: Die Welt des Tänzers. Fünf Gedankenreigen, Stuttgart 1926
Lawson, Joan: European Folk Dance. Its national and musical characteristic, London 1964
Levinson, André: La Danse d'aujourd'hui. Etudes, notes, portraits, Paris 1929
Levinson, André: La Danse au théâtre. Esthétique et actualité méléés, Paris 1924
Levinson, André: Marie Taglioni (1804–1884), Paris 1929
Levinson, André: Meister des Balletts, Berlin 1923
Levinson, André: Les Visages de la danse, Paris 1933

Lifar, Serge: La Danse. Les grands courants de la danse académique, Paris 1938
Lifar, Serge: Serge de Diaghilev. Sa vie, son œuvre, sa légende, Paris 1954
Lifar, Serge: Giselle. Apothéose du ballet romantique, Paris 1942
Lifar, Serge: Histoire du ballet, Paris 1966
Lifar, Serge: Traité de chorégraphie, Paris 1952
Lifar, Serge: Traité de danse académique, Paris 1949
Lifar, Serge: Auguste Vestris, le Dieu de la Danse, Paris 1950
Lifar, Serge: Ma vie. From Kiev to Kiev, London 1970
Livio, Antoine: Béjart, Lausanne 1970
Loren, Teri: The dancer's companion: the indispensable guide to getting the most out of dance classes, New York 1978
Louis, Maurice A. L.: Danses populaires et ballets d'opéra, Paris 1965
L'vov-Anokhin, Boris: Galina Oulanova, Moskau 1975
Ménestrier, Claude François: Les Ballets anciens et modernes selon les règles du thèâtre, Paris 1682, Reprint Genf 1972
Mirochnitchenko, Henriette: Danse et ballet, Arts secrets de l'enchantement, Paris 1966
Nijinska, Romola: Nijinsky, der Gott des Tanzes, Frankfurt 1974
Nijinsky, Wazlaw: Der Clown Gottes. Tagebuch des Waslaw Nijinsky, Stuttgart 1955
Noverre, Jean-Georges: Briefe über die Tanzkunst und über die Ballette, München 1977
Otterbach, Friedemann: Die Geschichte der europäischen Tanzmusik, Wilhelmshaven 1980
Pasch, Johannes: Beschreibung wahrer Tanz-Kunst, Frankfurt 1707, Reprint München 1978
Percival, John: Modern Ballet, London 1980
Peters, Kurt: Lexikon der klassischen Tanztechnik. Eine systematische Terminologie der klass. Tanzkunst, Hamburg 1961
Petipa, Marius. Meister des klassischen Balletts. Selbstzeugnisse, Dokumente, Erinnerungen, Berlin/DDR 1975
Pohren, Donn E.: The Art of Flamenco, Jerez de la Frontera 1962
Prudhommeau, Germaine / Guillot, Geneviève: Grammaire de la Danse classique, Paris 1969
Reade, Brian: Ballet Designs and Illustrations 1581–1940, London 1967
Rebling, Eberhard: Ballett gestern und heute, Berlin/DDR 1959
Rebling, Eberhard: Ballett heute, Berlin/DDR 1970
Rebling, Eberhard: Ballettfibel, Berlin/DDR 1974
Rebling, Eberhard: Das große Ballettlexikon. Ein Führer durch die Welt des Balletts von A bis Z, München 1981
Rebling, Eberhard: Tanz der Völker, Folkloreballett heute, Wilhelmshaven 1972
Regner, Otto Friedrich: Das neue Ballettbuch, Frankfurt a. M. 1962
Regner, Otto Friedrich / Schneiders, Heinz-Ludwig: Reclams Ballettführer, Stuttgart 1978
Reiss, Françoise: Nijinsky ou la Grâce. Sa vie, son esthétique, sa psychologie, Paris 1980
Reiss, Françoise: Sur la Pointe des pieds. Annales chorégraphiques 1951–1952, Paris 1952, 1952–1953, Paris 1953
Reiss, Françoise: La vie de Nijinsky, Paris 1957
Reyna, Ferdinando: Das Buch vom Ballett, Köln 1981
Reyna, Ferdinando: Dictionnaire des ballets, Paris 1967
Roslavleva, Natalia: Era of the Russian Ballet, London 1966
Sachs, Kurt: Eine Weltgeschichte des Tanzes, Berlin 1933
Schmidt-Garre: Ballett, vom Sonnenkönig bis Balanchine, Velber 1966
Schrade, Rolf: Sowjetisches Ballett, Berlin/DDR 1977
Serebrennikow, Nikolai: Pas de deux im klassischen Tanz, Berlin/DDR 1976
Slonimsky, Yuri: The Bolshoi Ballet. Notes, Moskau 1960
Sokolova, Lydia: Dancing for Diaghilew. The memoirs of Lydia Sokolova, London 1960
Sorell, Walter: The Dancer's Image. Points and counterpoints, New York, London 1971
Sorell, Walter: Knaurs Buch vom Tanz, München 1967
Stier, Theodore: With Pavlova round the world, London 1927
Stuttgarter Ballett Annual, Hrsgbn. von der John Cranko-Gesellschaft und dem Württembergischen Staatstheater, Heft 1 – 5, Stuttgart 1979 – 83
Swift, Mary Grace: A loftier Flight. The life and accomplishments of Charles-Louis Didelot, balletmaster, Middletown/Conn. 1974

Le Tainturier-Fradin, Gabriel: Camargo 1710–1770, Paris 1908, Reprint Genf 1973
Tanz in dieser Welt. Musikblätter des Anbruch, Wien März/April 1926
Tarassow, Nikolai: Klassischer Tanz. Die Schule des Tänzers, Berlin/DDR 1977
Taubert, Karl Heinz: Höfische Tänze. Ihre Geschichte und Choreographie, Mainz 1968
Terry, Walter: The Dance in America, New York 1971
Thiess, Frank: Der Tanz als Kunstwerk. Studien zu einer Ästhetik der Tanzkunst, München 1923
Traguth, Fred: Modern Jazz Dance, Bonn 1977
Tugal, Pierre: Jean-Georges Noverre. Der große Reformator des Balletts, Berlin/DDR 1959
Ulanova, Galina: Die Schule einer Ballettänzerin/Galina Ulanowa, Moskau 1955
Vaillat, Léandre: Histoire de la danse, Paris 1942
Voss, Rudolf: Der Tanz und seine Geschichte. Eine kulturhistorisch-choreographische Studie, 1868, Reprint Leipzig 1977
Waganowa, Agrippina: Grundlagen des klassischen Tanzes, Velber, 1966
Wied, Karl Viktor Prinz zu: Königinnen des Balletts, München 1961
Wilson, George Buckley Laird: A Dictionary of ballet, London 1974
Winter, Marian Hannah: The pre-romantic Ballet, London 1974
Winter, Marian Hannah: Le théâtre du merveilleux, Paris 1962
Wolgina, Lydia / Pitzsch, Ulrich: Die Welt des Tanzes in Selbstzeugnissen, Berlin/DDR 1977
Woolliams, Anne: Ballettsaal, Stuttgart 1973
Zacharias, Gerhard: Ballett. Gestalt und Wesen. Die Symbolsprache im europäischen Schautanz der Neuzeit, Köln 1962
Zarubin, V.: Théâtre Bolshoi, Moskau 1975

Neuerscheinungen

Albrecht, Christoph: Zehn Jahre John Neumeier und das Hamburger Ballett 1973–1983, Hamburg 1983
Alovert, Nina: Barjschnikov, Die frühen Jahre, München 1985
Aschengreen, Erik: Jean Cocteau and the Dance Gyldendal, Kopenhagen 1986
Au, Susan: Ballet and Modern Dance, New York 1988
Bakst, Leon: Bühnenbild- und Kostümentwürfe, Leningrad 1986
Berger, Renato: African Dance, Wilhelmshaven 1984
Binney, Edwin: Glories of the Romantic Ballet, London 1985
Brandstetter, Gabriele/Ochaim, Brygida Maria: Loie Fuller, Freiburg/Br. 1992
Challet-Haas, J.: Terminologie de la Danse classique, Paris 1987
Clarke, Mary / Crisp, C.: Tänzer, Köln 1985
Clarke, Mary / Crisp, C.: Ballerina, Köln 1988
Cohan, Robert: Dance Workshop, Ravensburg 1986
Cohen, Selma: Nächste Woche Schwanensee, Frankfurt/M. 1988
Danse, art du 20e siècle, Lausanne 1990
Demirova, Emilia: Cycle de Danse classique, Paris 1986
Denk, Liselotte: Fanny Elssler, München 1986
Döring, Lude: Skizzen aus dem Ballettsaal, Stuttgart und Zürich 1985
Ehrenbach, Gerda: Die freien Gruppen in der Tanzszene der Bundesrepublik, Bern 1989
Engdahl, Horace: Swedish Ballet and Dance, Stockholm 1984
Esrig, David: Commedia dell'arte, Nördlingen 1985
Fiedler, Leonhard / Lang, Martin: Grete Wiesenthal, Salzburg 1985
Frick, Elisabeth: Matt Matox Jazz Dance Technik, Weingarten 1983
Gackstetter, Dieter / Pinzl, Maria: Ballett- und Tanztheater, München 1990
Geitel, Klaus: Marcìa Haydée, Stuttgart und Zürich 1987
Gorre: Bérain, Dessinateur du Roi soleil, Paris 1989
Guest, Ivar: Gautier on Dance, London 1986
Häger, Bengt: Ballets Suédois, Paris 1989

Heil, Helga: Frankfurter Ballett 1945–1985, Stuttgart 1986
Huwyler, Josef: Der Tänzer und sein Körper. Aspekte des Tanzens aus ärztlicher Sicht, Erlangen 1992
Kahane, Martine: Danseurs et Ballets de l'Opéra de Paris, Paris 1988
Kahane, Martine: Le Foyer de la Danse, Musée d'Orsay, Paris 1988
Kirstein, Lincoln: A short History of classical theatratical Dancing, New York 1987
Kirstein, Lincoln: Four Centuries of Ballet, Dover Publications, New York 1984
King, Marcel / Marchetti, Alessandro: Arlecchini & Co, Zug 1985
Laban, Rudolf: Choreutik, Wilhelmshaven 1991
Laban, Rudolf: Die Kunst der Bewegung, Wilhelmshaven 1988
Levinson, André: Leon Bakst in Wort und Bild, Dortmund 1983
Liechtenhan, Rudolf: Arbeitsfeld Bühnentanz, Wilhelmshaven 1987
Liechtenhan, Rudolf: Ballettgeschichte im Überblick, Wilhelmshaven 1990
Liechtenhan, Rudolf / Pasi, Mario: Breve Storia della Danza e del Balletto, Milano 1984
Lifar, Serge: Une Vie pour la Danse, Lausanne 1986
Lörinc, György: Methodik des klassischen Pas de deux, Wilhelmshaven 1984
Louis, Roger: Step Dance, Wilhelmshaven 1988
Margarethe von Österreich: Les basses Danses, Faksimile, Graz 1987
Marquart, Anna: Jooss, Köln 1985
Menéstrier, Claude: Les Ballets anciens et modernes, 1682, Reprint, Genf 1984
Pagels, Jürgen: Charaktertanz, Wilhelmshaven 1985
Pastori, Jean-Pierre: Tanz und Ballett in der Schweiz, Zürich 1985
Pastori, Jean-Pierre: Pierre Lacotte, Lausanne 1987
Pastori, Jean-Pierre: Eric Vu-An, Lausanne 1989
Percival, John: John Cranko, Stuttgart und Zürich 1985
Perrottet, Claude: Ausdruck in Bewegung und Tanz, Bern 1988
Pojarskaja, Militsa / Volodina, Tatjana: L'Art des Ballets russes à Paris, Paris 1990
Prudhomme, Germaine: Histoire de la Danse I, II, Paris 1988, 1990
Putke, Martin u. a.: Erlebnis Ballett, Berlin 1989
Raimondi, Ezio: Il Sogno de Choreodrama, Reggio Emilia 1984
Rebel, Günther: Jazz Dance für Anfänger, Düsseldorf 1986
Rebling, Eberhard: Tanzkunst Indonesiens, Berlin 1989
Regitz, Hartmut: Tanz in Deutschland, Berlin 1984
Salmen, Walter: Tanz im 17. und 18. Jahrhundert, Leipzig 1988
Salmen, Walter: Tanz im 19. Jahrhundert, Leipzig 1989
Schlemmer, Oskar: Les Noces. Bildentwürfe, Lugano 1988
Schmidt, Jochen: Tanztheater in Deutschland, Berlin 1992
Schneider, Otto: Tanz-Lexikon, Mainz 1985
Schonvatoff, Alexander: Leo Bakst, Paris 1991
Serre, Jean-Claude: La place de la Danse à l'Université, Paris 1985
Sorell, Walter: Der Tanz als Spiegel der Zeiten, Wilhelmshaven 1985
Sorell, Walter: Mary Wigman, ein Vermächtnis, Wilhelmshaven 1986
Stodelle, Ernestine: Doris Humphrey und ihre Tanztechnik, Frankfurt/M. 1986
Stüber, Werner: Geschichte des modernen Tanzes, Wilhelmshaven 1984
Tanz und Karrikatur, Bergisch-Gladbach 1984
Taubert, Karl Heinz: Die Anglise, Zürich 1985
Udaeta, José du: Die spanischen Kastagnetten, Bergisch-Gladbach 1985
Vollhardt, Anja: Flamenco, Weingarten 1988
Wigman, Mary: Die Sprache des Tanzes, München 1986
Wolfensberger, Georgio: Suzanne Perrottet, Bern 1989
Woolliams, Anne: Ballettsaal, Stuttgart und Zürich 1986

Die bekanntesten Ballettzeitschriften

Ballett-Journal / Das Tanzarchiv
Ulrich Steiner Verlag für Tanzliteratur
Obersteinbach 5a, D-5060 Bergisch-Gladbach

Ballett intern
Deutscher Berufsverband für Tanzpädagogik e. V.
Hollestraße 1, D-4300 Essen 1

ballett international (deutsch-englisch-französisch)
Postfach 27 04 43, Richard-Wagner-Straße 33, D-5000 Köln

Tanz und Gymnastik
Mitteilungsblatt des Schweizerischen Berufsverbands für Tanz und Gymnastik
c/o Sekretariat: Adriana Bogner
Hambergerstaig 11a, CH-8008 Zürich

Danse
21, rue du Faubourg du Temple, F-75010 Paris

Ballet 2000
2, Galerie Montmartre, F-75002 Paris

Les Saisons de la Danse
3, rue des Petits-Carreaux, F-75002 Paris

Pour la Danse
77, rue Dragon, F-13006 Marseille

dancing times
Clerkenwell Green 45/47, GB-London EC1R OBE

dance news
119 W 57th Street, New York, NY 10019 USA

Dancemagazine
1180, Avenue of the Americas, New York, NY 10036, USA

Ballet News
1865, Broadway, New York, NY 10023, USA

Register

Bildquellen

Antikenmuseum, Basel 10, 12
H. Badekow 142
Flavia Bea 160
Belser Archiv 7, 8, 86f., 117
Bildarchiv Preußischer Kulturbesitz, Berlin 81
Julian Braunsweg 167
British Museum, London 11, 14
Caravaglia 136f.
Johan Elbers 133u.
Fotoarchiv C. Raman Schlemmer, Oggebbio, Italien/Fotograf Arno Dietsche 118 (2)
Foto Weiss Karlsruhe 154
Galleria Henze, Campione d'Italia 119
Erik Hornung 9
Joris Jan Bos 148 (2)
Robert Kayaert 149, 150f.
Hannes Kilian 141
Anne Kirchbach 179
Kupferstichkabinett, Basel 27, 28, 29, 30
Jörg Landsberg 155
Lipnitzki-Viollet 111
Münchner Stadtmuseum 35
Musée de la Publicité/Union des Arts Décoratifs, Paris 113
New London Ballet 166
Orbis Publishers, London 13
Laurent Philippe 157
Hans Quayzin 15
Réunion des Musées Nationaux, Paris 88, 114
Scala, Florenz 33, 36f.
Susan Schimert-Ramme 163
Gregor M. Schmid, Gilching bei München 159
Leslie E. Spatt 139
Stuttgarter Ballett 153u.
Charles Tandy 153 o., 175
Tate Gallery, London 84f.
Nathaniel Tileston 133o.
Sabine Toepffer 213
Gert Weigelt, Köln 144, 156
Odette Weill 2
Württembergische Landesbibliothek, Stuttgart 34

Künstlerrechte